歴史の精神を感じながら

金子武嗣 著作集

A Selection from Takeshi Kaneko's Works

Takeshi Kaneko
金子武嗣 著

日本評論社

はしがき

　本書は、当事務所の創設者である金子武嗣弁護士が昨年古稀を迎えられたことを記念し、これまで様々な媒体において金子弁護士が発表されてきた著作の中から現在において意義があると思われる論攷を選び、テーマごとにまとめたものです。

　金子弁護士の広範な著作から本書を編むことは私どもの能力で及ぶものでありませんので、掲載論攷の選定と校正を当事務所の客員弁護士である植木哲千葉大学名誉教授にお願いし、1年以上にわたる植木先生のご尽力によりこの度本書を上梓できることになりました。この場をお借りして植木先生に感謝を申し上げます。

　また、金子弁護士には、掲載された論攷についての解説を各部冒頭の「まえがき」として書き下ろしていただきました。

　多くの法律関係者、法曹志望者に本書を手に取っていただければ、これに勝る喜びはありません。

　2019年（平成31年）4月吉日

金子・中・橋本法律特許事務所

パートナー弁護士　中　　紀人

同　橋本　芳則

同　森本　　純

同　藤田　雄功

同　安井祐一郎

目　次

はしがき……………………………… 金子・中・橋本法律特許事務所　i

［巻頭言］金子武嗣弁護士について ……………………………… 中　紀人　1

第1部　弁護士のあり方

まえがき ………………………………………………………………13

［1］弁護士という生き方 …………………………………………16

［2］「事実をみる目」──法律実務家と学者 …………………32

［3］弁護士自治はなぜ必要か ……………………………………36

［4］大阪弁護士会行政連携センター業務開始 …………………47

　　──弁護士・弁護士会の未来　その1

［5］弁護士高校派遣授業制度確立のために ……………………60

　　──弁護士・弁護士会の未来　その2

第2部　刑事事件と私

まえがき ………………………………………………………………69

［1］高野山放火事件 ………………………………………………74

［2］弁護士の法律相談と刑事責任 ………………………………78

［3］ヨーロッパ人権条約と日本の国内判例 …………………107

　　The European Convention on Human Rights and the Case Law in Japan

　　──徳島刑務所受刑者接見妨害判決を素材として

［4］大逆罪はなかった──大逆事件の常識を疑う …………117

iii

第3部　行政事件と私

まえがき ……………………………………………………………………… 129

[1] 建物（家屋）に関する固定資産評価基準の歴史的考察 …………… 132
　　　──総務省（自治省）の対応と判例をめぐって

[2] 固定資産税と固定資産評価をめぐる法律家のかかわりについて
　　　……………………………………………………………………… 230

[3] 規制緩和における裁判の役割 ………………………………………… 239
　　　──エムケイタクシー値下申請却下決定取消訴訟

第4部　民事事件と私

まえがき ……………………………………………………………………… 271

[1] 森永ミルク中毒事件と私 ……………………………………………… 273

[2] 豊田商事管財事件と私 ………………………………………………… 303

[3] 損害保険契約における保険会社の誠実調査・誠実審査義務の帰趨
　　　……………………………………………………………………… 310

あとがき ……………………………………………………………………… 341

［巻頭言］

金子武嗣弁護士について

金子・中・橋本法律特許事務所代表パートナー　　中　　紀人

　私は、1989年（平成元年）に司法修習生として、弁護修習を金子武嗣先生
（以下、「敬称略」）のお世話になり、1998年（平成10年）からは同じ事務所
（当初金子・中法律事務所、現金子・中・橋本法律特許事務所）で仕事をしてい
る。最も近くで金子の仕事振りを見てきた者の一人として、金子の弁護士と
してのこれまでの軌跡を素描したい。

1　　金子は、1948年（昭和23年）富山県に生まれ、早稲田大学法学部4年在
学中の1970年（昭和45年）に司法試験に合格し、翌年大学卒業と同時に司法
修習生として採用された。1973年（昭和48年）4月に大阪弁護士会に登録し、
大阪共同法律事務所（所長・山下潔*1弁護士）にて弁護士としての活動を始
めた。司法修習生の当時は、地元富山に戻って弁護士をすることを考えてお
り、イタイイタイ病被害者弁護団の松波淳一*2弁護士を紹介して貰おうと、
同弁護団の山下弁護士を訪ねたところ、そのまま大阪共同津事務所に勤務す
ることになったという。

---

*1 山下潔（1932年〔昭和7年〕～）――1966年（昭和41年）大阪弁護士会に登録。1983年（昭和
58年）大阪弁護士会副会長。八海事件第3次上告審弁護団、イタイイタイ病被害者弁護団に参加。
メルボルン事件弁護団長、国境なき弁護団団長等を務める。国際人権規約選択議定書批准の早期実
現に向けての活動等、人権問題に多く取り組んでいる。
*2 松波淳一（1930年〔昭和5年〕～）――1965年（昭和40年）富山県弁護士会に登録。1982年
（昭和57年）富山県弁護士会会長。イタイイタイ病被害者弁護団の中心メンバーとして、イタイイ
タイ病事件に取り組んだ。イタイイタイ病に関する多数の著書がある。

2

2　1973年（昭和48年）4月、弁護士になったばかりの金子が携わった事件は、本書第4部［1］で書かれている森永ミルク中毒事件であった。森永ミルク中毒被害者弁護団は、団長は後に日弁連会長となる中坊公平*3弁護士、副団長は後に徳島ラジオ商殺人事件の再審事件を担当した伊多波重義*4弁護士であった。

　金子は、中坊弁護士や伊多波弁護士に付いて原告となる被害者宅を行脚して、その被害の実態を聴いて回った。この被害者が苦しんでいる現場を見聞きし、被害の実態を実感した経験が、その後の金子の市井の人たちの気持ちを汲んで寄り添うという弁護士としての姿勢を形作ったといえる。

　また、中坊弁護士の知遇を得たことにより、金子は、中坊弁護士、伊多波弁護士、山下弁護士らとともに、1970年（昭和45年）5月、多くの死者が出た千日デパート火災によって被災したテナント各社の訴訟代理人として、ビルの所有者であった日本ドリーム観光からは判決（大阪地裁昭和56年3月31日判決、判例時報996号89頁）により責任を認めさせ、火元であったニチイとは訴訟上の和解により、被害者の救済に尽力した（この件については、中坊公平・松和会著『現場に神宿る──千日デパートビル火災／被災テナントの闘い』〔現代人文社、2006年〕に詳しい）。

3　1975（昭和50）年には、関西予防接種損害賠償事件における被害者弁護団に加入し、同訴訟においては当時の感染症予防研究所の所長であった福見秀雄氏の反対尋問を担当するなど同訴訟に尽力した（大阪地裁昭和62年9月30日判決、判例タイムズ649号147頁。大阪高裁平成6年3月16日判決、判例タイムズ862号206頁、医事法判例百選別冊ジュリスト183号54頁）。その後も、弁護団の中核メンバーの一人として活動を支えた（この件については、関西予防接種訴訟被害訴訟記録集編集委員会編『国と闘った24年間──関西予防接種被害訴訟

---

*3　中坊公平（1929年〔昭和4年〕～2013年〔平成25年〕）──1957年（昭和32年）大阪弁護士会に登録、1983年（昭和58年）大阪弁護士会会長、1990年（平成2年）日本弁護士連合会会長。森永ヒ素ミルク事件弁護団長、千日デパート火災テナント弁護団団長、豊田商事破産管財人、豊島産業廃棄物公害調停の住民側弁護団長、整理回収機構社長等を務めた。

*4　伊多波重義（1932年〔昭和7年〕～2018年〔平成30年〕）──1965年（昭和40年）大阪弁護士会に登録、1981年（昭和56年）大阪弁護士会副会長。森永ヒ素ミルク弁護団副団長、千日デパート火災テナント弁護団副団長、徳島ラジオ商殺人事件再審事件弁護団長等を務めた。

の記録』〔清風堂書店、2007年〕に詳しい）。

4　また、30代の金子をみると、弁護団事件以外の案件、殊に行政事件において、実績を残しており、金子の専門分野の1つとなった。

　　1978年（昭和53年）に奈良県大和郡山市の固定資産税評価審査委員会の評価手続に違法があるとして、固定資産税の審査決定の取り消しを求めた訴訟において、大阪高等裁判所では評価審査委員会の却下決定を取り消す判決を勝ち取った（大阪高裁昭和61年6月26日判決、判例タイムズ626号136頁）。しかし、本件については残念ながら、最高裁においては破棄差し戻しの判決となった（最高裁平成2年1月18日判決、民集44巻1号253頁、判例タイムズ734号72頁）。

　　1985年（昭和60年）には、富山県砺波市等でも同様の訴訟を提起し、富山県のあっせんにおいて評価見直しの和解等の成果を上げている。

　　これらの点についての金子の考察は、本書第3部［1］、［2］において詳しく述べられている。また、『納税者権利論の展開　北野弘久先生古稀記念論文集』（勁草書房、2001年）所収の金子の論攷「固定資産評価と不服申立ての諸問題」においても詳しい。

　　1982年（昭和57年）には、京都のタクシー会社であるエムケイタクシーからの依頼を受け、同社が行ったタクシー初乗り運賃の値下げ申請を近畿運輸局長が却下した処分の取消訴訟を大阪地方裁判所に提訴し、勝訴している（大阪地裁昭和60年1月31日判決、判例タイムズ545号85頁、経済法判例・審決百選別冊ジュリスト199号278頁）。本訴はその後、控訴審の大阪高等裁判所で和解に至っているが、本訴の大阪地裁判決は、規制緩和を先取りした点で時代を画したものといえよう。本件については、本書第3部［3］で取り上げられている。

5　30代半ばから40代半ばにかけての金子の弁護士としての活動はさらに広がっていく。

　　1982年（昭和57年）5月に大阪府警大淀警察署の取調室で警察官から暴行を受け傷害を負った被疑者の起訴前弁護事件において、山元康市弁護士、森下弘弁護士と共に、それまでなかった刑事の証拠保全、そして民事の証拠保全手続による取調室での鑑定の結果、ルミノール反応が検出され、当該被疑

者は不起訴となった。その後の警察官の暴行に対する損害賠償請求訴訟においても、同様に警察官の暴行が認定されて勝訴判決を得ている（大阪地裁昭和60年3月6日判決、判例タイムズ559号159頁、大阪高裁昭和62年1月30日判決、判例タイムズ638号204頁）。

6　1985年（昭和60年）7月、金子は、当時戦後最大の消費者詐欺事件とされた豊田商事の破産管財事件に関与することになる。この事件は、本書第4部［2］の論攷において触れられているとおり、同年6月、当時の豊田商事会長であった永野一男が自宅マンションの玄関前に集まったテレビカメラの生放送中に刺殺されるというセンセーショナルな結果と、その被害の大きさと深刻さから、同年の10大ニュースのひとつとして数えられた事件であった。

破産管財人は中坊弁護士、鬼追明夫*5弁護士、児玉憲夫*6弁護士であり、金子は中坊弁護士に請われ、1985年（昭和60年）7月の破産手続の開始から1991年（平成3年）7月の破産手続の終結まで、破産管財人の常置代理人を務めることになった。この破産管財事件においては129億9,000万円が回収され、破産配当率10.557％という消費者詐欺事件としては考えられない高率の配当を被害者たちに行った。

本件については、豊田商事株式会社破産管財人団編『豊田商事とは何だったのか──破産管財人調査報告記録』（朝日新聞社、2007年）に詳しい。

金子は豊田商事破産管財人常置代理人の経験から、以後も消費者問題について関心を持ち続けており、後に述べるように消費者保護の研究活動を進めることになる。

7　1987年（昭和62年）7月、金子は、豊田商事の破産管財業務に飛び回る一方で、北野弘久*7日本大学教授の紹介で、高野山の放火事件の弁護に携わ

---

*5　鬼追明夫（1934年〔昭和9年〕～）──1960年（昭和35年）大阪弁護士会に登録、1990年（平成2年）大阪弁護士会会長、1996年（平成8年）日本弁護士連合会会長。大東水害訴訟弁護団長、多奈川第2火力発電所建設差し止め訴訟弁護団長、豊田商事破産管財人、村本建設更生管財人、整理回収機構社長等を務めた。

*6　児玉憲夫（1935年〔昭和10年〕～）──1962年（昭和37年）大阪弁護士会に登録、2000年（平成12年）大阪弁護士会会長。大阪薬害スモン訴訟原告弁護団事務局長、豊田商事破産管財人、大阪府包括外部監査人、カネボウ美白化粧品白斑被害救済弁護団長、茶のしずく石けん救済弁護団長等を務めた。

ることになった。この事件は、和歌山県の霊場高野山で連続して３件発生した放火事件であり、宿坊の住職の長男（当時19歳）が逮捕された事件である。少年は最初の放火と３件目の放火については認めたものの、２件目の放火事件について当初否認していた。その後警察の取り調べにおいて２件目の事件についても自白したが、その後検察官の取り調べにおいて再度否認に転じ、最終的には再度の自白に至ったという事件である。本件においては、第２部[1]において詳しく述べられているところであるが、残されていた少年に対する警察官の取り調べの録音により警察官の利益誘導が明らかとなり、ほとんどの警察官調書の任意性が否定され（和歌山地裁平成５年２月15日証拠決定、判例タイムズ870号291頁）、ふすまの燃焼検証等の結果、２件目の放火については無罪が確定した事件であり、取り調べの可視化についての先駆的事件といえる（和歌山地裁平成６年３月15日判決、判例タイムズ870号286頁）。この事件が縁となり、その後金子は、経済刑事事件等について、後藤貞人[*8]弁護士と共同して弁護活動を行っている。

8　1990年（平成２年）、徳島刑務所に服役していた受刑者との、同受刑者が刑務官に暴行を受けた事件の損害賠償請求訴訟の打ち合わせに時間制限を加えられたことと、この打ち合わせに刑務官が立ち会ったことが国際人権規約（Ｂ規約）14条に違反するとして、金子、戸田勝[*9]弁護士、木下準一弁護士、受刑者が原告となって国家賠償請求訴訟を提起する。本件については、本書第２部[3]に詳しいが、１審（徳島地裁平成８年３月15日判決、判例タイムズ977号73頁）、２審（高松高裁平成９年11月25日判決、判例タイムズ977号65頁、国際法判例百選〔第２版〕別冊ジュリスト204号104頁）は、国際人権規約を直接適用した上で、国に損害賠償を認める判決を下した。その後最高裁はこれ

[*7] 北野弘久（1931年〔昭和６年〕～2010年〔平成22年〕）――日本大学法学部名誉教授、弁護士。租税法専攻。納税を国民の権利として再構築した「納税者基本権論」を展開した。弁護士としては豊田商事事件被害者弁護団長を務めた。

[*8] 後藤貞人（1947年〔昭和22年〕～）――1975年（昭和50年）大阪弁護士会に登録。日本弁護士連合会刑事弁護センター死刑弁護プロジェクトチーム座長、日本弁護士連合会取り調べの可視化実現本部副本部長等を務める。刑事弁護の第一人者として、多くの無罪判決を獲得している。

[*9] 戸田勝（1915年〔大正４年〕～2000年〔平成12年〕）――1940年（昭和15年）司法官試補、1941年（昭和16年）～1978年（昭和53年）判事、1978年（昭和53年）大阪弁護士会に登録。刑事裁判官として、大阪高等裁判所の裁判長等を務めた。

6

を破棄し、金子ら原告の請求を棄却した（最高裁平成12年９月７日判決、判例タイムズ1045号109頁）。

9　1994年（平成６年）、金子は1974年（昭和49年）の弁護士登録以来20年間所属してきた大阪共同事務所から独立し、金子武嗣法律事務所（金子・中法律事務所を経て、現金子・中・橋本法律特許事務所）を設立した。当初は、弁護士１名、事務員２名の法律事務所であったが、2019年（平成31年）１月現在弁護士11名、事務員７名の事務所となっている。

10　50歳を迎えた金子は、1999年（平成11年）大阪弁護士会副会長に選出され、後に最高裁判事となる滝井繁男[*10]会長のもと、大阪弁護士会の会務に１年間専従した。訴訟を得意とする実務型の弁護士であった金子が、以後、弁護士会においても活躍するきっかけとなった。この縁から、滝井弁護士との親交は、滝井弁護士が2015年（平成27年）２月に急逝されるまで続いた。

11　2002年（平成14年）、金子は、日本弁護士連合会の「死刑制度問題に関する提言実行委員会」の委員長に就任した。委員長への就任を打診された当初の金子の立場は、死刑制度の是非については中立的な立場であったが、委員長として死刑制度の研究を深めた結果、いずれ死刑は廃止されるべきと考えるに至り、日本弁護士連合会の「死刑制度調査会の設置及び死刑執行の停止に関する法律案」の策定に尽力した。

　その後も福井での日弁連人権大会における「死刑制度の廃止を含む刑罰制度全体の改革を求める宣言」により、2017年（平成29年）に設置された「死刑廃止及び関連する刑罰制度改革実現本部」にも関与しており、死刑廃止は金子のライフワークの１つとなっている。

　また、提言実行委員会における金子の真摯な努力は、死刑廃止運動の最前線に立つ安田好弘[*11]弁護士の信頼を得ることとなり、金子は、次に述べる強制執行妨害の疑いで当時被告の立場にあった安田弁護士を励まし、支える

[*10] 滝井繁男（1936年〔昭和11年〕～2015年〔平成27年〕）——1963年（昭和38年）大阪弁護士会に登録。1999年（平成11年）大阪弁護士会会長、2002年（平成14年）最高裁判事。大阪国際空港騒音公害訴訟弁護団副団長、法制審議会民訴法部会委員等を務めた。最高裁判事として、いわゆるグレーゾーン金利判決において、利息制限法が定める上限金利を上回る金利について、自己の自由な意思によって支払ったものということはできないとの最高裁平成18年１月13日判決（民集60巻１号１頁、判例タイムズ1205号99頁）を主導した。

金子武嗣弁護士について　　7

ことになる。

12　2003年（平成15年）以後、金子は、1審で無罪となった安田弁護士に対する強制執行妨害被告事件の控訴審における弁護人の一人として安田弁護団の中核を担った。控訴審の第1回公判においては、高野山放火事件で一緒に弁護人として活動した後藤貞人弁護士とともに弁論を行い、また、同期で倒産法実務の大家であった四宮章夫[*12]弁護士に依頼して倒産法の観点からの意見書を提出する等をした。しかしながら、東京高裁は、安田弁護士について強制執行妨害の幇助を認定し、罰金50万円の有罪判決を下した（東京高裁平成20年4月23日判決、判例雑誌未掲載）。

　なお、同事件について、最高裁は検察被告双方の上告を棄却している（最高裁平成23年12月6日決定、判例タイムズ1373号156頁）。

　本件については、本書第2部［2］掲載の後藤弁護士との共同論文及び金子武嗣・石塚伸一[*13]編著『弁護士業務と刑事責任──安田弁護士事件にみる企業再生と強制執行妨害』（日本評論社、2010年）に詳しい。

13　先に述べたとおり、金子は、豊田商事破産管財人常置代理人として、消費者被害の実態を知ったこともあり、消費者保護の研究活動を長年にわたり続けている。

　その活動は、『消費者法六法』（民事法研究会、1991年〜）の編集委員、保険問題研究会の代表としての活動（本書第4部［3］掲載の論攷を参照されたい）や保険問題研究会編『保険被害救済ハンドブック』（民事法研究会、2007年）の出版、2006年（平成18年）からの「電話機リース被害大阪弁護団」初代代表、「悪質商法提携リースの法規制実現全国ネット」の共同代表等幅広

─────────────

*11　安田好弘（1947年〔昭和22年〕〜）──1980年（昭和55年）東京第二弁護士会に登録。刑事弁護人として多くの刑事事件を担当し、死刑判決を多数回避している。オウム真理教事件における麻原彰晃の国選弁護人をはじめ新宿西口バス放火事件、北海道庁爆破事件、宇都宮病院事件、名古屋アベック殺人事件、和歌山カレー事件、光市事件等の弁護人を務めた。「死刑廃止国際条約の批准を求めるフォーラム90」での活動等により死刑廃止運動を続けている。

*12　四宮章夫（1948年〔昭和23年〕〜）──1973年（昭和48年）裁判官任官、1981年（昭和56年）大阪弁護士会に登録。法制審議会倒産法部会幹事、最高裁判所民事規則制定諮問委員会幹事等を務める。大阪を代表する倒産・企業再生の専門家として、多くの大型倒産事件に関与した。

*13　石塚伸一（1954年〔昭和29年〕〜）──龍谷大学法学部教授、弁護士。刑事法学を専門とし、日本犯罪学会会長、龍谷大学犯罪学研究センター長、アジア犯罪学会理事等を務める。

8

い範囲にわたっている。

14　金子は、2010年（平成22年）4月に大阪弁護士会の会長、日本弁護士連合会の副会長に就任した。

　金子が大阪弁護士会会長時代に主導した施策は、以下のとおり2019年現在においても大阪弁護士会に根付いており、その着眼の先進性は全国の弁護士会のモデルケースとなっている。

(1)　行政連携センターの発足（本書第1部［4］に詳しい）

　全国に先駆けて行政連携センターを発足し、自治体・行政のための窓口業務を開始した。弁護士会では、2019年（平成31年）現在も、各委員会活動を通じ、自治体・行政と連携し、行政各分野についてのサポート業務を提供している。

(2)　法教育活動——無料弁護士出張事業の実施（本書第1部［5］の論攷に詳しい）

　①弁護士の仕事、②少年事件、③両性間の法律問題、④家族・親子の法律問題、⑤刑事事件と裁判員裁判、⑥労働問題、⑦交通事故、⑧消費者問題（悪質商法等）、⑨多重債務問題等をテーマに府下の高等学校からの要請に応じ、1名の弁護士が1クラスを対象に無料で授業を行うサービスを提供している。

　また、日本弁護士連合会の副会長としての成果としては、すでに改正されていた裁判所法における司法修習生の給費制の廃止の施行延期を各方面に働きかけ、貸与制施行延期に関する裁判所法の一部を改正する法律の成立がある。これらの努力の結果、2017年（平成29年）度以降に採用される司法修習生については、給費型の経済的支援が再開されるに至っている。

15　金子は、2018年（平成30年）に古稀を迎えた現在も、関西に避難している福島第一原発の避難者の救済を図るべく「原発賠償弁護団」の代表や大阪市の包括外部監査人（2017年〔平成29年〕度、2018年〔平成30年〕度）を務めるなど、現役の弁護士として活発な活動をしている。金子によると、弁護士としてやり残したテーマは大逆事件の再審であるという。この点については、第2部［4］「大逆罪はなかった」を参照されたい。

16　上記のとおり、弁護士実務家としての金子は、時代の先端で非常に広い

範囲で活動し、成果を上げてきた。このような実務家としての活動は、弁護士になってすぐの頃に中坊公平氏をはじめとする多くの優れた先輩弁護士や研究者の知遇を得て、様々な事件に誘われ、関与できた幸運によるものといえよう。なお、中坊弁護士とは非常に親しい関係であったが、中坊弁護士が社長を務めた整理回収機構の案件には関与しなかったことや、中坊弁護士が日本弁護士連合会会長であった当時から始まった司法改革の運動に距離を置いた。これは、金子なりの考えに筋を通したことによるものと思われる。

　金子は、本稿で紹介した多くの訴訟において、当該分野における先進的な主張を行っているが、これらの主張のいくつかは裁判所や法実務にすでに容れられるに至っている。それは自由な発想と日頃の勤勉さ、簡単には諦めない粘り強い思考の賜である。

　金子の弁護士としての軌跡は、左派的に映るかもしれないが、これは個々の案件に誠実に向き合い、正しい解決に向けて考えに考えて知恵を絞り出してきた結果である。金子自身は、基本的人権の擁護という弁護士の本来的責務に忠実であることを信条とするものの、イデオロギーとは無縁であり、学生時代はノンポリで、大学時代は熱狂する学生運動を横目にみながら、図書館で法律の勉強をしていたという。

　日本国憲法が施行された1947年（昭和22年）の翌年に生まれた金子は、憲法が示す基本的人権の擁護の精神とこれを支える職業である弁護士を深く愛し、その価値観に忠実に弁護士活動を行っているにすぎないという。その骨子については、弁護士論である本書第1部[1]〜[3]に関する論攷を、多くの弁護士、弁護士志望者に読んでいただくことを切に願う次第である。

　また、10年後、20年後に本書を手にする読者には、1970年代から2010年代の40年以上にわたり広い分野において活動し、成果を残した一人の弁護士の論攷から、その時代における弁護士精神を読み取っていただければ幸いである。

（2019年4月記）

第 1 部

弁護士のあり方

まえがき

　第1部は、弁護士と弁護士会の現在・過去・未来に関する論攷をとりあげる。

　[1]「弁護士という生き方」は、私が古稀を迎えるにあたって、これまで過ごした弁護士という生き方から得られたもの、現在考えている弁護士とは何かという「弁護士論」の一端を述べたものである。

　[2]「『事実を見る目』──法律実務家と学者」は、私の尊敬する故・北野弘久日大教授〔税法〕の北野ゼミナールの雑誌『野桜』（22号、1986年）に寄稿したものである。法律実務家（弁護士を含む）を学者と対比して論じたものである。

　「法律実務家の事実を見る目」と「学者の事実を見る目」が違うこと、そして、学者の基礎的研究がいかに重要かということを述べている。学者の研究はその段階ではすぐには実務の役には立たないかもしれないが、将来は役に立つということを、論じている。学者には、「目先に囚われずに、将来を見据えた骨太の研究をしてほしい」というメッセージを込めている。

　[3]「弁護士自治はなぜ必要か」は、弁護士の活動を、その基盤である弁護士自治の観点から論じている。現在の弁護士の活動は、弁護士会の弁護士自治を抜きにしてはありえないこと、過去における弁護士会とその活動の脆弱性を指摘し、過去において先輩たちが、いかに血のにじむような努力をして自治を獲得してきたかを論じている。これは大阪弁護士会の会派である「春秋会」の雑誌『春秋』（95号、2016年9月）に掲載されたものである。

　日本の弁護士にとって当たり前の「弁護士自治」も、それがなければどうなるか、例えば現在の中国の弁護士が迫害されている理由の1つに、弁護士会の存在が希薄である状況を見るとき、それがいかに重要かは明らかであろう。なお、弁護士・弁護士会の歴史については、拙著『私たちはこれから何をすべきなのか──未来の弁護士像』（日本評論社、2014年）で詳述している。

[4]「大阪弁護士会行政連携センター業務開始」、[5]「弁護士高校派遣授業制度確立のために」は、弁護士会の未来を論じたものである。

私は、2010年（平成22年）度の大阪弁護士会の会長に選任された。その際、これからの弁護士会の主要な政策としたのが「行政連携」と「弁護士学校派遣」であった。

(1)　行政連携

まず、「これからの弁護士会は、行政（地方自治体）と連携しなければならないこと」を唱えた。それは、弁護士会も行政も向かう方向性としては同じ「市民の権利擁護」にあること、両者が力を合わせれば現状よりさらにそれを実現できること、行政には弁護士に対するニーズがあること、弁護士が行政に入り任期付き公務員として活躍することは、行政と弁護士との相互理解を深め、お互いのためになること、そのシンボルとして行政連携のセンターを弁護士会につくることは内部的にも外部的にも必要不可欠であることを唱えた。大阪弁護士会は、その2年後の2013年（平成25年）4月に行政連携センターを設置して本格的活動を始めた。私は提唱者として行政連携センター運営委員会の初代委員長に選任され、運営にあたることになった（岸本佳浩事務局長）。

[4]「大阪弁護士会行政連携センター業務開始」は、大阪弁護士会の機関誌『月刊大阪弁護士会』（2013年4月号）に掲載されたものである。これは、岸本事務局長にまとめていただき、委員長の私の名前で掲載したもので、わかりやすいので若干変更して掲載した。現に大阪弁護士会行政連携センターは順調に活動をしている（現在、森本宏委員長・田上智子事務局長）。

この「行政連携」の考え方は、その後、2015年（平成27年）、日弁連でもとりあげられた。日弁連の中に「法律サービス展開本部」が設けられ、その1つの柱として「自治体等連携センター」が設けたられた（私は「展開本部」の初代の本部長代行に選任された）。行政連携の考え方は、日弁連でも市民権を得ている。

(2)　弁護士高校派遣事業

私が大阪弁護士会の会長に就任したとき、法教育委員会の活動として弁護士の学校派遣は行われていた。しかし、それは組織的で大がかりなものでは

なかった。特に、派遣される弁護士には派遣の交通費も出ない状況にあり、ボランティア（委員会活動）の域を超えるものではなかった。そこで、発想を転換して、大阪弁護士会として、予算をつけ、法教育委員会（船岡浩委員長）にお願いして、高校を中心に弁護士の派遣の「出前授業」を開始した。これは先駆的事業となった。大阪の試みは、その後全国的な展開を見せることになる。2012年（平成24年）11月、山岸憲司会長（当時）の肝いりで、日弁連に「弁護士学校派遣制度検討ワーキンググループ」が設置され（私が初代の座長、池田桂子事務局長〔愛知県弁護士会〕）、新潟県弁護士会、滋賀弁護士会、富山県弁護士会でパイロット事業が施行された。このパイロット事業は大きく育っている。その結果をうけて、その後「弁護士学校派遣事業」は、日弁連の「市民のための法教育委員会」に受け継がれ、現在も進行している。

　[5]「弁護士高校派遣授業制度確立のために」は、2012年（平成24年）11月のＷＧの設置にむけた論攷に手を加えたものである。

　「行政連携」と「弁護士高校派遣事業」はこれからの弁護士・弁護士会の活動領域の拡大を示すものとなっている。

[1]

弁護士という生き方

第1　はじめに

　2018年（平成30年）2月5日、満70歳、古稀を迎えました。私の所属する
事務所（金子・中・橋本法律特許事務所）主催で、同年2月3日に、親しい人
をお招きして私の「古稀の祝い」をしていただきました。

　私が弁護士となったのが25歳で、登録して45年です。その間に自分が大事
にしてきたことをまとめるよい機会となりました。

　これまで、弁護士会のことについて私は、2014年（平成26年）に『私たち
はこれから何をすべきなのか——未来の弁護士像』（日本評論社刊）でまとめ
ました。

　ここでは、私の個人的な体験から心がけていることを、限られた範囲で記
載しています。ちなみに、私は、依頼者としては、普通の個人そして中小企
業が多く、そんなありきたりの市井の法律事務所ですごしてきました。私の
経験、時代もちがう経験ですが、後輩の弁護士に何かお役にたてば幸いです。

第2　弁護士の世界とは

　まず、弁護士（法曹）は特別な訓練をうけた存在です。事実とは何かを証
拠で認定し（事実認定）、これに法律を適用し（法適用）、そして事件を解決
していく。このような特別な能力を得るための訓練、しかも、裁判官・検察
官・弁護士の違う立場からの訓練を、司法研修所の修習や実務修習でうけ、
その後の弁護士実務でも実践していく存在が、弁護士なのです。

[1] 弁護士という生き方　17

　私たちは、自分たちが「特異な能力をもつ存在」であることを自覚し、自信をもちましょう。弁護士の思考・発想、その能力、これが社会で役にたつのです。

　その前提で、弁護士の世界を見ていくと、弁護士の世界は、大きく4つの関係で見ることができます。第1は依頼者、第2は事件、第3は相手方（裁判所も含みます）、第4は事務所との関係です。なお、事件については民事事件（行政事件を除く）を中心に述べています。

　そして、これを2つのキーワードで切っています。第1は、それぞれの間の「緊張関係」です。第2は、「相手の立場に立って見る」ということです。

第3　依頼者

1　依頼者からの事情聴取

　弁護士には依頼者がいます。必要なのは、「信頼関係」です。弁護士の依拠するところは、依頼者だからです。私が弁護士になったときに、依頼者とは、私＝弁護士に対しては本当のことを言ってくれるものだ、とばかり思っていました。ところが、違うのです。依頼者を信用しなければ、私たちの仕事は成り立ちません。しかし、全面的には信用できないということです。事実を確認していくこと、それはこちらの力量の問題になります。また、弁護士だからといって、それだけで依頼者に信用されることはありません。

　事件は、弁護士のものではなくて、依頼者本人のものです。依頼者には、自分の痛み・自分の悩みをわかってほしいという強烈な感覚、そして訴えがあります。それを弁護士がどのように受け止めるかは難しいことです。依頼者の本音を聞く難しさは、経験を積み重ねなければなりません。

2　依頼者にとってのコストの意味

　事件解決には「コスト」がかかります。

　コストというのは、「人生のコスト」という意味です。「お金」だけでなく、「時間」です。20代の時間と50代の時間とは全然違います。それは人生の余命であり、そして、「世界」が違うからです。また、依頼者にとって、一番

しんどいと思うのが「精神的コスト」です。紛争の中の当事者は強いストレスのもとにあります。事件が気になって夜中に寝れないこともあります。弁護士は、依頼者の「人生のコスト」を理解することです。

　事件を解決するためには、依頼者に「お金」と「時間」と「精神的コスト（負担）」、このようなコストをかけてもらわなければなりませんので、私は説明して、「あなた、これ本当にやりますか」ということを依頼者に決めてもらいます。決めた依頼者には事件に「とことん」つき合ってもらいます。

3　依頼者に何を求めるのか

　依頼者との関係で、何を目的とするか。まずは、事件の解決ということですが、それは勝った・負けたという結果ではなくて、人生というものを勉強してもらうということです。どういうプロセスを経て、どういう結果を得るのか。その中で依頼者に何を学んでいただくか（弁護士も何を学ぶのかということもあります）が一番大事です。

　そして、コストが必ずかかりますから、何か元をとってもらわなければ割が合いません。私は「事件で何かを得てほしい」ということを言います。得られるところがなければ「この事件はもうやめときなさい」、とアドバイスをすることもあります。そこの見極めが肝心です。

4　依頼者との協同作業

　私は、事件処理は依頼者との協同作業だと思っています。依頼者の気持ちを忖度して、何か、事務に必要な書類の取得など、事務処理の一部でも分担してもらうことにしています。戸籍をとってもらったり、現在事項証明（昔は登記簿）をとってもらったりします。こちらがとった方が早いのですが、依頼者は、事件について気になってしようがないので、何かやりたいのです。また私は依頼者に、裁判、弁論準備・弁論でも出頭してもらうことをお願いしています。裁判に参加することは、日常にはない経験をすることになり、それを勉強してもらいます。

第4 事件

1 事件を見る目——事実は変わる

　事件は、まず事実をどのように把握するかということから始まります。事実と真実は違います。真実は神様しかわからないと思います。ただ、紛争での事実は、芥川龍之介の「藪の中」のように、おもしろいように変わります。ある意味では、フィクション（擬制）ですら、解決に使われることまであります。末弘巌太郎博士曰く「嘘の効用」なのです。「特段の事由のない限り」や、「みなす」というはこのことです。

　机の上に置いた皿の上のリンゴにたとえてみましょう。皿から見るリンゴと、机の全体の上から見るのとは、見え方が違うのです。光の当て方、置かれた場所によって、事実の見え方が違うのです。

　事件も、どこまで事実を広げるか、それは立場により違ってきます。つまり、事実は設定しなければならないのです。事件を争うための「土俵」「争点」をどこに定めるかです。これは経験を経ないとわかりません。

2 法の適用

　事実の求め方で、法の適用も変わります。そのためには、法を勉強しなければなりません。六法を理解しなければなりませんし、判例も調べなければなりません。日々の勉強が必須であり、研修の機会が必要不可欠です。

3 目指すもの——事件の解決とは

　弁護士は事件の解決をめざします。しかし、事件（紛争）の解決と依頼者の思う解決とは違うのです。弁護士がなすべきことは、依頼者のいうとおりではなく、事件（紛争）の解決とは何か、を考えることであり、紛争の解決（戦略）のための法的手段（戦術）の選択です。依頼者は往々に局面しか見ていないことがあります。私たちは将来を見据え、全体の解決（将来の紛争予防もふくめ）を目指すべきです。

4 解決の方法にはいろいろなものがある

　また、事件の解決のためにはいろいろな方法（テクニック）も使います。

　事件（紛争）というのは、基本的には「法的ルールのもと」での「喧嘩」だと思っています。

　どこ（場所）でするか、どういう「やりかた」でするか、特に、原告として動く場合には、極めて重要です。まず、場所ですが、裁判所でするのか、手段として訴訟・調停を使うのか、また、最近は民間のADRという紛争処理機関も出てきています。それとも当事者同士でやるのか、いろいろあります。また、やりかたも様々なものがあります。

　紛争に直面したときに、どのようにしたらこの事件は解決するのかという筋道を立てることが必要です。ただ、最初から見える場合と見えない場合とがあり、見えない場合は、リトマス試験紙のように、少しずつやってみなければなりません。いずれにしても、なかなか難しい話です。

5 事件には解決の時がある

　事件には「解決の時」があります。それが見えるときがあります。それを見つけるのが私たちの仕事ではないかと思っています。反面、無理に解決をしようとすることは、どこかで無理が出てきます。

6 解決は基本的には和解である

　民事事件の場合の解決というのは、基本的には「和解」だと思っています。裁判による判決が最終的判断ですが、私たちがよく経験しますが、紛争は判決では解決しないことが往々にしてあります。判決をもらって、かえって紛争が大きくなることもあります。判決は、どちらかを勝たせなければならないからです。これは今の裁判の悪いところですが、それだけに強引な事実認定をしたりすることがあります。また、私としては勝って文句を言うわけではないのですが、勝ち過ぎの判決もあります。私としてはこれくらいかなと思っていたのが、ある意味では勝ち過ぎの判決が出ることもあります。逆に、負け過ぎということもあります。ですから、両当事者がここら辺かなと思っているような判決がぽんと出たときに、ああ、この裁判官は本当に理解して

いるな、名判決だなと思います。逆に、両当事者からバカにされる判決もあります。判決をもらったばかりに、余計にこじれることもあります。

　紛争の解決というのは、両当事者に遺恨を残さない、恨みを残さないということだと私は思っています。両当事者にとっては不満かもしれないけれども、解決のためには仕方がないということで、落ち着きのいいところ（お互いが「しゃあないな」と思うところ）で落ち着かせることが一番の紛争の解決ではないか。一般的な民事事件の場合はそういうことが言えると思います。

7　説得の重要性

　事件の解決には説得がとても大事です。説得というのは、相手方の説得も大事ですが、自分の依頼者も説得しなければならない場面があり、これが重要です。それが和解の段階です。裁判では、外の敵に対し攻めていればいいわけで楽です。ところが、和解の段階に入ったときに、今度は逆に依頼者が敵になる場合があります。その場合、依頼者をどうやって説得するか。私たちが一番いいと思っているところにどうして依頼者に納得してもらうかです。和解には、一方的なものはありません。必ず譲歩が出てきます。本人にどうやって譲歩してもらうか。どうしても本人が納得しない場合もあります。そこをどうやって説得するか。一緒に戦ってきた戦友をどうやって説得するかということです。そこは弁護士として一番しんどいところです。

　和解で、遺恨を残さないように、どうやって着地点（解決）に持っていくか、弁護士として最も苦労するところですし、やりがいのあるところです。裁判所にお願いして「着地」することもあります。

　場合によっては、自分の依頼者との「駆け引き」が必要な場面もあります。それは解決のために許されることだと思っています。

　何よりも、説得の基本には、弁護士の姿勢が重要なのです。裁判で弁護士がちゃんと戦っていなければ、依頼者は信用しません。戦う姿勢をもっていることが、和解の説得力をもつのです。

8　事件との巡り合せと専門性

　長く弁護士をしていると、事件との巡り合せ（運命）を感じることがあり

ます。巡り会った時に、それを掴みとることです。そのためには、きちんと処理できる能力、そして情熱が必要です。法的知識をもつこと、専門性も必要でしょう。何よりも、事件と巡り会った時に、依頼者のために解決しようという情熱をもって、事件を掴みとることです。歴史に残る名判決はこのようにして生まれたものだと思います。

「専門」が「はやり（流行）」です。実は、どんな領域にも弁護士がやっていない領域があり、専門性を磨ける領域があります。弁護士に見えていないだけのことです。

それは、事件との巡り合せ、それを掴む能力と、何よりもその領域に強い興味をもち、それを解決して「生業（なりわい）」とする情熱が必要です。これを兼ね備えなければ真の専門家にはなれないと思います。

9　迷ったら基本に戻る

往々にして、事件では迷います。

大切なことは、迷ったら、「基本に戻って考える」ということです。

基本から考えると答えが見えてくることがあります。明確に見えなくても、事件の基本を外すことはなくなります。

何かおかしいと思い、迷うときには、最後に戻っていくところは基本です。「基本に戻って考える」ということが重要です。

10　弁護士にとっての訴訟の意味

弁護士にとって訴訟（法廷の場での主張・立証、解決のための和解など）は、大きな意味があります。

弁護士には、近年、企業や国自治体など様々な弁護士の活動領域、そして、働く形態が広がってきましたが、訴訟は、弁護士にとって基本的な能力（事実認定・法の適用・解決を考えるなど）を訓練する場なのです。どんな活動領域であろうと、訴訟の体験が基本であり、これを経験しておくことこそが必要不可欠なのです。

また、事件は自分の人生の勉強になるということです。他人のこととはいえ、紛争に悩んでいる人が目の前にいて、この人のために自分は何ができる

[1]　弁護士という生き方　23

のか、自分なりに悩みます。その中で、経験が積み重ねられてくると、自分
にとっての意味がだんだんわかってきます。

第5　相手方

1　相手方はよく見ている

　弁護士の事件に対する姿勢、本当に依頼者のために一生懸命やっているか
どうかは、何よりも相手方（代理人そして本人も）が一番よくわかります。
相手方からは、こちらの実力もよく見えます。だから、こちらが本気で戦わ
なければ相手方代理人の信頼も生まれません。これは刑事事件でも同様で、
検察官もよく見ています。

2　相手方がわからなければ紛争は解決しない

　紛争を解決するには、相手方の気持ちがわからなければ解決しません。両
方が譲り合ってこそ紛争は解決するわけです。それが私の理想です。だから、
相手方がどう考えているのか、相手方がどうなのかということがわからなけ
れば、紛争は解決しないと思っています。事件を解決するには、相手方代理
人の協力が必要不可欠です。相手方代理人に敬意を払うことです。それぞれ
の依頼者の説得が必要だからです。その意味で、和解は相手方代理人との共
同作品です。
　相手方への理解、これがなければ紛争は解決しないということです。

3　相手方から事件の依頼が来る場合もある

　事件で、熾烈な戦いをして解決した場合に、相手方が評価して新たな事件
の依頼が来ることがあります。そうなれば一人前ですが、その場合、きちん
と依頼者に報告して事件をうける了解を得てください（懲戒になる場合があ
ります）。

第6　裁判所と裁判

1　裁判所の信用

　裁判所は弁護士をよく見ています。裁判所というのは裁判官だけではありません。書記官も事務官もそうです。特に保全処分では、その場の判断で、事件の帰趨が決まる場合もあります。裁判所から信用されるまでには時間がかかり、信用失墜は一瞬です。弁護士は日々裁判所の信頼を得るように努力すべきです。

2　時間を守ること

　まず、期限です。上告、控訴などの書面提出の不変期間は当然ですが、その他に裁判所との約束を守ることは当然です。

　法廷については、時間を守るのは当然ですが、法廷でも弁論準備でも、時間前に行くことが肝要です。待ち時間は無駄ではないのです。裁判所そして相手方がわかります。

3　書面などの準備について

　弁護士にとっては、「品格」が重要です。服装や事務所のありかたなどもありますが、何よりも書面です。書面には、その弁護士の「品格」がでます。高い「品格」の書面をつくることに努めましょう。

　また、書面に工夫をこらしましょう。まずは、わかりやすさです。裁判所に読んでもらえなければ、意味がありません。

　また、説得力です。争点を明確にすることです。

　私は、事実関係で争いのない場合（法的な争いの場合）には、それを踏まえた訴状を作るようにしました。最初から事件を詰めて、最終準備書面のような大部の訴状をつくることもありました。

　また、次回の準備として大事なのは、記憶の鮮明なうちに作業をすることです。私は、できれば、その期日の裁判の後に、作業を済ますように努めました。最終準備書面は、必ず出すようにし、その構想は、尋問の直後、記憶

の鮮明なうちに作ってしまうようにしていました。尋問直後が一番事件を考えています。調書ができる頃には忘れてしまいます。鮮明な記憶のあるうちに作業するのが合理的です。

4　裁判所の和解について

　どさくさまぎれの和解は絶対にしてはいけません。事件の流れで、裁判所で、ばたばたと和解の雰囲気になる場合もありますが、そんな時こそ十分な詰めができておらず、問題が生ずることが往々にあります。雰囲気に飲まれてはいけません。

　執行できない和解条項（確認条項と執行条項）、担保取消をわすれた和解条項などあとで問題が生じます。和解が予想される場合には和解条項の骨子をあらかじめつくることです。できなければ、近いところでもいいから期日をもらい練り直すことが必要です。また、依頼者をかならず連れて行き依頼者の意思の確認が必須です。電話などでの確認はとんでもないことです。また、依頼者の背後には関係者がいます。後でもめないように調整がいります。多数当事者（特に家裁）の利害調整をしておくことも必要です。

第7　事務所

弁護士にとって、基盤となる事務所は大切な存在です。

1　他の弁護士との関係

　弁護士の基盤となる事務所では、ほかの弁護士（パートナーでもイソ弁でも）との関係はやはり対等でなければならないと考えています。お互いに対等で言いたいことを言える関係でなければ事件処理はできないし、事務所も一緒にできないと思っています。いつでも自分ひとりでやっていけるという気概と実力を持っていなければ、言いたいことも言えないということです。

　例えば、大きい事務所でも、小さな事務所でも、イソ弁でもパートナーでも、それなりの覚悟がなかったら、言いたいことも言えません。でないと、上に従うような弁護士にしかなれません。世上、「ヒラメ裁判官」、上ばかり

見ている裁判官が多いのですが、弁護士でも結構「ヒラメ弁護士」が増えています。要はそれだけの気概を持つことです。

2 事務局との関係

事務局は事務所スタッフですが、事務所としてひとつのプロジェクトチームです。私は、対等なパートナーだと思っています。事務局は実に弁護士のことをよく見ています。弁護士は絶えず見られていることを認識すべきです。事務局同士のつき合いもあります。どういう弁護士かというのは、事務局に聞いたら一番よくわかります。

依頼者も弁護士に見せる顔と事務局に見せる顔とは違います。それを事務局は私たちに教えてくれます。依頼者の違う面が見られるということは、やはり好いことです。

ただ、対等なパートナーといっても、基本的なことを事務局の責任にはできません。責任は弁護士しかとれないということです。弁護士として、自分がちゃんと最後の責任をとるという腹があれば、事務局に相当のこともしていただけます。人を活かすというわけではないのですが、派生的なことは自由にしてもらうというのが私のやり方です。

もうひとつは、事務局に、依頼者や事件について共感を持ってもらわないといい仕事はできません。ひとつひとつの解決に、彼らの力は大きいのです。そういう意味で、共感を持って仕事をしてもらうことがどうしても必要です。

第8 弁護士の生き方は

1 弁護士として生きること

弁護士は、司法試験に合格し、弁護士という国家資格を得ただけの存在にすぎません、中には、様々な社会経験を経て弁護士になった人もおられますが、ほとんどが、社会経験がないと思います。私たちは「この社会を知らない」ということを自覚しなければなりません。

それではどうすればいいか？

自分のまわりの世界を広げる努力をすることです。人間を見ることです。

まず、依頼者から学び、事件から学ぶことです。

事件処理は依頼者との協同作業ですから、依頼者に教えてもらうということです。謙虚に依頼者の経験に耳を傾けることです。

事件から教えてもらうことも沢山あります。経験しなければわからないことがあるということです。何よりも「現場」に行かないとわからないことが多くあります。労を惜しまず必ず現場へ行くことです。そこで何かが見えてきます。なお、「現場」とは依頼者の自宅を含む生活圏も入ります。

また、まわりの世界が広がれば、人間関係の幅も大きくなります。そこから学ぶこともできます。その意味では「弁護士」というのは特権ではないかと思います。社会は弁護士が学ぶことを許してくれます。

私たちは、様々な知識を吸収しなければ大きくならないのです。特に、この社会の基本には経済があります。経済を理解しなければ、社会はわかりません。

また、私たちの先輩を観察することです。これだけ多くの弁護士がいるのですから、これをモデルとして、自分がどんな弁護士になるかを考えることができます。そして、自分の型を作ることです。

つまり、事務所にいるだけでは、世界は広がらないということです。もっと外に出て人を見て、弁護士を見なければならないのです。弁護士会の委員会などへの参加もいい機会です。他流試合をしてください。

そして、そんな他流試合の中で「依頼者」はついてきます。

これは決して「依頼者獲得のため」だけではありません。

ただ、これができるのは、若いうちだけです。

これを踏まえて、これからの社会にどう向かっていくのかです。

2　弁護士は協同しなければならない

社会自体がこれだけダイナミックになってきますと、弁護士一人ひとりの能力というのはたかが知れています。ですから、弁護士自身も協同しなければやっていけません。弁護団などにも積極的に加わって一緒に仕事をしましょう。

でないと、複雑な事件の解決には、対応できないだろうと思います。

3 専門家との協同

専門家との協同が必要です。例えば医療過誤ひとつとってもそうですし、卑近なところで、税金の問題でもそうです。普通の事件でも、解決のときに、私は親しい税理士さんの話を必ず聞くことにしています。というのは、相手に幾らお金をもらうかという話になったときに、必ず税金の問題が絡んでくるからです。相手方の弁護士さんと、幾ら増やす増やさないと目先の話をしているよりも、かえって税金問題の方が大きいことがあります。事件解決の方式ですが、そういうことも頭に入れておかなければ事件は解決しません。また、私は登記の裁判を起こす前には必ず司法書士さんに意見を聞きます。例えば、私がやった事件で、最高裁で破棄自判になって確定した判決があります。司法書士さんに「破棄自判の判決では登記できない」と言われました。たぶん登記のわからない調査官が起案したのだと思います。また建築紛争であれば、建築の専門家と協同しなければできません。普通の事件でも、弁護士だけでどうこうしている時代ではないということです。

第9 おわりに

本稿を書く課程で、自分の書斎で過去の文献を探していたら、司法研修所時代の『米国弁護士実務てびき』が出てきました。白表紙の教材で、1968年（昭和43年）10月刊行（私が大学の時代でした）、田辺公二判事補（当時）と森鷹三事務官が司法研修所報2号に書かれたもので、それを弁護修習の教材としたものでした。配付された時は、ほとんど顧みることはなかったものでしたが、今読み返してみると、示唆に富むものでした。修習生にはもったいない、弁護士こそが読むべきものでした。当時の私にとっては、この教材の価値は、ほとんどわからないものでした。自分の不明を恥じるところですが、時代とともにわかってくるというものの典型でした。これを一々紹介できませんが、本稿とは違う観点から書かれていて、きっと役に立ちます。目次だけを紹介しておきます。興味のあるかたは、原典にあたってください。

第一章　弁護士の心得
　第一　依頼者をいかにして獲得するか
　　◎　依頼者の獲得方法一般
　　◎　公衆の前での行動
　　◎　衣服
　　◎　優れた弁護士を見習うこと
　　◎　事件を誠実に処理すること
　　◎　商事事件を取り扱うことの利益
　　◎　事務所の能率をよくすること
　第二　依頼者をいかに扱うべきか
　　◎　依頼者に対する態度
　　◎　依頼者との話合い
　　◎　依頼者との交通
　　◎　報酬の決定一般
　　◎　報酬契約
　　◎　成功報酬
　　◎　定期委任契約
　　◎　報酬請求書
　第三　弁護士実務についての心得
　　◎　弁護士事務所への就職
　　◎　事務所での働き方
　　◎　ロー・ファーム
　　◎　個人開業
　　◎　事務所の共同使用
　　◎　ロー・ファームの構成
　　◎　パートナー間の利益分配
　　◎　事務所会議
　　◎　弁護士事務所の外観
　　◎　図　書
　　◎　弁護士の仕事のやり方一般
　　◎　日誌帳簿など
　　◎　事件記録
　　◎　人に好印象を与えること
　　◎　事実をたしかめること
　　◎　職業的な訓練を続けること

- ◎　書式の利用
- ◎　法廷経験の必要
- ◎　専門化
- ◎　訴訟外の解決
- ◎　弁護士仲間に対する態度
- ◎　大衆との関係
- 第四　結　び
- 第二章　公判準備
- ◎　訴訟の準備
- ◎　依頼をうけたとき直ちに準備を開始すること
- ◎　急いで訴訟書類を作ることは危険である
- ◎　準備を延期することは危険である
- ◎　依頼者との面接
- ◎　弁護士は依頼者に対して率直であること
- ◎　事実についてメモを取ること
- ◎　書証
- ◎　書証以外の証拠について
- ◎　証人との面会
- ◎　陳述書
- ◎　調査、写真、記録など
- ◎　事件綴（ファイル）

　目次だけでも示唆に富む内容が現れています。

　私の未熟な人生の中で、わからないこと、答えがでないことが多くありました。しかし、経験を経ればわかる時期が必ず来ます。

　その意味では、私は弁護士という仕事で人生を学んだということがいえます。

　ここで述べてきたことは、一般的な普通の弁護士の経験からですが、今般、企業や行政の内部で活躍する弁護士も増えていますが、基本は変わらないと思っています。依頼者を会社・公務員などに読み替え、出てくる場面を想定していけばいいのです。

　『米国弁護士実務てびき』の中に「弁護士の心得」として、「以上述べたことは、すべて示唆である。これを弁護士各自に最も適するように利用するこ

とは、弁護士自身の仕事である。これはその生涯を通して自ら会得するほかないことである。」と述べられています。

まさしくその通りです。

そして、最後に、「どうかわれわれは、自分の選んだ弁護士という職業がどんな人でもやることができる、しかも、最上の職業だという信念を持ち続けて、われわれの生涯を終わりたいものである」とあります。

その思いは、今の私も同感するところです。国は違っても、時代が違っても、弁護士は本質的なところで同じだなと思います。

［2］

「事実を見る目」
法律実務家と学者

第1　法律実務家（弁護士）としての目

　私は法律実務家です。具体的な事件を通してある事実に迫っていくことになります。そもそも発想自体が「帰納的」です。私が弁護士になった時に取り組んだ事件に「森永ヒ素ミルク事件」があります（後述第4部［1］参照）。皆さんが生まれる前、1955年（昭和30年）に森永の徳島工場で製造した粉ミルクにヒ素が混入しており、西日本を中心に多くの乳幼児に被害が出た事件です。18年後の1973年（昭和48年）、大阪を中心に森永、国の責任を求めて裁判が提起されたのです。多くの若手弁護士を中心に被害者弁護団が結成され、私も一番の若手として参加しました。大きい事件です。弁護士になったばかりの私には何をどのようにしたらよいかわかりません。その時、団長の中坊公平弁護士（豊田商事の破産管財人・整理回収機構の元代表取締役）が、被害者原告のお宅を廻られるということで、それに付いて行くことにしました。毎週日曜に大阪、京都、和歌山など、関西周辺の被害者の家を一軒一軒訪れて被害者の話を聞いていくのです。海辺の町もあれば、バスで3時間もかかる山奥の村もありました。理屈も理論も無縁です。ひたすら淡々と話を聞くだけです。私たちはこのようなしんどい作業を続けました。そのうち、森永ヒ素ミルクによる悲惨な被害が、頭からでなく身をもってわかるようになってきました。現場で時間をかけて被害者の言葉として聞かなければわからなかったことだと思います。そして一人ひとりの被害者の「点」である被害が、私たちが廻っているうちに「線」になり、それが全体的に「塊（かたまり）」となって迫ってきました。弁護士になりたての私にとっては貴重な体験でし

た。この体験の中から、この被害を救済するためにはどうしたらいいのか、私たちは加害者の森永、国の責任、因果関係について理論構成を必死に追求していくことになりました（森永ミルク中毒被害者弁護団編『森永ミルク中毒事件と裁判』〔ミネルヴァ書房、1975年〕）。

「森永事件」を一例にあげましたが、この事実の見方は私の弁護士としての原点になりました。何の変哲もない事実に時間をかけ必死になってしがみついていると、世の中の仕組みやからくりというものが少しずつわかってくるものです。「神は細部に宿っている」ということは名言なのです。

同じ体験は「消費者問題」でも感じるところです。消費者問題では、クレジット契約で、販売店に対する抗弁を消費者がクレジット会社に対抗できるか、という問題がありました。民法のオーソドックスな理論では当然のこととして否定されます。しかし、消費者の側からみていくと何かおかしい。消費者の実感をどんなふうに理論構成していくか、悩みます。しかし懸命に理論構成をして訴えていくと、ポツリ、ポツリと対抗を認める判例がでてきます。それを盾にやっていると少しずつ流れが変わってきて、とうとう1984年（昭和59年）の割販法の改正にまで辿り着きました（島川勝弁護士との共同稿「立替払契約と抗弁権切断」NBL271・274号）。

クレジットと同様に、消費者をめぐるリース契約が問題となっています。今までのファイナンスリースが、リース会社に有利でありユーザーに不利となっているので、これが消費者まで及ぶのは問題ではないかとの私たちの意見で、消費者リースについても考え方をとらえ直そうということになってきています（金融法務事情1130号）。

皆さんが専門とされる税法の分野でも同じだと思うのです。公害事件の被害者や、消費者事件の消費者の側から、その実態をみていけばその仕組みやからくりが少しずつわかってくるように、納税者の側に密着し、これにしがみついて事実を見つめていけば、その中から税を取る側の巧妙な仕組みやからくりが実感としてわかってくると思います。私が砺波市の固定資産評価審査委員会の審査を5回にわたり延々と続けさせた中で、一番訴えてきたのは申出人150名（背後には2,000名にものぼる人々がいます）の重い実感から生じた「疑問」をどのように理論化し、審理の場に訴えていくかということでし

34

た（後述第3部 [2] 参照）。いずれの分野でも事実を見る目は同じであることを痛感しています。

第2　学者の目

　私は学者ではありませんので、あくまで私の目、つまり実務家から見た学者の目ということになるかもしれません。

　私は学者の方には基礎研究を十分にしていただきたいと思います。それは一見すると現状とはまったく無縁のことであってもいいのです。宇井純氏（元東大助手）の「公害原論」の中で、スウェーデンの学者が毎年、渡り鳥のおとす羽根を集めて研究していたことが記載されています。当時それがどれだけ役に立つことだったのかはわかりません。しかし、100年後にその羽根を分析して経年的な水銀汚染の実態がわかったという例が紹介されています。これは自然科学ですが、社会科学でも同様です。

　私は1981年（昭和56年）頃に、北野弘久先生に鑑定をお願いに行ったことがあります。それは税法一般を講義する方はいらしても、1つの事実を基礎から実践的にとらえる方は他にいらっしゃらなかったからです。その鑑定書のおかげで、裁判所での和解（行政事件で極めて珍しい）が成立しました。

　また私が代理人としてMKタクシーの運賃値下申請を却下した大阪陸運局（当時）の処分の取消を求めた裁判（MKタクシー事件）の中で、道路運送法について学者の論文を調べたことがあります。しかし、どれだけ調べても神戸大学の根岸哲教授が15年前の助手時代に書かれた基礎的論文が1つあるだけでした。根岸先生も、執筆当時に、値下裁判まで意識されているはずもなく、アメリカの公共交通と規制の歴史を検討され我国の法体系の解釈論を展開されていた、いわば地味な論文でした。しかし、私にとっては闇夜に光が見えたような気がしました。その結果、根岸先生の鑑定が裁判所を動かし「同一地域・同一運賃の原則」は違法として運輸行政の根幹をゆさぶる判決となりました。規制緩和のはしりの事件となりました（後述第3部 [3] 参照）。

　このように、現状にとらわれることなくやられた学者の研究が、10年後、

20年後に極めて実践的な意味をもつことがよくあるのです。

　最近、目先の利益に囚われるような学者の論文を読んだり、判例が出るとそれに迎合するような学者の評釈をみることがあります。私たち実務家も悪いのですが、学者の方々も目先ばかり気にするような傾向があるように思われます。基礎研究や比較法などの領域の貴重な研究が、売れないため出版社から敬遠され、手ごろの簡易な雑誌がよく売れるせいかもしれません。しかし、これらの流行を追った、手ごろな論文は10年、20年先には消え去るでしょう。やはり評価は10年、20年単位ではないかと思います。

　学者の見る目とは、目先にとらわれず基礎的な事実を十分に研究していくこと、しかも基礎的な事実は、一般市民の生活に根ざした確かなものであってほしいと思います。

　税法を専門とされる皆さんも、基礎的事実をじっくり見つめて下さい。しかも納税者の側から事実にしがみついて下さい。その中から10年先、20年先の先駆的な理論が構築されることを期待しています。

〔北野ゼミナール・野桜編集部〕
　金子弁護士は、北野教授の旧制富山中学（富山高校）の後輩でかつ、北野稲門会のメンバーである。若手弁護士として関西でご活躍中です。同弁護士は、北野ゼミ生にとってなじみのある事件としては、大和郡山市固定資産税訴訟・富山県砺波市固定資産税訴訟の代理人を務められました。両訴訟には、北野教授も税法学者として参加されました。

［3］

弁護士自治はなぜ必要か

第1　日本の弁護士という職能集団

　日本の弁護士は、日弁連の登録（2016年〔平成28年〕7月28日現在）で3万7,628人、外国法事務弁護士398人、弁護士法人953（法人は同年7月1日現在）であり、全国を合わせても4万にもみたない職能団体である（注：2018年〔平成30年〕12月10日現在でも3万9,913人）。大阪府の小さな町の熊取町の2014年〔平成26年〕4月現在の人口（4万3,724人）にも及ばない。日弁連でさえこの程度の集団であり、ましてや、全国の52の単位弁護士会には、函館・旭川・釧路・秋田・鳥取県・島根県などの弁護士会では、100名にも及ばない。こんな小さな職能集団であっても、日弁連、各弁護士会は、日本全体そして地域社会で、社会を変えるだけの影響力をもっている。また、弁護士という職業は、層として、それなりの地位（ステータス）を有している。

　少数であっても、社会的影響力をもち、それなりの地位を有する職能集団は日本の中で希有な存在である。

第2　強制加入団体と自治権

　弁護士会の活動の基礎となっているのが、「強制加入団体」であること、また「自治権」を有していることである。

　「強制加入」と「自治権」はかならずしも一致しない。隣接他士業の職能集団の一覧表（日弁連の「弁護士自治に関する報告書」添付の別表に各士業の人数（個人）を追加したもの）をみていただきたい。すべて強制加入団体である。

[3]　弁護士自治はなぜ必要か　37

	弁護士	司法書士	弁理士	税理士
根拠法第1条	弁護士は基本的人権を擁護し、社会正義を実現することを使命とする。2　弁護士は、前項の使命に基き、誠実にその職務を行い、社会秩序の維持及び法律制度の改善に努力しなければならない。	この法律は、司法書士の制度を定め、その業務の適正を図ることにより、登記、供託及び訴訟等に関する手続の適正且つ円滑な実施に資し、もって国民の権利の保護に寄与することを目的とする。	弁理士は、知的財産に関する専門家として、知的財産権の適正な保護及び利用の促進その他の知的財産に係る制度の適正な運用に寄与し、もって経済及び産業の発展に資することを使命とする。	税理士は、税務に関する専門家として、独立した公正な立場において、申告納税制度の理念にそって、納税義務者の信頼にこたえ、租税に関する法令に規定された納税義務の適正な実現を図ることを使命とする。
強制加入	〔強制加入〕 ・日弁連の名簿登録（§8） ・入会しようとする弁護士会を経て登録請求（§9） ・業務制度（§72）罰則（§77）	〔強制加入〕 ・日司連の名簿登録（§81） ・司法書士会を経由して登録申請（§91） ・業務制限（§73）罰則（§78、79）	〔強制加入〕 ・日本弁理士会の名簿登録（§171） ・日本弁理士会に登録申請（§181） ・業務制限（§75）罰則（§79③）	〔強制加入〕 ・日本税理士会連合会の名簿登録（§18、19ⅠⅡ） ・所在地の区域の税理士会を経由して日税連に登録申請（§211） ・業務制限（§52）罰則（§591④）
懲戒権	・所属弁護士会（§56Ⅱ）	・管轄法務局又は地方法務局長（§47、48）	経済産業大臣（§32）	・財務大臣（§45、46）（§48の20） ・地方公共団体の長から財務大臣への通知（§47Ⅰ） ・税理士会から財務大臣への通知義務（§47Ⅱ） ・財務大臣から税理士会への懲戒理由の通知義務（§47Ⅴ）
監督権等	・弁護士は弁護士会及び日弁連の会則を守る義務（§22）	・法務局又は地方法務局長（施行規則§42）法47、48の処分に関し、事件簿等資料報酬状況を調査できる。	・総会決議等報告義務（§66） ・経済産業大臣（§71）立入、帳簿・書類検査権 ・経済産業大臣（§72）役員の解任権・総会決議取消権	・財務大臣 ・総会決議取消しを命ずることができる（§49の17） →・決議が法令又は税理士会／連合会の会則に違反 ・その他公益を害するとき 　税理士法／連合会に対し報告を徴し、業務について勧告し業務の状況／帳簿書類その他の物件を検査できる（§49の19） ・国税庁長官 　税理士又は税理士法人から報告し、質問し、実務に関する帳簿書類を検査できる（§55）
個人登録数	2016.7.28現在 38,026名	2016.6.1現在 22,057名	2016.6.30現在 11,091名	2016.6末現在 75,571名

　ところが、弁護士会だけが自治権をもっている。また大きな違いは「目的」で、他士業は、「自らの職域の業務の円滑な業務」を掲げている。

	行政書士	社会保険労務士	公認会計士	土地家屋調査士
根拠法第1条	この法律は、行政書士の制度を定め、その事務の適正を図ることにより、行政に関する手続の円滑な実施に寄与し、あわせて、国民の利便に資することを目的とする。	この法律は、社会保険労務士の制度を定めて、その業務の適正を図り、もって労務及び社会保険に関する法令の円滑な実施に寄与するとともに、事業の健全な発達と労働者等の福祉の向上に資することを目的とする。	公認会計士は、監査及び会計の専門家として、独立した立場において、財務書類その他の財務に関する情報の信頼性を確保することにより、会社等の公正な事業活動、投資者及び債権者の保護等を図り、もって国民経済の健全な発展に寄与することを使命とする。	この法律は、土地家屋調査士の制度を定め、その業務の適正を図ることにより、不動産の表示に関する登記手続の円滑な実施に資し、もって不動産に係る国民の権利の明確化に寄与することを目的とする。
強制加入	〔強制加入〕 ・日本行政書士会連合会の名簿登録（§6） ・都道府県の区域の行政書士会を経由して日行連に登録申請（§6の2） ・業務制限（§19）、罰則（§21②）	〔強制加入〕 ・社会保険労務士会連合会の名簿登録（§14の2、§14の3） ・厚生労働省令で定める社会保険労務士会を経由して登録申請（§14の5） 業務制限（§27）、罰則（§32の2⑥）	〔強制加入〕 ・公認会計士名簿への登録（§17） ・日本公認会計士協会に提出（§19Ⅰ） ・業務制限（§47の2）、罰則（§73Ⅰ）	〔強制加入〕 ・土地家屋調査士会連合会の名簿登録（§8） ・事務所在地を管轄する法務局又は地方法務局の管轄区域内に設置された調査士会を経由して登録申請（§9） ・業務制限（§68Ⅰ）、罰則（§73Ⅰ）
懲戒権	・都道府県知事（§14,14の2） ・行政書士会から都道府県知事への報告義務（§17の2）	・厚生労働大臣（§25の2、25の3）（§25の24） ・社会保険労務士または連合会から厚生労働大臣への通知義務（§25の3の2）	・内閣総理大臣（§30、31他）	・法務局又は地方法務局の長（§42、43）
監督権等	・都道府県知事立入検査（§13の22）→必要があると認めるとき ・日没から日出までの時間を除き ・事務所立入り、帳簿等書類の検査 行政書士会へ報告を求め、業務につき勧告ができる（§18の6） 行政書士会は都道府県知事への年1回の会員に関する報告義務（§17） ・総務大臣 日行連へ報告を求め、業務につき勧告ができる（§18の6）	・厚生労働大臣報告及び検査（§24） →必要があると認めるときは ・報告を求めることができる ・事務所立ち入り、質問し帳簿書類検査 総会決議取消・役員解任を命ずることができる（§25の47） →・決議または役員の行為が法令または社労士会／連合会の会則に違反 ・その他公益を害するとき	・内閣総理大臣（§33）→金融庁長官へ委任（§49の4Ⅰ）→公認会計士・監査審査会へ一部委任（§49の2Ⅱ） →必要な調査をするため ・事件関係人・参考人に出頭を命じて審問し、これらの者から意見又は報告を徴し ・鑑定人に鑑定させる。 ・帳簿書類等を提出させて留め置く ・事務所その他の場所に立入り検査する ・公認会計士・監査審査会（§35Ⅱ①）による勧告	・法務局又は地方法務局の長（§44Ⅱ） 必要な調査をする義務 ・調査士会 法令等違反があると思料するときは法務局又は地方法務局の長に対する報告義務（§55） 法令等に違反するおそれがあると認めるときは注意又は必要な措置の勧告（§56）
個人登録数	2016.4.1現在 45,441名	2015.9.30現在 39,898名	2016.6.30現在 35,496名	2015.1末現在 17,301名

第3　弁護士・弁護士会の評価

　弁護士・弁護士会は、自分たちの職能集団だけの利益だけでなく、社会を見据えた活動をしている。基本的人権の擁護と社会正義の実現を目指し、そのために行動する集団だからこそ、社会からその意見が尊重され、その活動が重視される。

　NHKの朝の連続ドラマで「とと姉ちゃん」が放映されていた。このモデルは花森安治が編集長、「とと姉ちゃん」こと大橋鎭子が社長となった「暮しの手帖社」である。暮しの手帖社は、自前の費用による独自の商品テストにより、商品の品質について厳しい調査結果を雑誌に掲載し、消費者から高い評価を得てきた。それは、「暮しの手帖社」が、「スポンサーを持たず、広告収入に頼らず、どの企業にもおもねない」という経営の方針とその実績があったからである。

　これと正反対が「原発推進キャンペーン」で、原発の安全性や合理性を語った広告が、電力9社から、1970年代から2011年（平成23年）3月11日までの約40年間で、2兆4,000億円が新聞・雑誌・テレビなどのマスコミに垂れ流された。これは、マスコミへの「賄賂」とも言える性格を持ち、「広告費をカタにした」反原発の報道規制と、マスコミの自粛につながった。東日本大震災、3・11直前までは完全にマスコミ・メディアは制圧されていた（本間龍『原発プロパガンダ』〔岩波新書、2016年〕）。

　このように弁護士の発言や行動が重く受け止められるのは、弁護士という資格に伴うものではなく、「自治権」があるからである。「自治権」を維持するには、自前の予算と構成員の統制が必要なのである。

第4　弁護士の地位の低さ

　見てほしい。弁護士の地位がいかに低かったかを。

　弁護士制度の発足は1871年（明治9年）である。弁護士は「代言人」と呼ばれ、1896年（明治26年）の「（旧々）弁護士法」で「弁護士」となった。そ

の後、1933年（昭和8年）「（旧）弁護士法」（1936年〔昭和11年〕4月1日施行）の制定を経て、日本国憲法下の1949年（昭和24年）5月30日に現在の弁護士法が制定（同年9月1日施行）された。

　代言人時代から、弁護士は強制的に組合に加入させられた（強制加入団体）。検察の監督下で65年間、裁判所（司法大臣）の監督下が13年間である。弁護士が監督された期間は、これまでの歴史の中で78年間に上る。弁護士制度ができてその半分以上の期間は、それぞれの監督下におかれ、差別もされていた。弁護士の法廷での発言が官吏侮辱罪に問われたり、上告趣意書の書き方や法廷からの抗議の退廷への懲戒訴追など、裁判所・検察官による弁護士へのいわれなき迫害がなされた。

　弁護士層は、戦前で最大の1935年（昭和10年）でも、約7,000人規模の職能集団であり、しかも「玉石混交」であった。英国に留学してバリスター資格を有する者から、宿屋（公事宿）の主人と同様の法的知識のない者まで、様々なレベルの者が存在していた。明治・大正期には「三百代言」と揶揄され、事件屋に使われていた弁護士が、各地に多く存在した。弁護士の指導層はそのような弁護士を駆逐していった。

　弁護士の業務は、「裁判業務」だけとされていた（「法律業務は弁護士の業務ではない」〔大正4年6月17日大審院刑事判決録〕）。弁護士の指導層は、議員となって国会に進出し、挫折を繰り返すなかで自らの業務を「法律業務」まで拡大する。1933年（昭和8年）旧弁護士法改正と法律事務独占（「法律事務取扱ニ関スル法律」、現在の弁護士法72条）を獲得した。

　戦前でも、弁護士は、国家統制されない任意の全国的弁護士団体（日本弁護士協会）を設立し、人権活動を展開した。また、自由法曹団などの一部の弁護士は、社会的弱者の救済活動をし、国家権力から様々な迫害を受けた（布施辰治は法廷の弁護で除名され、労農弁護士団は治安維持法違反で刑事処罰された）。しかし、弁護士・弁護士会は、全体的に職能集団として人権活動をしていたわけではないし、これらの迫害された弁護士を守ってもいない（人権派弁護士が迫害され、弁護士会が何もしない現在の中国を彷彿とさせる）。何よりも層として社会的影響力はほとんどなかった。

　第二次大戦中、憲兵・警官から「弁護士は正業につけ」といわれた事実が

ある（加藤隆久「正業に就け」法友会会報1958年〔昭和33年〕4月号、日本弁護士連合会『日本弁護士沿革史』1959年（昭和34年）257頁）。弁護士は「正業」とは見なされていなかった。また、何より市民から信用されていなかった。「弁護士には家を貸すな。」といわれ、戦後も、昭和40年代になっても、住宅ローンなどを組めない弁護士に、弁護士会協同組合の業務として「銀行のローンのあっせん」が活用された。

社会的影響力のなさは弁護士会を国家権力に擦り寄らせることになる。大阪弁護士会でも、日中戦争の1929年（昭和4年）7月13日、また、第二次世界大戦の真珠湾攻撃直後の1941年（昭和16年）12月9日に、「戦争翼賛決議」をしている。

このような決議をしては、弁護士・弁護士会が、社会的な影響力など有するわけもないし、弁護士が層として社会的地位があると見なされるわけがない。

第5　戦後の弁護士とその活動——弁護士・弁護士会への信頼を支えるもの

弁護士の再生は、弁護士法の制定と弁護士・弁護士会の戦後の活動による。

1　弁護士法の制定

1946年（昭和21年）11月3日に日本国憲法が制定された（1947年〔昭和22年〕5月3日施行）。裁判所法及び検察庁法は同時に施行されたが、弁護士法は放置されたままであった。

弁護士の指導層は、議員立法による弁護士法の成立を図った。弁護士自治を認めた法案は衆議院を通過後、参議院で難航したが、会期末の前日である1949年（昭和24年）5月30日、再度衆議院で出席議員の3分の2以上の賛成で可決・成立した（同年9月1日から施行）。

弁護士法では、第1条（弁護士は、基本的人権を擁護し、社会正義を実現することを使命とする）が重要な意味をもった。当時も、弁護士層は「玉石混交」であったことに変わりはない。自治権を獲得し、理想を高く掲げて新時代を切り開く必要性があり、新弁護士法のもとで、「かくあるべき」という

42

「旗」（将来の活動目標）を掲げたのである。弁護士法のもと、日弁連が発足した。

2　弁護士・弁護士会の活動

　事実、弁護士法制定から67年、弁護士は「基本的人権を擁護し、社会正義を実現」する活動の努力をしてきた。概略的にみれば次のとおりである。

・昭和30年代　　再審事件

　　　　　　　　加藤老事件・金森老事件・徳島ラジオ商事件・弘前大学教授夫人殺害事件・死刑再審4大事件（免田・財田川・島田・松山）など昭和30年代から再審請求がなされ、昭和60年代、平成の時代になって再審無罪が獲得された

・昭和40年代　　公害・水害・薬害事件（イタイイタイ病・水俣病・四日市公害・大阪空港騒音・多奈川火力・大東水害・スモン・サリドマイド・カネミ油症など）

・昭和50年〜60年　　消費者事件（サラ金・クレジット・訪問販売）

　これらの活動により、弁護士の社会的評価は高くなってきた。

　さらに特筆すべきは、弁護士会が行った立法（制定と反対）活動により、それが社会を大きく変え、弁護士としても、層としての活動の領域を拡大していった。いくつかの例を挙げよう。

・刑法改正阻止・拘禁2法反対・接見交通権の確立の立法運動

　（裁判所・法務省・検察庁に対して）

・消費者立法改正の立法運動

　（利息制限法改正、訪販法改正、消費者取引法や特商法の制定など）

・被疑者国選や公的少年付添制度の実現

　（当番弁護士制度や少年付添制度による活動）

・法律扶助事業の国家事業化

　（法テラスの実現）

・消費者庁・消費者委員会の実現

・ひまわり公設事務所

　（ゼロワン地域をなくし司法過疎の解消）

[3]　弁護士自治はなぜ必要か　43

　これらは、弁護士・弁護士会の長い間の粘り強い運動により実現された。
例えば、日弁連が人権大会で被疑者国選や消費者庁の提言を決議したのは
1989年（平成元年）松江大会であり、実現まで約20年間かかっている。

　これらの社会制度を変える活動が、すべて弁護士の活動（労力）と費用
（弁護士会の会費を含む）で賄われた。弁護士という小さな職能団体が、誰か
らの援助もなく、社会にとって有益な活動を積み重ねてきたのである。弁護
士・弁護士会の活動の基礎にあるのが、財政を含めた「独立性」である。

　このような戦後の弁護士法の制定と「基本的人権の擁護と社会正義の実
現」の「旗」のもとで、弁護士・弁護士会の公益的活動としての不断の努力
により、弁護士という集団（層）に対する市民（社会）の信頼が育まれてき
たのである。

　弁護士・弁護士会の現在の地位（ステータス）を維持しているのは、過去
そして現在における弁護士・弁護士会の諸活動であって、「弁護士」という
資格ではない。このことは、桝添要一元東京都知事の政治資金支出について
の調査が物語っている。「偉い有識者（弁護士）による厳しい調査」という
言い分けは、市民から「桝添擁護」との大きな批判をうけ、弁護士の信用を
失墜させた。

3　弁護士会のそのものの変化

　弁護士会も変化している。大阪弁護士会を例にとって述べてみよう。

　1965年（昭和40年）代では、弁護士会は個々の弁護士の活動領域に踏み入
らないものとされてきた。ところが、1985年（昭和60年）代から法律相談セ
ンターが制度化され、弁護士会が中心になって個別弁護士への事件受任の窓
口となってきた。平成（1980年代後半）になって高齢者・障害者相談センタ
ー「ひまわり」が設立され、その活動のウイングを拡大した。2008年（平成
20年）代になり「行政連携」（主に地方自治体）により、行政と共に課題の解
決に取り組み、活動ウイングのさらなる拡大を目指している。

　弁護士会は、弁護士倫理を設け、弁護士を統制し、業務妨害から弁護士を
守り、若手弁護士の支援、また各種研修を実施して、弁護士の質を守ろうと
している。また、近時、「アウトリーチ」として、「新規事業開発」まで手が

ける段階になっている。弁護士会は個々の弁護士の前面に立って、活動領域
まで開拓している。

　このような弁護士会の活動の変化は、弁護士会が自前の予算で進めてきた
からこそ実現できたものである。この地道な活動こそが市民の信頼を獲得し
てきたのである。

第5　弁護士自治はどうして必要か

　弁護士という職能集団が、層としてその地位（ステータス）を維持するた
めには、弁護士が信頼されることが必要である。弁護士が、弁護士会という
団体に属し、その統制のもとにあるからこそ、市民から信頼されるのである。
そして、その基礎には、他におもねることのないことを保障する「弁護士自
治」があるためである。

　弁護士は、弁護士資格だけでは、その地位（ステータス）を維持できない。
これまでの弁護士・弁護士会の活動実績の蓄積のもとで、そして「現在の活
動」により弁護士の地位が維持できる。弁護士という地位（発言・行動）を
維持する担保こそが、自治と独立性を維持する弁護士会であり、私はそのコ
ストが弁護士会費であると考えている。

　近時、一部の弁護士から、「弁護士自治はいらないのではないか」とされ、
現在の「会費」について他士業との比較で「高すぎるのではないか」という
意見が出されている。これは「弁護士という地位（ステータス）が当たり前
のものである」、「弁護士会の諸活動は不必要でありそんなところに金をかけ
る必要性がない」という認識があるのではないかと思う。

　繰り返しになるが、私は、現在の弁護士の地位（ステータス）は、弁護士
という資格だけで享受されているとは思わない。弁護士の地位（ステータス）
は、これまでの職能集団としての弁護士の諸先輩のすべての活動の蓄積（遺
産）と私たちの「現在の活動」であって、それを維持するための「会費」は、
必要経費と考えている。

　統制のないバラバラな活動に戻れば、戦前の弁護士のように、弁護士への
層としての市民の信頼はなくなるであろう。

第6 弁護士自治の剥奪──日本と逆の英国

弁護士自治が市民の信頼によって維持され、それがなければいかに脆いものであるかを示す例が、英国の弁護士会である。

英国の弁護士会の状況は、吉川精一氏（第二東京弁護士会元会長）の『英国の弁護士制度』（日本評論社、2011年）を中心とする諸論攷に詳しい。

英国では弁護士自治が剥奪された。原因は、1980年代からの「弁護士を弁護士会に任せておけない」という市民の信頼感の喪失にあった。英国はリーガル・エイド（法律扶助）も、社会保障として充実していた。ところが1980年代に入りリーガル・エイドが財政を圧迫するようになった。そんな状況下で、市民の弁護士への苦情が多発した。苦情は、報酬が高いことや懲戒に至らない弁護士への苦情であったが、数が多く十分な対処がされなかった。

弁護士は、このときどのように見られていたか？

十分な働きもないのに（時間がかかる裁判）高額な報酬を享ける「太った猫（Fat Cat）」と揶揄されていた（「三百代言」を彷彿とさせる）。

政府（保守党・労働党を問わず）は、不人気な弁護士を標的にして予算削減を目指して弁護士制度改革を続けた。1990年裁判所及び法的サービス法が制定され（バリスターの弁論独占の廃止）、弁護士会に苦情処理機関が設置されたが、自浄能力のないものとされた。1999年の司法アクセス法で、町弁（後述）の収入のよりどころ（拠）であった法律扶助（範囲と金額）が削減された。

2007年法的サービス法の制定で、弁護士会自治が完全に剥奪された。弁護士への苦情は「OLC」（Office for Legal Conmplaints）に、弁護士への懲戒は「LSB」（Legal Services Board）にと、別機関（非弁護士が過半数）が管轄することになった。また、LSBは、弁護士会の財政への監督と修正権をもつことになり、弁護士会は自分の活動の決定権すらなくなった。

このような状況になったのは、英国の弁護士会が「シティファーム・ソリシター（企業弁護士）」と「ハイ・ストリート・ソリシター（町弁護士）」に二極分化し、団結できなかったからだといわれている。町弁はストライキま

でして抵抗したが敗北した。市民の支持が得られなかったためである。

　私たちは、「弁護士自治」の議論について、狭い視野（会費の多価）だけでなく、日本の弁護士と英国の弁護士との歴史を踏まえて、他山の石としなければならないことが多いのではなかろうか。

第7　おわりに

　私は、2014年（平成16年）7月に弁護士・弁護士会の歴史を『私たちはこれから何をすべきなのか──未来の弁護士像』（日本評論社刊）として上梓しました。本稿は、これを土台に「弁護士自治」という切り口でまとめました。詳しくはそれをお読みいただければ幸いです。

［4］

大阪弁護士会行政連携センター業務開始
弁護士・弁護士会の未来　その1

第1　行政連携センターの概要

1　はじめに

　2013年（平成25年）3月12日の臨時総会において、行政連携センター創設のための会則改正、規程制定が行われ、同年4月1日から行政連携センターが業務を開始しました。

　行政連携センターは、従来、弁護士会の各委員会が個々に行ってきた国の行政機関、地方公共団体、独立行政法人等（以下、「行政機関等」という。）との連携活動を弁護士会全体の視点から調整する役割、及び、行政機関向けに特化した広報を行い、その法的な需要に応ずる弁護士会の窓口としての役割を担う機関として、創設されました。

2　行政連携センターの事業

(1)　行政連携センターが行う事業は、概ね次の2つです。

　　①　当会の各委員会と行政機関等とが連携して行う活動を推進するための方策の検討、立案及び実行（そのための会内の調整・マネジメントを含む）

　　②　行政機関等の債権管理、コンプライアンスの確保、行政対象暴力その他行政機関等に係る法律問題に関する弁護士の紹介及びこれに基づく事件受任の運営

　①のうち、会内調整（マネジメント）機能については、対外的にも行政連携推進の担い手としての活動を行います。そして、②の行政機関等からの法的な需要に応ずる活動が新たに加わった機能です。

48

（2）　このほか、行政連携センターが行う事業は、総合法律相談センター等からの移管業務を含め、以下のとおりです。

① 行政機関等に対し会員を講師として紹介する業務
② 条例、規則等の立案、制定及び運用に関する支援業務
③ 行政連携活動に関する調査及び研究
④ 弁護士の任期付公務員等の任用に関する支援業務
⑤ 各種団体との連絡協議
⑥ 本センターの広報活動
⑦ 大阪弁護士会総合法律相談センターとの提携業務

3　行政連携推進センターの仕組み

（1）　組織

　行政連携センター運営委員会が運営を行い、運営委員会は、会長委嘱委員と関係各委員会からの推薦委員（合計30名以上）で構成されています。委員会推薦委員に参画していただく目的は、これまで各委員会が行ってきた「縦割り」による「情報の偏在」を解消し、行政連携センターと各委員会との行政連携活動に関する「情報の相互共有」と「有効活用」を図ることにあります。

　この運営委員会内に、行政連携を推進する部門のほか、弁護士紹介及び事件受任の審査を行う部門を設けます。

（2）　弁護士紹介のフロー（次頁の図参照）

　ア　行政連携センターでは、行政機関等専用の「講師派遣申込書」「弁護士紹介申込書」をし、行政機関等には、これを利用して、講師派遣又は相談助言・調査報告・代理委任等に係る弁護士紹介の申込みをいただくことになります。

　イ　行政機関等から講師派遣又は弁護士紹介の申込みをいただくケースとしては、各委員会が行政機関等の職員との事前協議を済ませているケースが多いことが予想されます。そこで、「講師派遣申込書」「弁護士紹介申込書」には、依頼分野欄、事前協議状況欄、希望事項欄等を設け、行

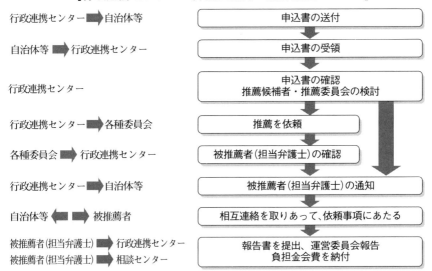

政機関等のニーズと人選とのミスマッチを避ける工夫をしました。
　ウ　行政機関等からの講師派遣又は弁護士紹介の申込みがあった場合、運営委員会は、関連委員会からの推薦により、適切な弁護士の紹介を決定します。これは、行政機関等からの依頼の内容が、一般事件以上に多様性に富み、名簿登載方式による機械的な処理になじまないこと、また、先に述べたように、既に各委員会等において、行政機関等との連携がなされている分野も多く、それらの分野においては、人選方法について従前の方法を踏襲することが行政機関等との信頼関係を維持することにつながるからです。
　エ　弁護士活動に起因した弁護士会を通じての講師又は事件の紹介ですので、総合法律相談センターからの事件紹介と同様に、受任した会員に対しては、報告義務及び負担金会費の支払義務を課すこととしました。

第2 行政連携センター設立までの経緯

1 大阪弁護士会における行政連携活動の実情

　当会の委員会等は、多方面にわたる行政分野において、行政機関等との間で、適度なチェック・アンド・バランスを図りつつ、活発な行政連携活動を行っています（「行政連携のお品書き」参照）。委員会等は、日頃から、各種行政分野における立法や施策等を研究し、精通しており、高度に法的専門性を有する「シンクタンク」「人材バンク」の役割を担っています。

　しかし、委員会等の組織及び活動は「縦割り」となっています。そのため、弁護士会内で「情報の偏在」が生じており、「会」全体で見たとき、行政連携に関する「情報」の有効活用が十分になされているとはいえませんでした。

2 組織・活動のあり方の見直しに向けた歩み

　そこで、「会」としての「情報の共有」と「効果的な活用」をはかるため、組織・活動の見直しに着手しました。

〔2008年（平成20年）度〕

①「地域司法計画2008」発行

　●行政分野の法的ニーズを探るため、大阪府下自治体向けアンケート調査実施

　●行政への法的サービスの実情及び課題と方策を提言

②「会員以外の者の弁護士研修受講に関する検討PT」設置

　●研修の地方自治体向け開放を答申

〔2010年（平成22年）度〕

③「行政との連携に関するPT」設置

　●「大阪弁護士会内において、行政連携機能を担うための組織体制を強化することが必要」「行政連携担当副会長の設置」等を答申

〔2011年（平成23年）度～2012年（平成24年度）〕

④「地域司法計画2011」発行

　●「行政連携のお品書き」を発行し、府下地方自治体へ配付、各種研修

会で配付、PR の開始

⑤「行政連携推進 PT」設置

●「会」としての「マネジメント」の開始

3 具体的な取り組みと課題

(1) 行政連携推進 PT においては、2 年間にわたって弁護士会と行政機関等との連携活動を拡大強化するための「マネジメント」機能を担い、概略、次のような取組みを行いました。

① 弁護士会内部の行政連携情報（成功体験事例）の収集と共有化

② 会内広報（大阪弁護士会月報の特集記事、連載記事など）と関係委員会への情報提供・側面支援

③ 法的需要のリサーチ（各種アンケート調査、市長インタビューなど）

④ 効果的な広報ツール（地方自治体向けコンテンツ）の開発と対外広報（「行政連携のお品書き」の活用、外部解放研修など）

⑤ 地方自治体へのサポート（任期付公務員採用、債権管理研修、債権回収業務委託など）

(2) 同 PT の取組みは全国的にも珍しく最も先進的で注目を集めましたが、2 年間に及ぶ活動を通じて、以下のような課題が浮かび上がってきました。

① 行政機関向け広報の「シンボル」が存在しない

（→ 需要喚起インパクトの不足）

② 行政機関のための「問い合わせ窓口」「弁護士紹介受付窓口」が存在しない

（→ アクセス障害）

③ 行政機関のニーズにマッチした委員会・弁護士に繋ぐ「マッチングシステム」が存在しない

④ PT の性質上、「組織の継続性」がない

(3) そこで、このような課題を解決するため、2013年（平成25年）4 月 1 日をもって行政連携センターを設置することとしたものです。

第3 行政連携センターの果たす役割

1 行政連携の意義・目的

　行政機関等、とりわけ住民に身近な地方自治体は、各種住民サービスを行うほか、社会的弱者のためのセーフティネットとしての重要な役割を担っています。その意味で、弁護士会と地方自治体とは住民福祉の増進を図るうえで重要な「パートナー」の関係にあります。相互に連携を深めることを通じて、地域の実情に応じた住民福祉の充実と社会的弱者救済のための施策を協働して実現することが可能になると考えられます。

　また、地方分権改革の進展に伴い、地方自治体は、国の通知通達行政から解放され、自己責任の下に自己判断を迫られる場面が多くなり、専門化による法的助言を受ける需要が高まっています。その意味で、地方行政分野において憲法を頂点とする法の支配及び法治主義の原理に基づく適法性を確保するうえで、地方自治体は重要な「ユーザー」であるといえます。弁護士会としても、適度なチェック・アンド・バランスに配慮しつつ、地方自治体の法的需要に応えることにより、行政分野における司法秩序の確保に寄与することができます。

2 行政連携センターの果たす役割 （次頁の図参照）

(1) 行政機関向け対外広報「シンボル」としての役割

　第1に、行政連携センターは、行政機関向け対外広報の「シンボル」としての役割を担います。

　行政連携活動を広げていくためには、行政機関等の内部に潜在する法的需要を顕在化させ、顕在化した法的需要を呼び込むのにふさわしいメッセージを強く発信することが必要です。行政連携センターでは、委員会等が行っている行政連携活動（成功体験事例、人的資源等）に関する広報資源を有効活用するほか、当会会員で市長、議員、任期付公務員等に就任した方々との連携を図り、弁護士と行政機関等との連携の必要性や有用性について、地方自治体の首長や行政機関等の職員が興味関心を持つような形で、積極的で効果的

【行政連携センターの果たす役割】

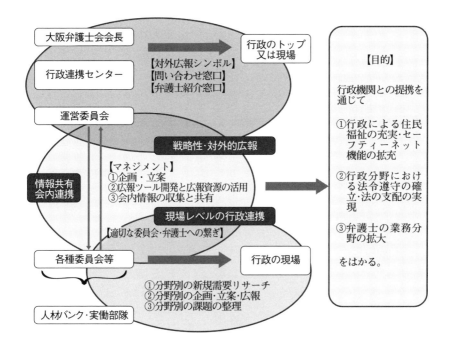

な広報に努めたいと考えています。

　その一環として、「行政連携のお品書き」と、広報室との連携を図りながら、当会ホームページの中に「自治体等行政機関向け」ページを開設しています。
(2)　行政機関のための「窓口」としての役割
　第2に、行政連携センターは、行政機関等のために特化した「各種問い合わせ窓口」「弁護士紹介受付窓口」としての役割を担います。
　委員会等が行っている行政連携活動（成功体験事例、人的資源等）や弁護士の任期付公務員採用に興味・関心を持ち、初めて当会に「問い合わせてみたい」「弁護士紹介を依頼したい」と考える行政機関等のために、一元的でわかりやすい「窓口」を設けておくことが必要です。行政連携センターは、行政機関等から気軽に「問い合わせ」や「弁護士紹介申込み」をいただけるよう、アクセス障害の解消に努めます。

54

(3) 行政機関の要望にマッチした委員会及び弁護士に繋ぐ「マッチングシステム」としての役割

　第3に、行政機関等の要望にマッチした適切な委員会及び弁護士に迅速に繋ぐ「マッチングシステム」としての役割を担います。

　行政センターは、行政機関等からお問い合わせいただいた場合、行政機関等の要望内容を適切に把握し、その要望内容にマッチした適切な委員会及び弁護士に迅速に「繋ぐ」ことに努めます。このような活動を通じて、委員会等が担っている行政連携活動の活性化と活動領域の一層の拡大に努めています。

第4　分野別行政連携の取組み

1　はじめに

　行政連携センターが、行政機関等に対して、弁護士紹介の依頼を想定している主な分野は、行政機関等の債務管理、行政対象暴力、コンプライアンス確保ですが、これらの分野では行政連携について、従前どのような実績があり、また、今後、どのような役割を担うことができるのかを紹介いたします。

2　債権管理・回収

(1)　連携活動の広がり

　ア　報告書作成業務の受託

　　　当会における債権管理・回収分野での行政との連携活動は、2006年（平成18年）度から開始した、府下地方自治体担当者との間での懇談会が始まりです。

　　　懇談を重ね、相互の信頼関係が醸成されつつあったところ、ある地方自治体担当者から、当該自治体の未収債権について、庁内の現状を調査分析し改善点を提案する報告書の作成を委託できないかと打診があり、2009年（平成21年）度に、当該自治体から、債権の管理に関する報告書等の作成業務を受託しました。同業者が、債権管理・回収分野における、具体的な報酬を伴う連携活動の出発点です。なお、当会が直接受託者と

なることは適切でないので、実際に業務に従事する会員で構成する共同事業体（自治体債権管理研究会のメンバー）が受託者となりました。

　翌2010年（平成22年）度には、引き続き、私債権（貸付金債権など、私人間と同様の法律関係に基づき発生する債権）の管理・回収業務に従事する職員が、日常業務の各場面で参照できるマニュアル作成の依頼を受け、「私債権の管理・回収マニュアル」の作成業務を受託しました。

イ　図書の出版

　これらの報告書は依頼者である地方自治体の承諾を得て、内容を抽象化・一般化するなどしたうえ、当会及び自治体債権管理研究会編集の図書として、次のとおり出版に至っています。図書の出版の際には、地方自治体職員向けの報告会を開催し、当会の取り組みのPRをはかりました。

① 『地方公務員のための債権管理・回収実務マニュアル』（第一法規、2010年〔平成22年〕11月）

② 『Q＆A自治体の私債権管理・回収マニュアル』（ぎょうせい、2012年〔平成24年〕4月）

ウ　個別の債権管理・回収業務の受託

　また、2010年（平成22年）度から上記地方自治体の外郭団体が有する未収債権の実際の管理回収業務を、自治体債権管理研究会のメンバーにて受託し、現在も受託継続中です。

　業務遂行にあたっては、債権回収一辺倒に偏ることなく、住民間の公正さや福祉的観点からの配慮も怠らないというコンセプトのもと、定期的に会議を開催し、複数の会員間で議論しながら方針を決定しています。

エ　地方自治体職員向け研修への講師派遣

　2011年（平成23年）度以降、債権管理回収に関する職員向け研修講師の派遣依頼を府内外の6つの地方自治体から受け、若手会員を中心に延べ34名の講師を派遣してきました。

オ　相続財産管理人選任への関与

　相続人不存在のまま塩漬けとなった不動産に対する固定資産税等の賦課徴収に課題を抱えた地方自治体からの相談を受け、内容を検討した結

果、相続財産管理人を選任すれば不動産の換価によって、十分に回収が見込める事案と判明し、その旨アドバイスしました。

その結果、当該自治体から当会に対し相続財産管理人選任申立業務の受託者及び相続財産管理人候補者の推薦依頼があり、実際に、当会が推薦した会員が申立代理人及び相続財産管理人として活動しています。同様の問題を抱えた地方自治体は多くあると思われ、今後の広がりが期待されます。

(2)　連携活動拡大の要因

上記のとおり、債権管理・回収分野においては、行政連携活動は順調に拡大しています。

これは、自治体債権管理研究会の中核となって若手をリードしていただいている先輩方の尽力に加え、債権管理・回収という弁護士が本来得意とする分野において、地方自治体側のニーズとうまくマッチした結果と考えられます。このような活動が認知され、内閣府公共サービス改革推進室との連携（講師派遣や意見交換）も行っています。今後も債権管理回収分野での行政連携活動は、広がっていくことが期待されます。

3　行政対象暴力等

(1)　いわゆる暴力団排除条例が、全国47都道府県すべてで施行されました。このような状況から、今後、より一層、この分野での弁護士会と行政機関等の緊密な連携強化が必要とされていくことになります。また、近時は、えせ同和・えせ右翼など典型的な行政対象暴力事件だけでなく、度を超えた悪質なクレーム問題なども顕在化しており、地方自治体をはじめ、少なくない行政機関の職員の皆さんが対応に苦慮していると聞きます。行政連携センターの創設が、行政機関等からのこれらの法律相談、事件処理、研修等の潜在的ニーズの掘り起こしに繋がることが期待されます。

(2)　この点、当会民事介入暴力及び弁護士業務妨害対策委員会（以下「民暴委員会」という）は、これまで、地道な活動を積み重ね、警察や暴力追放

推進センター等との間で、信頼関係に基づく緊密な連携を行ってきました。この連携の中には、不当要求対策への取り組みを重視し、無償で行っているものも多数存在します。そして、この連携を基礎として、主なものだけでも次のような各行政機関との取組みを行うに至っています。

① 大阪府下の6自治体の行政対象暴力対策連絡協議会への顧問・参与の推薦

② 大阪法務局えせ同和対策関係機関連絡会への顧問の推薦

③ 大阪府への不当要求相談員の推薦

④ 大阪市へのリーガルサポーターズの推薦

⑤ 国土交通省（近畿地方整備局）用地部用地企画課への相談員の推薦

⑥ 公益財団法人大阪府暴力追放推進センターへの理事、委員、講師の推薦

⑦ 大阪府警捜査四課暴力団対策指導係、大阪府暴力追放推進センターへの民事介入暴力特別相談所相談員の推薦

⑧ 財団法人全国市町村研修財団等への講師派遣

⑨ 公益財団法人人権教育啓発推進センターへの講師派遣

⑩ 大阪府下の地方自治体との行政対象暴力研究会の実施

⑪ 大阪府警との研究会（条例制定など含む）の開催

(3)　行政連携センターに、行政機関等から行政対象暴力に関する相談などがあった場合には、速やかに、行政連携センターから民暴委員会に連絡が入る仕組みを整えます。民暴委員会では、経験豊富なベテラン・中堅委員からやる気に満ち溢れた若手委員まで豊富な人材を配しているので、行政機関等のニーズに的確に対応することが期待されます。

(4)　近時問題となっている暴力を伴わない度を超えた行政対象クレーム問題については、対象となる行政分野の特性や住民のクレームの特性等に応じて、民暴委員会、行政問題委員会などの適切な委員会が対応する予定です。

4 コンプライアンス確保

(1) 当会行政問題委員会は、行政手続の公正透明化、行政不服・行政訴訟等行政争訟の活性化、情報公開等の行政情報のあり方、地方自治制度のあり方、行政機関等の法令遵守その他の運営のあり方及び地方分権の推進に関する調査、研究、提言等を行うことを目的とした委員会です。

行政分野ではともすると住民と自治体とが対峙することが少なくありません。そのような行政問題にあって、行政問題委員会には、地方自治体顧問弁護士、住民側弁護士、法務省訟務検事経験者、地方自治体職員経験者、自治体監査委員・包括外部監査人・補助者経験者、各種審議会委員経験者など、多彩な立場の弁護士がバランスよく参加しています。そして、大阪地方裁判所行政部のほか、行政法・租税法・財政学等の研究者とも連携を図りながら、行政専門弁護士の養成、行政機関内部のコンプライアンスの確保、地方分権推進のための行政連携等のために協働しています。

また、法科大学院制度が導入され、行政法が司法試験の必須科目とされて以降、行政問題委員会には、法科大学院で行政法を履修し、地方自治体等の業務に興味・関心を持って参加する委員が増えつつあり、弁護士経験を積んだ後に行政機関等の任期付公務員に就任する委員もいます。

(2) このような豊富な人材を有する行政問題委員会は、行政機関等に対し、以下の分野でのニーズに応えることが期待されます。

① 付属機関の委員の推薦
② 第三者委員会設置に関する支援、委員の推薦
③ 自治体監査委員、包括外部監査人、包括外部監査人補助者の推薦
④ 事業部門レベルにおける日常的な法律相談担当弁護士制度の導入に関する相談、法律相談担当弁護士の派遣
⑤ 行政法分野（行政訴訟、住民訴訟、自治体監査）及び行政コンプライアンス全般に関する研修の実施
⑥ 地方自治体が抱える法律的問題に関する相談・共同研究・意見書の作成
⑦ 内部統制制度整備のための相談・支援・委員の推薦

⑧　公益通報制度の導入・整備・運用改善のための相談・支援・委員推薦

⑨　契約及び公金支出等の適法性に関する調査報告書の作成

⑩　地域の実情に応じた政策法務の実現のための相談・支援・委員推薦

第5　おわりに

　行政連携センターが、以上のような役割を担っていくためには、まず、行政機関等の方々に、弁護士会が提供する法的サービスが良質のものであることを知っていただく必要があります。そのためには、もちろん広報宣伝も重要ですが、行政機関等のニーズに応えることができる人材を養成することが肝要です。

　一人でも多くの会員が、行政連携活動を担っている委員会等への参加と実践を通じて行政と関わりのある分野での研鑽を重ね、行政連携センターの活動に携わっていただけることを期待します。

［5］

弁護士高校派遣授業制度確立のために
弁護士・弁護士会の未来　その2

　私は、大阪弁護士会会長時代（2010年〔平成22年〕度）に、弁護士会の事業として「弁護士高校派遣授業」の制度化を考え、大阪弁護士会の制度として構築した。それは、「日本の高校生は、一生のうちに一度は、本物（生）の弁護士に会える」という制度を構築することであった。

第1　弁護士高校派遣授業制度のイメージと動機

1　イメージ
　この制度のイメージは以下のとおりである。
　①一定時期（主として高校1、2年生）の子どもたちに、集中的に、弁護士を派遣して法教育を行う
　②各クラスに毎年かならず1人を派遣する
　③そのシステムを日本中に打ち立てる（法律相談システムのように）
　④それを継続的にやり続ける
　つまり、日本の教育課程の中で、ある年代がずっと継続的に弁護士に触れることができる制度をつくることである。私はこれを「線としての法教育制度」と呼んでいる。

2　考えた動機
　動機は2つある。私の高校時代（田舎は富山である）一度も弁護士に会ったことはなかったし、見たこともなかった（弁護士は縁遠かった）という経験である。第2は、私の弁護士経験から「ちょっとした法の知識のある・なしがその人の人生を大きく変える」ということを実感したことである。弁

護士にたどりつけば、何とかなる（何とかする）のである。

若い時から高校生にはその知識をもってほしいし、将来への準備をしてほしいという切実な願いなのである。

3 「線としての法教育制度」

私が考えるのは、学校（高校）行って授業をすることである。ただ、学校へ行って講堂にみんなを集めての講義ではなく、クラスへ行って「フェイス」TO「フェイス」、生徒と向き合って語り会うことである。少人数で弁護士の人格に触れる授業をすることである。

学校の「ある学年」の「全クラス」で授業することが必要である。年に一度でもいいのである。

そして何よりも1年という「線」、すなわち「糸」が、2年、3年と続いていくことで、「確固たる塊」になっていくのである。

日本の「高校生」はかならず「弁護士」に会えるという制度、これが「線としての法教育」の内容である。

「線としての法教育制度の確立」は、基本的人権の擁護と社会正義の実現を目的とする弁護士会の役割そのものであり、それを主要な事業としてシステム化することが必要である。これを日本国中に弁護士会の事業として確立しなければならない。

第2 「線としての法教育制度」の具体的内容

1 対象は

まず、対象は、高校生、主に1〜2年生とする。生徒から弁護士の顔が見える「教育」である。

例えば 大阪府下には274校（国立1校、公立179、私立94校）がある。かならず、各クラスに行き講義することである。1校平均6クラスとして約1,500〜1,600クラスであるから、大阪でできないことはない。とすれば、日本中でできないことはないのである。

本当は、小学校から高校まですべてに行きたいところであるが、弁護士会

のマンパワーがない。やむを得ず、高校生から開始するのである。

2　担い手と派遣費用

　弁護士の経験1年から2年の若手を中心に派遣する。「学校へ行こう」（新潟県弁護士会のスローガン）、「自分の母校へ行こう」など、弁護士のモチベーションを高めることが必要である。

　派遣費用は弁護士会が負担する。といっても弁護士会も裕福ではないから、交通費と若干の報酬をふくめて、大阪では1人5,000円として年間予算（派遣費用）を獲得した。その後全国では1万円というところもある。ただ、最初は弁護士会の「出前授業」とならざるを得ないが、将来的には公費負担を志向することになろう（行政は意義を認めれば、かならず、予算化してくれる）。

第3　高校生を対象とすることの意味（弁護士高校派遣の意味　その1）

　まず、高校生から開始することの意味である。

　高校生は、1、2年たてば社会人（就職・大学）である。若い時から法知識を植え付け、法を知る訓練をする必要がある。悪徳商法など消費者被害にあわないため、オレオレ詐欺の片棒を担がされないように、「世の中は怖いオオカミがいるんだ。君たちは騙されないないように。」という警告が必要なのである。

　20歳になれば裁判員となる、刑事事件というものを知ってもらうために（特に、弁護人の役割を知ってもらうことは重要である）、被疑者になったときの刑事事件の知識も必要である。異性との付き合いでもDV被害に遭わないために、また最先端のネット（SNS）被害に遭わないためにいろいろな対策が必要である。

　選挙権は18歳に引き下げられ、若者が主権者の中心となる。民法の成年年齢も18歳まで引き下げられることになっている。その意味で、ますます、高校生への法教育が必要となっている。

　このように、高校生は人生の中で、極めて重要な時期にある。人生の準備として、法教育が必須な時期にあたる。

第4 弁護士個人にとっての意味（弁護士高校派遣の意味 その2）

1 弁護士個人にとっての意味

弁護士個人にとっても重要な意味がある。「教える」ということである。

弁護士の仕事に中で「説得」は重要な意味をもつ。これからの弁護士には、プレゼンテーション能力が要るのである。

「授業」をすること、まったくの利害関係のない高校生に授業をして、わかってもらうことは並大抵ではない。最初はみな「討ち死」してくる。しかし、めげずに頑張っていけば、そのうち理解してもらえて楽しくなるときが必ずくる。

「授業」をプロの弁護士の仕事として打ち立てる必要がある。

すべてではないが、弁護士はいい境遇の人たちが多い。学校へ行くと、子どもたちのおかれた状況を知ることができる。自分の同時代との比較で、自分の経験していないような子どもたちのいる高校へ行くべきである。その中で社会経験を積むこともできる。

第5 弁護士・弁護士会にとっての意味（弁護士高校派遣の意味 その3）

弁護士学校派遣授業は弁護士会の事業である。派遣される弁護士は、弁護士・弁護士会の代表として、子どもたち、そして親たちに向かい合ってもらいたいと思う。

私は、派遣される弁護士の一人ひとりが、弁護士・弁護士会を知らせる「広報のための先兵」の役割をはたしてほしいと思っている。「困ったら弁護士会へ駆け込め、なんとかする。」これを訴え続けること、インプットしておくことこそが、教えられる側にも必要なのである。何か起ったとき、このときの経験を思い出しさえすれば、その人は救われる、人生が変わるのである。

弁護士に触れることの意味は、市民の中に弁護士・弁護士会の存在をアピールできる。

法科大学院が発足して10年。法曹志望者の激減がいわれている。しかし、私たちの法曹の仕事は悪くはない（本書第1部［1］「弁護士という生き方」参照）。学校での授業を契機として、よき後輩達が法曹を志してくれるかもしれないのである。

こどもたちは未来の潜在的依頼者である。弁護士にとっては未来の依頼者（子どもたち）に触れることができる。せっかくの機会なので、自己のアピールをしてほしい。これにより弁護士個人の、また、弁護士会・弁護士全体としての活動領域の拡大が図られる。

第6　歴史的な意味（弁護士高校派遣の意味　その4）

弁護士は、明治の代言人時代から裁判業務しかさせてもらえなかった。ようやく1936年（昭和11年）の弁護士法の改正施行により裁判業務から法律業務への拡大が可能となった（本書第1部［3］「弁護士自治はなぜ必要か」参照）。これからは、もっと先へいくべきである。他士業も、特に司法書士も法教育に力を入れている。他士業に先駆けて、「行政連携」もそうであるが、弁護士の学校派遣授業も自らの活動領域の拡大に資するのである。

第7　若手に役割を（弁護士高校派遣の意味　その5）

弁護士会は司法改革以来の若手会員が多くを占めてきた。世代交代の時期を迎えている。若手からは、弁護士会は若手のために何をしてくれるのかが期待されている。なかなか答えは見出せないが、「弁護士高校派遣授業」は手詰まりの状況への回答の1つになると思う。担い手である若手が体をはってとびこめば他士業を圧倒できる可能性はある。これからの弁護士会の担い手は若手しかない。弁護士の高校派遣は、大小の弁護士会の違いを乗り越え、基本的に若手の独占領域である。全国的に実施できる制度設計があれば、すべての弁護士会が同じ方向に動くことができる。弁護士の一体感と対立構造の解消になる。

第8　おわりに

　弁護士高校派遣授業の制度化は、2010年（平成22年）に本格的に大阪弁護士会で始めることができた。2年後、2012年（平成24年）11月に日弁連には「弁護士学校派遣制度検討ワーキンググループ」が設置され、新潟県弁護士会、滋賀弁護士会、富山県弁護士会でパイロット事業が施行された。その結果をうけて、その後「弁護士学校派遣授業」は、日弁連の「市民のための法教育委員会」に受け継がれ現在も進行している。

　私は、日本国中の弁護士会で弁護士学校派遣授業が行われ、「日本の高校生は、一生のうちに一度は、生の弁護士に会える」ことが実現するという、私の夢が実現されることを期待している。

第2部

刑事事件と私

まえがき

　第2部は、刑事事件に関係した論攷をとりあげている。すべて、私が関わった事件に関連するものである。

　[1]「高野山放火事件」は、高野山放火事件の弁護団が、事件終了後の1994年（平成6年）にまとめた出版物（非売品）に掲載したものである。

　和歌山県の高野山での放火に関する刑事事件で、当時19歳の少年であった被告人が逮捕され、全焼したX院の放火については、警察で一旦自白したが、検察官の取調べで否認を繰り返し、最終的には自白し、和歌山地裁へ起訴された。警察官の取調べには警察でテープ録音がされており、これを詳しく検討することで、警察官の利益誘導が明らかになった。和歌山地裁は1992年（平成4年）11月10日に、ほとんどの警察官調書の任意性を否定し、検察官の取調請求を却下した（判例タイムズ870号291頁）。裁判では、X院への侵入口である便所の形状と侵入の可能性、自白でのX院の放火の手口の現実性と襖の燃焼状況が問題となり、燃焼の検証（実験）がなされ、襖からは延焼しないことが明らかとなった。和歌山地裁は、1994年（平成6年）3月15日にX院への放火について無罪の判決を下し（判例時報1525号158頁）、検察側も控訴を断念し、判決は確定した。

　刑事事件の基本、そして、自白の任意性を否定するための弁護人の様々な工夫、再現実験が必要なことなどの貴重な経験をすることができた（詳しくは、拙著『私たちはこれから何をすべきなのか——未来の弁護士像』〔日本評論社、2014年〕の213頁以下を参照）。

　[2]「弁護士の法律相談と刑事責任」は、後藤貞人弁護士との共同論文であり、金子武嗣・石塚伸一編著『弁護士業務と刑事責任——安田弁護士事件にみる企業再生と強制執行妨害』（日本評論社、2010年）に掲載された論攷である。

　これは、安田好弘弁護士が強制執行妨害罪に問われ、その弁護を後藤弁護

士と共にしたことから、まとめられたものである。

本件は、安田好弘弁護士（第二東京弁護士会）が、1993年（平成5年）に依頼者へのアドバイスにおいて強制執行妨害行為をしたとして、1998年（平成10年）12月6日に逮捕され、長期勾留され、同年12月24日に起訴された事件である。弁護士のアドバイスが強制執行妨害という刑事罰に問われたもので、「弁護士の琴線にふれた、看過し難い事件」であった。東京地裁は、起訴5年目の2003年（平成15年）12月24日に無罪判決を下した（判例時報1908号47頁）。検察官から控訴がなされ、私と後藤弁護士は東京高裁から弁護人になった。全国から約2,100名の弁護士が弁護人となった（2003年〔平成15年〕4月の日本の弁護士の1割以上が弁護人となっている）。

東京高裁は、2008年（平成20年）4月23日に、強制執行妨害罪の「共同正犯」は認めず、「幇助犯」の成立を認め、原判決破棄・罰金50万円の有罪判決をした。検察の面子をたてて有罪とし、反面、罰金（未決勾留参入で支払いなし）として安田さんの弁護士資格を維持するというものであった（安田さん曰く「壮大な妥協判決」である）。双方上告し、最高裁第3小法廷は、2011年（平成23年）12月6日付の決定で、双方の上告を棄却した（判例タイムズ1373号156頁）。上告棄却決定で、田原睦夫判事は、少数意見として、異例の事実誤認を指摘し、安田弁護士は「無罪」であると述べている。

この論文では、弁護士の法律相談についての責任を論ずる。

弁護士が相談に提示された事実を前提として判断し、その範囲内で助言している限り何らの責任を負うことはない。

弁護士の判断と助言は、法律相談の性格や限界からみて、その後の相談者の行動から推認したり、判断したりすることはできない。ましてや、その後に違法行為に及んだ相談者の行為の悪質性から弁護士の「犯意」「相談時の意思」「助言の趣旨」などを推認することはできない。

弁護士の刑事責任については、民事責任との均衡や弁護士自治に基づく懲戒制度の存在を十分考慮すべきである。

それゆえ、法律相談が弁護士の日常的職務行為として平穏に行われ、弁護士に特定の犯罪をおかす意図が確定的かつ一義的に明確でない場合や、又は外形的に明らかな加担行為がない場合には、弁護士の刑事責任、強制執行妨

害の構成要件には該当しない。共同正犯・教唆犯はもちろん幇助犯も成立しない。

　[3]「ヨーロッバ人権条的と日本の国内判例」は、徳島刑務所受刑者接見妨害事件で国際人権規約（自由権規約・Ｂ規約）を裁判（損害賠償請求訴訟）に使った経験をまとめたもので、「国際人権」2001年号（12巻）41頁以下に掲載された論攷である。

　徳島刑務所接見妨害事件は、1990年（平成２年）４月に徳島刑務所で服役していた受刑者（再審請求準備中）が刑務官に暴行された損害賠償訴訟の弁護士との打ち合わせにおいて、監獄法施行規則（当時）の時間制限の30分と刑務官が立会したことについて、それが国際人権自由権規約（Ｂ規約）14条違反として、受刑者と弁護士が損害賠償を求めた事件である。

　高松高裁は、1997年（平成９年）11月25日の判決で、国際人権規約はわが国にも直接適用され、刑務所の措置を自由権規約14条に違反する違法なものであるとして損害賠償を認めた徳島地方裁判所の1996年（平成８年）３月15日判決を支持する判決をした。当時とすれば、国際人権規約は裁判所では歯牙にもかけられなかったが、徳島地裁、高松高裁が人権規約の直接適用を認め、その違反の責任を認めたことは画期的であった。しかし、最高裁判所（第１小法廷）は、2000年（平成12年）９月７日に「監獄法、監獄法施行規則が、自由権規約14条に違反することもない。」として、徳島地方、高松高裁の双方の判決を破棄そして自判しＫさんと弁護士の請求を棄却した（高松高裁及び徳島地裁判決・判例タイムズ977号65頁、最高裁判決・判例時報1728号23頁）。

　判決当時、裁判所で歯牙にもかけられなかった国際人権規約（条約）は、その後約10年が経過し、例えば、国籍法を違憲とした最高裁大法廷判決平成20年６月４日（民集62巻６号1367頁）では、泉徳治判事の補足意見で国際人権自由権規約24条３項、児童権利条約７条１項の趣旨が引用されている。

　そして民法900条４号但書の嫡出でない子の相続分（嫡出子の２分の１）を違憲とした最高裁大法廷判決平成25年９月４日（民集67巻６号1320頁）では、国連の自由権規約委員会の勧告や児童の権利委員会の見解が引用されている。最高裁でも、国際人権規約などの国際人権条約が「市民権」を有するように

なっている。私は、そこに「時代の精神」を感じる（「時代の精神」は、詳しくは、前掲・拙著『私たちはこれから何をすべきなのか』231頁を参照）。

　[4]「大逆罪はなかった」は、「大逆事件再審検討会」の活動の中で書かれたもので、『大逆事件ニュース』（57号、2018年1月）に掲載されたものである。

　大逆事件は、1910年（明治43年）5月から同年11月にかけて、刑法73条（皇室等危害罪）の容疑で、幸徳秋水ら26名が逮捕・勾留され、同年11月に予審終結・公判請求され、同年12月29日までの短期間の審理おいて、1911年（明治44年）1月18日、幸徳秋水ら24名が死刑・2名が有期刑に処せられた。刑法73条は「予備」「陰謀」を含み、24名は天皇等への殺害の予備・陰謀で死刑判決となった。

　1911年（明治44年）1月19日、死刑の12名が特赦で無期懲役に減刑されたが、同年1月24日には幸徳秋水ら11名の、同年1月25日に管野スガの合計12名の死刑が執行された。大逆事件は当初から無政府主義者の社会的活動を弾圧する目的でなされ「冤罪」の疑いが濃厚な事件であった。

　戦後、1961年（昭和36年）、坂本清馬と森近運平の妹栄子が請求人となって、東京高裁に再審請求がなされたが、1965年（昭和40年）12月1日、東京高裁は請求を棄却（判例時報441号12頁）、最高裁に特別抗告がなされたが、1967年（昭和42年）7月5日に特別抗告は棄却され（判例時報487号15頁）、この決定は確定した。

　しかし、その後の調査・研究では、大逆事件はますます「冤罪」ではないかとの疑惑が深まっている。これまで、再審代理人であった森長英三郎弁護士や「大逆事件の真相を明らかにする会」などの全国各地での運動で、被告人であった方々の名誉回復・顕彰がなされてきた。

　大逆事件再審検討会は、2012年（平成24年）に結成された。山泉進（明治大学名誉教授）、大岩川嫩（会世話人）、田中伸尚（作家）、村井敏邦（一橋大学・龍谷大学名誉教授）、藤原智子（故人・映画監督）、湯浅欣史（元東京都立大学教授）、早野透（桜美林大学教授）、金子武嗣（弁護士）などで構成された親会と、その後、関西に分会が結成され、弁護士4名（京都弁護士会の谷口和大、橋口直太、大阪弁護士会から金子武嗣、田中太朗）、法学者3名（松宮孝明

立命館大学教授、石塚伸一龍谷大学教授、金澤真理大阪市大教授）、心理学者2名（浜田寿美男奈良女子大名誉教授、山田早紀立命館大学研究員）で構成されている。特に、分会では、2017年（平成29年）以来法的検討を続けてきた。また心理学的な観点から、大逆事件についての供述の検討を加えてきた。この論攷では、「大逆罪」というものは存在せず「天皇等の皇室危害罪」であったことを論じている。また、刑法73条ははたして「予備・陰謀」を含むのか、など構成要件からも大きな疑問があるところであった。本稿はそれを論じ、「皇室危害罪」の問題点を指摘するものとなっている。

［1］

高野山放火事件

1　和取山県の霊場、高野山では1987年（昭和62年）11月頃より寺院やその周辺で火災が続いた。

同年12月7日にはY院の本堂で位牌と障子が焼け、1988年（昭和63年）4月18日にX院が全焼した。

そして、同年7月15日にZ院の火災が発生し、Z院の住職Bの長男A（当時19歳）が放火したことが判明し、同日逮捕された。警察は、Aが他にも放火したとの疑いをもち追及した。

連続放火犯人逮捕との当時のマスコミの報道はすさまじいものであった。AやBに対する非難は大きく、Bは住職をやめざるを得なかった。X院の起訴もこのような当時の雰囲気と無縁なものではない。

2　和歌山弁護士会橋本敏、鈴木俊男、松原敏美弁護士が弁護人となり、代用監獄である橋本警察署に勾留されたAに精力的に接見した。弁護人は接見メモをとり、ファックスで送信し、記録を残している。

19歳であるAは、Z院の放火のみならずY院の放火未遂を自白したが、捜査側がもっとも激しく追及したX院の放火については一旦自白したものの否認をくり返した。

Aは1988年（昭和63年）8月5日少年鑑別所に送致され、同月25日に送致決定（和歌山家裁審判）がなされた。検察側は同年9月1日にZ院の放火について和歌山地方裁判所に起訴するや、Y院の放火未遂により同月3日付でAを二度目の逮捕、勾留を継続しようとした。弁護側も勾留決定を阻止するため活動し、いったん勾留は却下されたが、検察側の準抗告により勾留が継続された。そこで弁護側は代用監獄の橋本警察署からの丸の内拘置支所への

移管を求め準抗告までしたが、棄却された。AはX橋本警察署に再度勾留され、激しい自白追及がなされ、自白調書が作成された。

この代用監獄への勾留がなければ、AはX院の放火については自白の撤回を維持することができたと思われる。代用監獄の問題点が明らかとなった。

Aは、同年9月24日Y院の放火未遂について起訴された。さらに同年10月にAはX院の放火で三度目の逮捕・勾留され、同年11月1日X院の放火で起訴された。

Aは、少年であり、家庭裁判所にすべての捜査記録が送られたため、弁護側はこれを謄写しているが、取調状況は自白の任意性についての有力な証拠となっている。

3　1988年（昭和63年）10月25日に公判が始まった。AはZ院、Y院については公訴事実を認めたが、X院については全面的に否認した。弁護側は、橋本敏（主任）・松原敏美の両弁護士で、公判のほとんどは特にX院の放火についての自白の任意性についての取調べ、すなわち被告人尋問や、警察官、検察官などの証拠調べに費やされた。

4　1991年（平成3年）6月に弁護人として大阪弁護士会の後藤貞人と私が参加し、4名の弁護団態勢が確立した。4名のチームワークは有効に機能した。弁護団は何回も弁護団会議や合宿をくり返した。

5　まず公判の1つの山は、Aに対する警察官の取調べテープであった。検察官はAが否認し警察官の暴行を訴えたため、警察官に指示して途中から取調べ状況をテープ録音させていた。テープの録音はすべての取調べを録音したものではなく、不完全なものであった。また弁護団もテープを耳で聞くだけでは駄目だという結論になり、すべて反訳して書面化することになった。取調べの状況が客観的に明らかとなり、特に利益誘導が明白となった。録音自体不完全なものであったが、それでも任意性判断についての重要な証拠となった。取調べにテープ録音（可視化）が必要との弁護士会の提言は極めて有効である（注：検察や警察は抵抗していたが、刑訴法改正にともない、2016年

76

〔平成28年〕6月には検察庁では裁判員裁判対象事件で完全可視化が実施され、警察庁でも実施が進んでいる）。

6　次に弁護団はAの自白内容につき常識と思われた点から疑ってみることにした。

　第1は、自白で侵入口とされたX院の東側便所からAが本当に入れたかどうかということであった。

　幸い記録の中で焼け残った東側便所の高さがわかったため、それでは便所を再現してみようということになり、実物大の便所の模型をつくった。その模型を法廷に持ち込みAの背丈と比較して検証し、侵入の困難性を立証した。

　第2は、Aの自白している放火手口で、襖から鴨居にはたして延焼するかどうかということであった。捜査側の実験では延焼していたが、条件設定に疑問があった。弁護団は、何回も燃焼実験をして、延焼しないという確信をもった。

　そこで、裁判所による燃焼実験を提案し、1992年（平成4年）10月15日、和歌山県消防学校の実験室で検証がなされた。検証結果は、弁護団の予想どおり、襖の上方までですら延焼しなかった。

　常識は疑うべきであるということが弁護士の鉄則となった。

7　自白の任意性に関する意見書はこれら弁護団活動の成果であり、弁護団合宿を何度もして、後藤弁護士が精力的にまとめたものである。短期間であったが極めて説得力のある論述がなされている。

　弁護団は1992年（平成4年）11月10日に任意性に関する意見書を裁判所に提出した。

　和歌山地方裁判所は1993年（平成5年）2月25日、Aの自白の任意性についての決定をした。

　裁判所の決定は、X院の放火については、Aの自白調書のうち3通のみに任意性ありと認め、その余は任意性なしとしてすべて却下した。

　任意性ありとされた自白調書は記載が抽象的であり、また別の共犯と実行したとする虚偽の内容を含むものであったが、自白調書が残ったため弁護団

としてはあまり気持ちがよいものではなかった。

8　任意性の決定後の検察側の立証は、X院の襖から鴨居に燃焼するという可能性にもっぱら費やされた。

　裁判所は、再度燃焼実験の検証を採用した。当事者の約束では当時のX院にあったのと同じような襖を持ち寄るものであったが、立証責任のある検察側が用意しなかったため、検証期日は取り消された。この点が後に判決で指摘され、控訴断念の有力な理由となった。

9　1994年（平成6年）1月7日検察官の論告、弁護人の弁論がなされた。検察官の求刑は懲役10年であった。

10　1994年（平成6年）3月15日和歌山地方裁判所は判決を言い渡した。弁護側が全面的に争ってきたX院の放火は無罪であり、Y院の放火未遂について懲役5年、未決勾留が懲役期間にすべて算入されていたため、Aは同日勾留取消により釈放された。

　検察側は、弁護団の予想に反し、1994年（平成6年）3月29日控訴を断念し、X院の放火についてAの無罪が確定した。

　なお、本件無罪判決はマスコミに好意的に報道された。

［2］

弁護士の法律相談と刑事責任

金子武嗣・後藤貞人

　本稿は、弁護士の法律相談が刑事責任に問われるかどうか、問われるとすればどのような場合かを論じる。法律相談が法的助言（アドバイス）である以上、それが共同正犯・教唆犯、幇助犯に問われることは理論的にはありうる。しかし、弁護士の不祥事が刑事責任に問われた場合はあるが[*1]、法律相談における助言が、それだけで刑事責任を問われたケースはまれである。そのまれなケース、法律相談における助言が強制執行妨害罪に問われたケースが安田好弘弁護士事件である[*2]。本稿は、この事件の弁護に触発されたものである。

　弁護士にとって法律相談は、日常の業務である。しかしその実態はあまり知られていない。法律相談は、業務の内容面でも、弁護士と依頼者（相談者）との関係でも、事件受任の場合と相当の違いがある。また、弁護士の側からみると法律相談には様々な限界がある。法律相談における助言の刑事責任は、このような法律相談の実態を踏まえて論じられなければならない[*3]。

　なかでも経済活動についての弁護士の助言の刑事責任の追及は、経済活動の実態からみて、謙抑的であることが求められる。

　以下は、法律相談の実態を踏まえ、法律相談における経済活動についての弁護士の助言に関する刑事責任を論じる。

[*1] 過去（1990年から）の弁護士の刑事事件には、業務に関していえば預金や和解金の着服など業務上横領が圧倒的に多い。また、詐欺、恐喝、非弁提携（多重債務者の債務整理）や汚職行為などの弁護士法違反、偽証教唆、証拠隠滅、犯人（証人）隠避、公正証書原本不実記載、公文書偽造、競売入札妨害、破産法違反、法人税法違反、証券取引法違反などがある。

　個人的なものとして、強制わいせつ・条例違反（痴漢行為）、自動車運転過失傷害、道交法違反（飲酒運転）、所得税違反、覚醒剤取締法違反、未成年者略取誘拐、傷害などがある。

[2] 弁護士の法律相談と刑事責任　79

第1　弁護士の法律相談

1　法律相談について

(1)　法律相談は何をするか

　弁護士の法律相談は、法律要件と効果などの専門家としての判断と、その見解に基づく助言を内容とする。

---

*2 安田事件は、企業の経済活動（会社再建）に関して、安田好弘弁護士が法律相談で行った助言につき強制執行妨害罪に問われた事案である。公訴事実は、1992年（平成4年）に債務超過にある不動産会社の関係者と共謀の上、賃料債権に対する強制執行を免れる目的で、転貸借関係を装い賃料を別会社に1993年（平成5年）から1996年（平成8年）まで振り込ませ、債権者の強制執行を妨害したというもの。真相は、安田弁護士が1992年（平成4年）に不動産会社に賃貸部門を「分社化」し、「賃貸人の地位の譲渡」による実体のある再建構想（サブリース構想）のアドバイスをしたもので、現実的な債務整理案であった。捜査機関が目をつけたのは、不動産会社から賃貸人の地位の譲渡を受けた別会社の口座から2億1,000万円という多額の資金が1995年（平成7年）から1996年（平成8年）にかけて引き出されていたことから、不動産会社が資金を取り込んだと思われた。しかし、現実は、不動産会社の従業員の経理担当者（安田弁護士の共犯とされ不起訴）ら4人が、安田弁護士の再建構想（サブリース構想）を利用し、形骸化させ、勝手に対象物件を選択し、別会社に賃貸人の地位を移転し、別会社に賃借人から賃料を振り込ませ、その口座から約2億1,000万円を集団着服していた。不動産会社の社長と息子は、強制執行妨害の共犯として起訴され、控訴審から否認し最高裁まで争ったが、有罪となっている。検察側は、捜査の過程で、従業員の多額の横領の事実を知っていたが、これを不問とし、安田弁護士を起訴した。この横領は、安田弁護士の一審の公判で明らかとなった。後日、不動産会社の社長が告訴したが、検察側は不起訴処分としている。
　安田弁護士は、助言の約5年後の1998年（平成10年）12月6日に逮捕、同年12月25日に起訴され、296日間勾留された（強制執行妨害罪は最高刑が2年）。
　1審の東京地裁は、2003年（平成15年）12月24日、安田弁護士に「全面無罪」を言い渡した。その中で、検察側の捜査と立証活動には「より根本的で重大な問題」があり、「アンフェア」と判断している。
　東京高裁は、2008年（平成20年）4月23日の判決で、安田弁護士が謀議に参加していたと認定し、最終的決定は不動産会社であり、対象物件の選択にも実行行為にも関与せず、助言による直接的利益を得たとまでは言えないとして幇助犯の責任を認め、原判決を破棄し、罰金50万円（未決勾留1日1万円、50日を刑に算入）との有罪判決を言い渡した。
　弁護・検察の双方が上告し、最高裁（第3小法廷）は、2011年（平成23年）12月6日に双方の上告を棄却した。
*3 これまでの弁護士と依頼者との関係は、一般的抽象的に論じられてきた。誠実義務論争で、善管注意義務加重説、倫理規範説、注意義務拡大説などが論じられたが（加藤新太郎「弁護士の誠実義務」同『〔新版〕弁護士役割論』〔弘文堂、2000年〕353頁以下）、これも事件委任を前提とした弁護士と依頼者との密接な関係を前提としたものと思われる。

80

　より詳しくみると、弁護士は、相談者の訴え（所与の材料）を前提として、①法律要件と効果などについて専門家としての判断をし、②その理解を相談者に伝え、③これに応じて法的知識・情報・取りうる手段などを助言する。

　弁護士の判断のうちの重要なものが、相談者に何が許されて（適法か）、何が許されないか（違法か）の判断である。弁護士はその判断に基づき、相談者に対して、その判断過程を伝え、それに基づく情報や取りうる手段などを伝えて、理解してもらう。

　法律相談は、相談者と弁護士との会話のやりとりによる問題発見の過程である。相談者の訴えを前提とするので、弁護士の判断はこれに依拠せざるを得ない。その訴えに実態が伴っているかどうかの判断はできない。そのため、弁護士の法律相談における判断は、本質的に法的整合性の判断であって、実態的整合性にまでは及ばない。

(2)　法律相談の必要性

　個人や企業が活動していくためには、法的な判断が必要不可欠である。弁護士は、資格を有するプロフェッショナルとして、個人が生活し、また企業が経済活動を営む上で、法的に何が許され（適法）、何が許されないか（違法）を判断する。弁護士は、個人や企業が社会的な活動を営むために必要不可欠な存在である。

　ただし、弁護士がするのは、あくまでも法的な判断・助言であって、経営相談や税務相談ではない。ましてや人生相談などではない。

(3)　バリエーション

　前記のとおり弁護士の法律相談は、①法律要件と効果などについて専門家としての判断をし、②その理解を相談者に伝え、③これに応じて法的知識・情報・取りうる手段などを助言することを内容とする。ただし、法律相談が①②で終わることも、③のみの場合もある。多くの場合、①②③がなされるが、その濃淡は千差万別で様々なバリエーションがある。弁護士は、相談者の目的を聞きながら目標を特定し、それを達成する可能性を示し、法律的な知識や情報を総動員し、いくつかの方策のメリットとデメリットを説明しな

がら、相談者の意見を聴き、相談時点における最良の方法を助言すべく努め、問題解決の方向性を助言する。現実の法律相談は①②③の順に整然と進むわけではなく、これらが交互に入れ替わり、入り混じって進む。その過程も内容も「混沌」としているのである。

(4) 事件依頼・受任と法律相談の違い

　法律相談は、弁護士が責任をもって処理する事件受任とは重要なところで異なっている。法律相談は、判断と助言だけで完結する。法律相談は、法律要件や効果などの専門家としての理解（見解）を伝えるものであり、助言は、その専門家の理解の延長上において提示されるものである。また、相談者は、自らの問題ではなく、第三者の問題について相談することもある。弁護士は、相談者から相談を受けた事案を解決するための法律事務を遂行するわけではない。相談者を自らの理解（見解）によって拘束することができないことはもちろん、相談者に対するイニシアチブも持たない。対外的な行動も伴わない。

　法律相談は、相談と助言だけで完結するため、相談者への影響力は事件依頼・受任の場合に比してはるかに弱い。助言はするけれども、その助言は、相談者から事情聴取を重ね、収集した一定の証拠や資料と突き合わせ、その結果、確かめられた事実をもとに一定の方針を立てた上でなされるような確固たるものではない。相談者は、弁護士の助言のうち、都合のいいものだけを取り上げたり、自分に有利に解釈することもめずらしくない。とりわけ相談者が違法行為をも厭わない場合には、そのような傾向が顕著となる。

　相談者が弁護士の判断と助言を単なる参考意見と位置づけていることも少なくない。複数回の継続的な相談では、時期によって相談の前提状況が変化するので、判断と助言の内容が変転することがまれではない。

　法律相談は、事件受任の準備であることもある。たしかに、法律相談から事件受任に至る場合もある。しかし、事件受任に至るかどうかは、主に相談者の判断である（事件依頼を受ければ、弁護士にこれを受けるかどうかの自由があるが、事件を依頼するかどうかは、依頼者のイニシアチブで決まる）。

　相談だけで終わる場合も、相談者が弁護士の判断と助言で満足して、それ

以上何もしないこともある。また、弁護士の判断と助言内容を不満として他の弁護士に相談することもある。いずれを選択するかは相談者の自由である。相談者は、自らの決定を弁護士に報告すらしないこともある。

ひとしく弁護士業務といっても、事件委任・受任と法律相談では、その規律は異なっている。

事件委任・受任は、依頼者（相談者）と委任契約を締結し、代理人としてのイニシアチブに基づいて事件を主導する。したがって、対外的には弁護士自身の責任で行動する。弁護士と依頼者の関係は契約による拘束を受け、弁護士は事件処理上も依頼者に強く規制されている（弁護士職務基本規定35条ないし45条）。

これに対して、法律相談は、相談者の相談のたびごとに、弁護士は時間をとってその相談に応じる。弁護士は、委任契約がない以上、相談者を拘束することができず、単なる助言ではイニシアチブをもたない。対外的な行動も伴わない。そのため、弁護士職務基本規程では、委任契約作成義務が免除されている（30条2項）。法律相談は、その報酬も低廉である。弁護士にとっても、法律相談の比重は軽く、メモすらとらないこともある。それゆえ、相談者が相談内容をメモや記憶で再現できたとしても（後述のとおり、相談者は、弁護士との相談の結果のうち、都合のいいものだけを取り上げたり、自らに有利に解釈したりすることがあり、とりわけ実行者が犯罪者であれば、それが顕著であって、その正確性は問題である）、相談における弁護士と依頼者との関係は、弁護士が委任契約を締結して事件を受任し、代理人として責任をもって対外的にも行動する際の関係とはまったく異なる。弁護士にとって、一旦、受任した事件に対する責任は、法律相談と比べ格段に重い。

(5)　決定権は相談者にある

たしかに、法律相談においても、相談者は、弁護士からの法的判断・助言を受けることなしに、問題解決の方向性を決定することは難しい。また、弁護士の業務の専門性から、その判断・助言には相当程度の自由裁量が認められる[4]。しかし、最終的な処理の決定権は、相談者の側にある。

[2]　弁護士の法律相談と刑事責任　　83

　弁護士職務基本規定の上では「依頼者の自己決定権」の尊重が義務づけられているが、法律相談の場合、相談者自らが決定するのが通常である。弁護士の助言が相談者に無視されることも往々にして経験される。実務上の経験からみても、実際の最終的な決定権は相談者にある。

(6)　継続的な法律相談

　継続的な法律相談の場合、その時点、その時点での判断・助言の内容は異なってくる。相談の内容は、時々刻々と変化する。依頼者から持ち込まれる課題が変わる以上、相談対象の判断と助言も、そのときどきで違ったものにならざるを得ない。弁護士の判断・助言の内容は、一回一回が完結したものとなっている。個々の相談の中に以前の助言に関連する相談事項があったとしても、相談者から以前の助言事項についての新たな相談がない限り、旧相談事項にまで踏み込んだ判断・助言をすることはできない。弁護士は、かつての相談事項について事後報告を受けていないために、新たな状況を踏まえた継続的かつ適切な助言ができないこともある。

2　法律相談の限界

(1)　はじめに

　法律相談は、法律要件や効果などの専門家としての理解（見解）を伝えるものであり、そこでの助言は、その理解の延長上で提示されるものである。弁護士は、相談者から相談を受けた事案を解決するための法律事務を遂行するわけではない。相談者を自らの理解（見解）によって拘束することができないことはもちろん、相談者に対するイニシアチブももたない。対外的な行動も伴わない。助言はするけれども、その助言は、相談者から事情聴取を重ね、収集した一定の証拠や資料と突き合わせ、その結果、確かめられた事実をもとに一定の方針を立てた上でなされるような確固たるものではない。法律相談は「混沌」としたものとも言える。

　その結果、法律相談には次のような限界がある。①相談者の意図がわから

――――――――――――――
＊4　加藤・前掲注＊3書13頁以下。

ない。②限られた材料と時間の限界のもとで、完璧な助言はできない。③やりとりの局面・局面によって助言すべきことや助言内容は変わる。④事後的指導が十分にできず、相談者が助言内容を悪用することを阻止できない。

(2) 「相談者の意図がわからない」という限界

弁護士は相談者の意図を十分に認識できないことがある。相談者が、その真意を明らかにしないまま、一般論として助言を求めることもある。余程のことがないかぎり、弁護士に対しどのように違法行為をすればよいかをあからさまに尋ねる者はいない。とりわけ相談者が犯罪を企てていれば、相談の結果のうち、都合のいいものだけを取り上げたり、解釈したりすることがおこる。しかし、弁護士がそれを見抜くことは困難である。

そもそも、相談者が自らに都合のいいものだけを取り上げたり、解釈したりすることが往々にしておこりうる上に、弁護士の法的助言を参考にして、相談者が違法行為をすることも厭わないとすれば、どのような正しい法的助言でさえも悪用され得る

弁護士である以上、法的知識のない相談者へは相当の影響力を有している。しかしそのような弁護士であっても、法律相談を受けた相談者が、その後、違法行為を現実に実行する可能性は否定できない。

(3) 完璧な助言はできないという限界

弁護士にとって、法律相談は受身の業務である。相談者は、自らの関心に基づき、相談内容を決め、法的判断・助言を求め、その回答を得る。判断・助言は、そのときどきの状況に応じた限定的なものにならざるを得ない。また、法律相談では即時的な対応を求められるので、そこでの助言は事件受任のように時間をかけて入念に調査し、完璧を目指すものではない。

このような本質的に限界をもつ法律相談において、弁護士は、相談者に対して、常に完璧な助言をできるわけではない。しかも、相談者は、一度の法律相談で複数の事項を相談することもある。他の受任事件の打合せのついでに法律相談を申し入れることもある。そのような場合には、弁護士としても、当該相談事項に特化した深い回答がしにくいということもある。

(4)　やりとりの局面・局面によって助言すべき事柄や助言内容は変わるという限界

　法律相談における相談者と弁護士とのやりとりは、やりとりの局面に応じて変化する。例えば、法律相談において、ある行為が犯罪に該当するか否かを説明したとしよう。意図的に弁護士と相談者の会話の一局面だけを取り出せば、「犯罪の教唆・幇助とも受け止められるやりとり」として切り取ることもできる。それ故、法律相談の適法性ないしは適否を判断するに際しては、相談の全体を見なければならず、相談過程のある局面だけを取り出して評価することはできない。

(5)　相談内容を詰めることができないという限界

　法律相談では相談だけで完結するため、相談者がどのような行動を選択するかについてフォローすることができない。相談者が、「弁護士の助言を受けいれるか否か」「どの程度まで受け入れるか」は相談者次第であり、相談者の選択に委ねられる。

　法律相談は、相談が終了した時点で完了する。弁護士は、自分が信ずる判断と助言をした以上、相談者が自らのアドバイスに従って行動してくれるものと信ずる以外ない。相談後、弁護士が継続的に相談内容をフォローする機会が保障されているわけではない。それはあくまでも、相談者からの働きかけに委ねるほかない。

　法律相談が終了し、結果の全体的な報告もなく、全体の認識のない弁護士が法律相談の結果に責任をもちえないのは、法律相談の性格上当然といわなければならない。

(6)　事後的指導が十分にできず、相談者が助言内容を悪用することを阻止できないという限界

　弁護士が、その相談者の選択した結果を知ることは少ない。相談者には、弁護士に対する報告義務はなく、弁護士は相談者の事後の行動をチェックできない。

　相談者が、弁護士の助言の一部を悪用して、違法行為に利用することも考

えられる。その場合、結果的に、弁護士が相談者に違法行為の手助けをしてしまったことになるが、そのチェックはできない。

弁護士にとって、自らのアドバイスの結果を検証できない以上、相談者のその後の行動をチェックする義務はない。

事後的指導は、そもそも法律相談が予定していることではないし、弁護士が責任を負うべき事項の範囲外である。

(7)　法律相談の限界からの帰結

法律相談の限界をまとめると次のように言うことができる。相談者は事実を正しく伝えて助言を求めているとは限らない。弁護士は相談の出発点から正しい情報を元にして考察しているとは限らない。他方、相談者が弁護士の助言を正しく理解しているとは限らない。正しく理解していても、その後、助言に沿った行動をとるとは限らない。

つまり、弁護士は、相談内容そのものをコントロールすることはできないし、法律相談によって、その後の相談者の行動のコントロールもできない。さらに言えば、助言のうちの都合のよいところだけを利用されるかもしれないのである。相談者は、弁護士との相談の内容のうち、都合のいいものだけを取り上げたり、解釈したりするすることがあり、とりわけ相談者が違法行為をも厭わない者であれば、それが顕著である。

このように、弁護士と相談者の間には断絶がある。現実の相談者の事後的行動から弁護士の助言行為を推認することはできないし、ましてや、弁護士の意思を推認することはできない。

かといって、弁護士が法律相談の助言の悪用を想定して行動すれば、法律相談などの弁護士業務自体が成り立たなくなる。相談があれば、弁護士はその相談に応じて法的知識と実務経験に基づいて判断し、助言しなければならないのである。

3　法律相談の限界からみた弁護士の刑事責任

法律相談には限界がある。弁護士は、相談者をコントロールできない。弁護士の法律相談は、法律要件と効果などの専門家としての判断とその見解に

基づく助言である。それゆえ、弁護士が相談に提示された事実を前提に判断し、その範囲内で助言している限り、何ら法的責任を負うことはないといわなければならない。

弁護士は、相談者をコントロールできない。その裏返しとして、相談後の相談者の行動から遡って、弁護士の助言内容や弁護士の判断や認識を推認することはできないのである。

第2　刑事司法の謙抑性について

弁護士の専門家としての判断は、究極的には「所与の材料のもとで、法的見地から何ができて、何ができないか」、つまり適法・違法の判断とその説明がその主題となる。そして、助言はこの判断に基づく様々な行為の提示である。

相談内容は、様々な経済取引についてなされることが多い。債権回収や会社整理・不良債権処理に関する法律問題等については、何が適法か、違法かが一義的に明らかでないことが少なくなく、その判断もその状況や時期によって異なる場合もある。

そこで、このような経済分野についての弁護士の法律相談等に対する刑事司法の介入のあるべき姿について検討する。

1　経済活動と法規制

経済活動は、営業の自由に基づく様々な権利行使である。そこで、関係者の利害対立が頻発することは必至である。経済活動では、権利と義務の履行がせめぎあい、どこまでが権利行使として許されるか微妙な場合が多い。特に、債権回収、会社の倒産・整理、不良債権処理などの分野では、債権者と債務者、ときには債権者相互の利害の対立が鮮明となる。とりわけ、経済活動の最先端は、企業同士の戦いの場である。

この領域では、一般に、民事では詐害行為取消権（民法424条）、刑事では強制執行妨害罪（刑法96条の2）が利害の調整に用いられる。また、民事の損害賠償（民法709条以下）が利用されることもある。破産法は、清算型倒産

手続では管財人の否認権を認め（同法160ないし176条）、刑事制裁を定めた詐欺破産罪（同法265条）を法定している。再建型倒産手続においては、民事再生法（否認権が127条以下、詐欺再生罪255条）と会社更生法（否認権が86条以下、詐欺更生罪266条）が、破産法と同様の規定を置いている。

　強制執行妨害罪と詐欺破産罪・詐欺再生罪・詐欺更生罪は、それぞれ「強制執行を免れる目的」及び「債権者を害する目的」とその目的規定は異なるが、いずれも、資産の確保の「客観的な現実可能性が要求されるものと理解される」（竹下守夫編集代表『大コンメンタール破産法』〔青林書院、2007年〕1135頁）。

　強制執行妨害罪は、2年以下の懲役又は50万円以下の罰金、詐欺破産罪・詐欺再生罪・詐欺更生罪は、10年以下の懲役又は1,000万円以下の罰金を法定刑としており、後者については罰則が強化されている。

　このように、法は、経済活動への刑事司法の介入をできるだけ抑制し、それ以外については、破産管財人などの管理者の民事上の権利行使に委ねているのである（刑法の謙抑性）。

2　破産法改正における議論

　経済活動における刑法の謙抑性は、立法経過からも明らかである。詐欺破産罪、詐欺再生罪及び詐欺更生罪は、強制執行妨害罪と類似した構成要件になっているが、いずれも、「破産宣告の確定」「再生手続開始決定の確定」及び「更生手続開始決定の確定」を要件としている。

　2004（平成16年）年の破産法の改正に際して、これら客観的処罰要件が問題となった。倒産実務の観点から、以下の指摘がなされている。すなわち、

　「旧破産法の客観的処罰条件は、破産手続が破産者に対する懲罰的な意味を有していた時代の残滓であり、破産手続開始決定の有無は、倒産という現象のすべてに破産手続がとられるものでない以上、当罰性という観点とは関係のない偶然の要素であって、それを客観的処罰条件とすることは合理的でない」という批判である。「法制審議会における今回の改正過程でも、『破産手続開始の決定を受けるべき状態にあることの認識』を要件としたうえで、破産手続開始決定を客観的処罰条件とすることは廃止するべきであるという

有力な意見」が示された（佐伯仁志「倒産犯罪」ジュリスト1273号97頁以下）。

しかし、倒産実務の観点からすれば、法的倒産手続の開始決定を処罰条件としないと、刑事犯罪としての処罰範囲が著しく拡大することが問題となる。すなわち、刑事犯罪とされうるケースが広がることによって、企業再建のために通常のこととして必要な行動ができなくなることが危惧されるのである。この点、法的倒産手続の開始決定を処罰条件としなくても、「破産手続開始の決定を受けるべき状態にあることの認識」を要件とすることで足りるわけではない。

議論の末、2004年（平成16年）改正法は、倒産犯罪に関する規定の改正にあたって、破産手続開始決定を客観的処罰条件とすることが維持された。したがって、再生犯罪及び更生犯罪に関しても、再生手続開始決定及び更生手続開始決定が客観的処罰条件として維持されることになった。そして、この結論を多くの論者が支持した（安木健他『〔新版〕一問一答・破産法大改正の実務』〔経済法令研究会、2005年〕562、563頁）。

その結果、「公式の倒産処理手続に乗せることなく私人間で処理している限りは、たとえ違法な行為が行われても刑事司法が介入すべきではない、という『私的自治』の要請が強く働いた」（佐伯・前掲ジュリスト99頁）とされているのである。

経済活動、とりわけ、再建型・清算型を問わず、広く倒産手続においては、刑事司法の介入は、謙抑的であるべきである、という要請が強く働いている。倒産処理の関係者の側でも、倒産処理の修羅場に実務の実態を理解していない「刑事司法に介入されてはたまらない」という認識が共有されている。

このように、債権回収、倒産・会社整理、不良債権処理の分野は、いわば企業同士の「修羅場」であって、何が適法か、違法かは、一義的には明らかにならない。だからこそ、刑事司法は謙抑的でなければならないのである。

3　経済活動については、何が適法か、違法かが、一義的に明らかでない

経済活動で生起する法律問題は、一義的に明白になっている教科書の設例のようなものではない。もともと法律解釈は様々でありうる。それゆえにこそ、学説が林立することもある。学説だけでなく異なった判例が併存する場

合もある。しかも判例も流動する。法律そのものも修正されることがある。

　経済活動、特に債権回収、倒産、会社整理、不良債権処理の分野では、民事実務が先行し、その後を判例が後追いして、現状を追認していくという判例形成の実態がある。換言すれば、新たな経済活動が生成される状況の下では、何が適法か、違法かが一義的に明らかにならず、経済の実態や実務がある程度固まった段階で現状が法的に正当化されるのである。

　例えば、債権譲渡の分野で、譲渡禁止の特約の効果に関し*5、将来発生する債権譲渡の効力についても、判例の変遷がある*6。しかも、現在経済界で

---

*5 最判第2小法廷昭和45年4月10日は、譲渡禁止特約のある債権でも、差押債権者の善意・悪意を問わず、転付命令によって移転することができるとした（民集24巻4号240頁）。

　最判第1小法廷昭和48年7月19日は、譲渡禁止特約の存在を知らずに債権を譲り受けた場合であっても、これにつき譲受人に重大な過失があるときは、悪意の譲受人と同様、譲渡によってその債権を取得し得ないとした（民集27巻7号823頁）。

　最判第1小法廷昭和52年3月17日は、譲渡禁止の特約のある指名債権をその譲受人が特約の存在を知って譲り受けた場合でも、その後、債務者が債権の譲渡について承諾を与えたときは、債権譲渡は、譲渡の時に遡って有効となるとし（民集31巻2号308頁）、最判第1小法廷平成9年6月5日は、譲渡禁止の特約のある指名債権をその譲受人が特約の存在を知り、または重大な過失により特約の存在を知らないでこれを譲り受けた場合でも、その後、債務者が債権の譲渡について承諾を与えたときには、債権譲渡は、譲渡の時に遡って有効となるが、民法116条の法意に照らして、第三者の権利を害することはできないとしてきた（民集51巻5号2053頁）。

　債権譲渡と差押え禁止特約については、裁判所の判断が大きく変遷し、最高裁判例の確定までに四半世紀以上の年月を要した。判例が確定するまでは、適法か、違法かは一義的に明らかでなかった。また判例が確定したとはいえ、「債務者が承諾を与えたときは、債権譲渡は、譲渡の時にさかのぼって有効となる」のであるから、債務者の承認までの間は、適法か、違法かは一義的に明らかでない。このような法的判断が確定していない状態で、安易に刑事司法が介入することになれば、経済活動は萎縮してしまう。

*6 最判第3小法廷平成11年1月29日は、将来発生すべき債権を目的とする債権譲渡契約の有効性を認めた（民集53巻1号151頁）。

　最判第2小法廷平成12年4月21日は、債権譲渡の予約にあっては、予約完結時において譲渡の目的となるべき債権を譲渡人が有する他の債権から識別することができる程度に特定されていれば足りるとした（民集54巻4号1562頁）。

　最判第1小法廷平成13年11月22日は、集合債権譲渡担保契約における債権譲渡を第三者に対抗するには、指名債権譲渡の対抗要件の方法によることができるとした（民集55巻6号1056頁）。

　最判第1小法廷平成19年2月15日は、将来発生する債権を目的とする譲渡担保契約が締結された場合には、債権譲渡の効果の発生を留保する特段の付款のない限り、譲渡担保の目的とされた債権は譲渡担保契約によって譲渡担保設定者から譲渡担保権者に確定的に譲渡されているとして、国税徴収法24条6項にいう「国税の法定納期限等以前に譲渡担保財産となっている」ものに該当するとして、差押えを認めなかった（民集61巻1号243頁）。

問題となっている将来発生する債権譲渡については、判例形成中で確定していない部分も存在する*7。このように、債権回収、特に債権譲渡をめぐっては、過去においても、現在においても、多くの実務上の問題が山積しており、判例の未確定な分野である*8。

つまり、教科書の事例のように一義的に適法・違法が定まっているのではない。権利と義務がせめぎあい、どこまでが権利行使として許されるか微妙な分野なのである。しかし、現実の場で、適法・違法の判断と助言を業務とする弁護士は、どこまでが権利行使として許されるか微妙な分野において、お互いの立場で、知恵をしぼって、依頼者（相談者）の最大の利益のためにぎりぎりの限界下で、債権回収や担保提供などについて企業防衛手段を考え、法律相談や事件受任を行っているのである。

このような適法・違法が混沌としている段階で、その混沌とした分野に刑事司法が安易に介入することは、経済活動についての大きな弊害をもたらすことが必至となる。

---

*7 将来債権を譲渡した場合の債権移転時期が、譲渡契約時か債権発生時期かなど問題が残っており、最高裁判決は、この点について、未だ判断を明示していない。

*8 抵当権との関係では、最判第2小法廷平成10年1月30日は、抵当権者は、物上代位の目的債権が譲渡され第三者対抗要件が備えられた後においても、自ら目的債権を差し押さえて物上代位権を行使することができるとした（民集52巻1号1頁）。しかし、動産売買先取特権との関係で最判第3小法廷平成17年2月22日では、動産売買の先取特権者は、物上代位権の目的債権が譲渡され、第三者に対する対抗要件が備えられた後においては、目的債権を差し押さえて物上代位権を行使することはできないとされている（民集59巻2号314頁）。

集合動産譲渡担保権に基づく物上代位と集合債権譲渡との関係についての最高裁判決はない。集合動産譲渡担保に基づく物上代位が認められるのかについても問題がある。

最決第2小法廷平成11年5月17日は動産譲渡担保に基づく物上代位を認めたが（民集53巻5号863頁）、実行により担保動産の範囲が固定化された後に、対象動産の代金債権に対して物上代位が認められると解した場合、当該債権を対象とする債権譲渡担保との優劣の基準については、各対抗要件取得の前か後かは明らかでない。

このように、債権回収については、判例が未確定な分野が多すぎる。債権や動産（特に集合動産）を担保に提供できるか、担保提供の効力はどの程度なのかは、企業などにとって死活問題である。そのため、このような判例未確定分野、つまり何が適法かが確定していない分野に刑事司法が介入することは謙抑的であるべきである。

4 抵当権と賃料・転貸料の物上代位

現実に、下級審の裁判が最高裁で正反対の結論になった例がある。それが、抵当権と賃料・転貸料の物上代位（差押）である。

(1) 抵当権の物上代位による賃料債権差押

最判第2小法廷平成元年10月27日は、従来、明らかでなかった抵当権の物上代位による賃料債権の差押えを認める判断を示した（民集第43巻9号1070頁）。その結果、新たな問題として、将来の賃料債権の譲渡後、抵当権の物上代位が認められるかどうかが問題となった。

抵当権については大審院（大連判大正12年4月7日民集2巻209頁）が、先取特権については、最高裁判所第1小法廷（最判昭和59年2月2日民集38巻3号431頁）及び同第2小法廷（最判昭和60年7月19日民集39巻5号1326頁）が、物上代位による強制執行を否定していたにもかかわらず、下級審レベルでは、肯定する判決（大阪高判平成7年12月6日判例時報1564号31頁、東京高判決平成9年2月20日判例時報1605号49頁）と、否定する判決（東京高判平成8年11月6日判例時報1591号32頁）に分かれていた。

ところが、最判第2小法廷平成10年1月30日は、「抵当権者が債権譲渡後の賃料にも物上代位による強制執行ができる」との判断を示した（民集52巻1号1頁）。

それ以前は、抵当権者が賃料債権譲渡後に物上代位することが認められなかった結果、賃料債権譲渡は、抵当権者などの債権者への詐害行為性が強いと考えられていたのである。

(2) 抵当権の物上代位による転貸賃料債権差押

抵当権の物上代位による転貸料差押についても、昭和60年代後半から平成にかけては判断が分かれていた（最高裁判例解説民事平成12年度（上）478-479頁）。下級審裁判では、転貸料への差押えを認めるものが有力であった（東京高決昭和63年4月22日判例タイムズ684号211頁、大阪高決平成4年9月29日判例時報1502号119頁、東京高決平成4年10月16日金融法務事情1346号47頁、仙台高決平成5年9月8日判例時報1486号84頁、大阪高決平成5年10月6日判例時報

1502号119頁、東京高決平成7年3月17日判例時報1533号51頁)。

ところが、最判第2小法廷平成12年4月14日は、「抵当権者は、抵当不動産の賃借人を所有者と同視することを相当とする場合を除き、賃借人が取得する転貸賃料債権について物上代位権を行使することができない」と判示し、原則として、差押えができないことを確認した(民集第54巻4号1552頁)。

上記最高裁判例前には、東京地裁では、抵当権に基づき転貸賃料債権を物上代位によって差押えることができるとされており、実務の運用もこれに従っていた(最高裁判例解説民事平成12年度(上)480頁)。したがって、賃料転貸契約については、物上代位により差押えられることが予想されるものであったから、抵当権者などの債権者に対する詐害行為性は、あったとしても弱く、ましてや転貸賃料債権への強制執行を妨害できる可能性はきわめて低かった。

それが2008年(平成20年)の最高裁判例前の実務に従えば、詐害性すらない、すなわちまったく違法性のない行為であったことになる。

5 民事判例の未確定分野への刑事司法介入の問題性

以上のように、民事実務が先行し、未だ判例が確定していない分野に刑事司法が介入することには、大きな問題がある。

経済活動では、権利と義務がせめぎあい、どこまでが権利行使として許されるか微妙であるばかりか、特に、債権回収・企業再建にかかる倒産法の分野では、許される法律要件と効果などが裁判所の判断において分かれ、その適法・違法が一義的に明白でなく、最高裁の判断など権威ある解釈が示されていないこともある。そのような場合には経済活動を徒に萎縮させないよう経済活動への刑事司法の介入は謙抑的であるべきであるし、特に債権回収、企業再建にかかる倒産法の分野では、このことが強く言えるのである。

また行為段階では違法とされていなかった経済活動に、事後的な判断に基づいて刑事司法が介入するとすれば、経済主体の予測可能性が害され、経済活動が萎縮する。刑事司法によって、経済活動が脅かされることになる。

前述のとおり、弁護士の法律相談は、究極的には相談者の社会活動についての適法・違法の判断と助言である。相談者のために誠実義務を尽くし、自

らの法的知識を最大限に動員して、適法と信じる最善の判断とそれに基づく助言をしたにもかかわらず、その後の事情の変化によって、違法と断じられて刑事責任を問われるとしたら、このような分野での誠実な判断・助言はとうていできなくなる。

第3　弁護士の民事責任との均衡

　弁護士の法律相談の刑事責任を問うとき、弁護士の民事責任との均衡も必要であろう。

1　弁護士の民事責任

　弁護士の業務は、社会にとって必要不可欠で重要な業務である。そのため、弁護士は、弁護士法において厳しく規制されている。この規制に反する行為に対しては厳しい懲戒処分（サンクション）が加えられ、社会的にも制裁を受ける。弁護士の刑事責任を問題とする際には、この点が考慮されなければならない。

　ところで、弁護士の責任には、民事上の責任もある。ここでは、弁護士の第三者への責任がどのように認められるかを検討し、刑事責任を問うための参考としたい。

　弁護士の第三者への民事責任が問われるものとして、①不当訴訟・不当執行及び②名誉毀損がある（工藤祐巌「弁護士の責任に関する裁判例の分析」自由と正義49巻4号24頁以下）。

　このうち、名誉毀損は特別の分野なので、以下、典型的な「不当訴訟」の事案において、判例がどのように弁護士の第三者への民事責任を認めているのかを検討する。

2　不当訴訟に関する最高裁判例

　最判第3小法廷昭和63年1月26日は、「民事訴訟を提起した者が敗訴の確定判決を受けた場合において、右訴えの提起が相手方に対する違法な行為といえるのは、当該訴訟において提訴者の主張した権利又は法律関係が事実的、

法律的根拠を欠くものであるうえ、提訴者が、そのことを知りながら又は通常人であれば容易にそのことを知りえたといえるのにあえて訴えを提起したなど訴えの提起が裁判制度の趣旨目的に照らして著しく相当性を欠くと認められるときに限られる」（民集42巻1号1頁）と判示した。

3 弁護士の不当訴訟に対する民事責任

　弁護士の不当訴訟についての責任は、当事者の責任要件に準ずるものであるとされている（加藤「不当訴訟に関する弁護士の責任」前掲注＊3書193頁）。

　東京高判昭和54年7月16日は、「代理人の行為について、これが相手方に対する不法行為となるためには、単に本人の訴等の提起が違法であって本人について不法行為が成立するというだけでは足りず、訴等の提起が違法であることを知りながら敢えてこれに積極的に関与し、又は相手方に対し特別の害意をもち本人の違法な訴等の提起に乗じてこれに加担するとか、訴等の提起が違法であることを容易に知りうるのに漫然とこれを看過して訴訟活動に及ぶなど、代理人としての行動がそれ自体として本人の行為とは別個の不法行為と評価し得る場合に限られるものと解すべきである」として、訴訟における弁護士の行為が第三者に対する不法行為として、損害賠償の対象となる類型を限定した（判例時報945号51頁）。

　上記判決は、「『弁護士である代理人についてそのような不法行為が成立するか否かを判断するに当たっては、元来弁護士は社会正義の実現の責務を負っている（弁護士法1条参照）とはいえ、当事者の権利の擁護を図り、本人の意図するところの実現に寄与するようその意を体して行動することもまた重要な職責であることを鑑み、弁護士の正当な訴訟活動を不当に制限する結果にならないよう慎重な検討を加えねばならない』（上掲判決）と判示し、依頼者の利益と弁護士の公共的役割のバランスについて説示した」ものとされている（工藤・前掲自由と正義34頁）。

　つまり、弁護士の業務が民事的に違法となるのは、①訴等の提起が違法であることを知りながら敢えてこれに積極的に関与した場合（「故意による積極的関与」の類型）、②相手方に対し特別の害意をもち本人の違法な訴等の提起に乗じてこれに加担した場合（「故意による特別の害意」の類型）、及び③訴等

の提起が違法であることを容易に知りうるのに漫然とこれを看過して訴訟活動に及んだ場合（「過失による漫然とした違法性の看過」の類型）である。

このように、判例は、弁護士の訴訟追行について民事責任が問われる事案をきわめて限定している*9。弁護士の刑事責任を追及するには、上記のような民事責任に対する考え方と均衡をとりつつ、さらに経済活動に対する刑法の謙抑性に配慮した解釈がなされなければならない。

第4　弁護士法による制裁と弁護士の刑事責任

弁護士の刑事責任を論じる場合には、弁護士法による規制と制裁を論じる必要がある。

弁護士は、依頼者の権利と利益を守り、依頼者の意図するところを実現するために弁護活動をしなければならない。また、弁護士は、基本的人権を擁護し、社会正義を実現することを使命とする（弁護士法1条）。その使命を実現する活動のためには国家と対立することもある。それゆえ、弁護士の正当な活動を不当に制限する結果にならないように、弁護士自治を認め、弁護士会の所属弁護士に対する懲戒処分制度を設けているのである。懲戒処分は絶大な効果をもっているので、もし、弁護士の活動に違法・不当な行為があれば、その弁護士は懲戒処分によって厳しい制裁をうける。

1　弁護士の業務は、弁護士法で厳しく規制されている

弁護士業務は、弁護士法において厳しく規制されている。

弁護士法を基に、「弁護士職務基本規程」は、「弁護士は、基本的人権の擁護と社会正義の実現を使命とする。その使命達成のために、弁護士には職務の自由と独立が要請され、高度の自治が保障されている。弁護士は、その使

---

*9 東京高判昭和54年7月16日以外にも弁護士の不当訴訟の民事責任が問われたものに、京都地判平成3年4月23日（判例タイムズ760号284頁）がある。これでは、責任が認められる場合として、①の訴等の提起が違法であることを知りながら敢えてこれに積極的に関与した場合（「故意による積極的関与」の類型）と③の訴え等の提起が違法であることを容易に知りうるのに漫然とこれを看過して訴訟活動に及んだ場合（「過失による漫然とした違法性の看過」の類型）をあげている。

命を自覚し、自らの行動を規律する社会的責任を負う。よつて、ここに弁護士の職務に関する倫理と行為規範を明らかにするため、弁護士職務基本規定を制定する」と規定し、「弁護士は、その使命が基本的人権の擁護と社会正義の実現にあることを自覚し、その使命の達成に努める」ことが求められている（同規程1条）。

　弁護士会は、強制加入団体であり、弁護士などの使命と職務にかんがみ、「その品位を保持し、弁護士および弁護士法人の事務の改善進歩を図るため、弁護士の指導、連絡および監督に関する事務を行うこと」を目的としており（弁護士法31条）、弁護士法、弁護士会会則などに違反し、弁護士会の秩序や信用を害し、その他職務の内外を問わずその品位を失うべき非行があったときは懲戒を受けるものとされている（同56条）。

　最判第3小法廷平成19年4月24日の田原睦夫裁判官による補足意見は、弁護士自治が認められている趣旨について、以下のように述べている（判例タイムズ1242号107頁）。

　「弁護士会及び日本弁護士連合会を構成する個々の弁護士が、弁護士法の使命に基づいて行う、基本的人権を擁護し、社会正義を実現するための活動が、時として国家機関に対する批判者の立場に立つことがあるところ、それらの活動の適正な遂行を保障するには、弁護士の活動を国家機関の監督から独立させる必要があり、他方で弁護士法その他の法律によって弁護士に認められた諸権能は、国民の権利義務に直結することもあり、弁護士が、その諸権能に基づいた職責の適正な遂行が確保されることは、弁護士制度の根幹を基礎づけるものである。

　そこで弁護士法は、弁護士会に、その所属する弁護士に対し、その職責を適正に遂行するよう指導、監督する権限を与えるとともに、弁護士会の指導、監督権限を、弁護士として活動する全弁護士に及ぼすべく、弁護士は各単位弁護士会に加入しなければ、弁護士として活動することができないとする強制加入制度を定め、他方、弁護士法で認められた弁護士制度に対する国民の信頼を維持し確保するべく、弁護士が、その活動の過程において、弁護士法や弁護士会の規則に違反するなどの非違行為を行った場合には、その会員が所属する弁護士会において、その自治権の行使の一環として当該弁護士に対

する懲戒権を行使することができることとしたのである。

　このように、弁護士法の定める弁護士懲戒制度は、弁護士自治を支える重要な機能を有しているのであって、その懲戒権は、適宜に適正な行使が求められるのであり、その行使の解怠は、弁護士活動に対する国民の信頼を損ないかねず、他方、その濫用は、弁護士に求められている社会正義の実現を図る活動を抑圧することとなり、弁護士会による自縄自縛的な事態を招きかねないのである。」

2　弁護士へのサンクション（懲戒）は厳しい効果をもっている

　弁護士会の弁護士への懲戒処分は、絶大な効果をもっている。弁護士は、懲戒請求をされただけでも、きわめて厳しい規制の下に置かれる。

　前述の最判第3小法廷平成19年4月24日は、「弁護士法58条1項は、『何人も、弁護士又は弁護士法人について懲戒の事由があると思料するときは、その事由の説明を添えて、その弁護士又は弁護士法人の所属弁護士会にこれを懲戒することを求めることができる』と規定する。これは、広く一般の人々に対し懲戒請求権を認めることにより、自治的団体である弁護士会に与えられた自律的懲戒権限が適正に行使され、その制度が公正に運用されることを期したものと解される。しかしながら、他方、懲戒請求を受けた弁護士は、根拠のない請求により名誉、信用等を不当に侵害されるおそれがあり、また、その弁明を余儀なくされる負担を負うことになる」と懲戒手続の重要性を判示している。

　前掲、田原裁判官による補足意見は、懲戒処分の重要性について、

　「弁護士懲戒制度は、弁護士の活動との関係で重要な機能を果たす制度であるが、懲戒を受ける個々の弁護士にとっては、業務停止以上の懲戒を受けると、その間一切の弁護士としての業務を行うことができず（業務停止期間中に弁護士としての業務を行うと、いわゆる非弁活動として刑事罰にも問われ得る）、それに伴ってその間収入の途を絶たれることとなり、また戒告処分を受けると、その事実は、官報に掲載されるとともに各弁護士会の規定に則って公表されるほか、日本弁護士連合会の発行する機関誌に登載され、場合によってはマスコミにより報道されるのであって、それに伴い当該弁護士に対

する社会的な信頼を揺るがし、その業務に重大な影響をもたらすのである」。「弁護士に対する懲戒は、その弁護士が弁護士法や弁護士会規則に違反するという弁護士としてあるまじき行為を行ったことを意味するのであって、弁護士としての社会的信用を根底から覆しかねないものであるだけに、懲戒事由に該当しない事由に基づくものであっても、懲戒請求がなされたという事実が第三者に知れるだけでも、その請求を受けた弁護士の業務上の信用や社会的信用に大きな影響を与えるおそれがあるのである」。

「弁護士に対して懲戒請求がなされると、その請求を受けた弁護士会では、綱紀委員会において調査が開始されるが、被請求者たる弁護士は、その請求が全く根拠のないものであっても、それに対する反論や反証活動のために相当なエネルギーを割かれるとともに、たとえ根拠のない懲戒請求であっても、請求がなされた事実が外部に知られた場合には、それにより生じ得る誤解を解くためにも、相当のエネルギーを投じざるを得なくなり、それだけでも相当の負担となる。それに加えて、弁護士会に対して懲戒請求がなされて綱紀委員会の調査に付されると、その日以降、被請求者たる当該弁護士は、その手続が終了するまで、他の弁護士会への登録換え又は登録取消しの請求をすることができないと解されており、その結果、その手続が係属している限りは、公務員への転職を希望する弁護士は、他の要件を満たしていても弁護士登録を取り消すことができないことから転職することができず、また、弁護士業務の新たな展開を図るべく、地方にて勤務しあるいは開業している弁護士は、東京や大阪等での勤務や開業を目指し、あるいは大都市から故郷に戻って業務を開始するべく、登録換えを請求することもできないのであって、弁護士の身分に対して重大な制約が課されることとなるのである」として、懲戒処分とその効果の重大性を判示している。

3　弁護士の違法行為の懲戒事例

　過去の弁護士の懲戒事例は、日弁連機関誌『自由と正義』に掲載されている。懲戒事件で強制執行妨害やそれに類する違法行為についてあげると以下のとおりである。

　①　1994年（平成6年）12月1日東京弁護士会の懲戒事例（戒告）

連帯保証人に強制執行が及ぶことを回避しようと考え、仮装の売買予約契約書を作成した（自由と正義1995年1月号198頁）。

② 1998年（平成10年）11月24日第一東京弁護士会の懲戒事例（戒告）

遺産分割調停で依頼者である姉の単独取得を成立させたにもかかわらず、依頼者である姉と取得者が法定相続したとの不実登記をした（同誌1999年1月号206頁）。

③ 1998年（平成10年）12月10日長崎県弁護士会の懲戒事例（戒告）

依頼者の親族の名義の不動産を、自己の事務員の名義に不実登記をした（同誌1999年2月号178頁）。

④ 2001年（平成13年）11月5日東京弁護士会の懲戒事例（戒告）

いわゆる「非弁活動」を行った者が、弁護士名義の不動産競売手続停止決定の供託金の差し押さえを免れるため、弁護士名義でした第三者供託取り戻し請求権の債権譲渡について、直接は関与していなかったとしても、非弁活動を行った者の招請で同じビルに事務所を設置し、非弁活動を助成ないし容認した（同誌2003年1月号176頁）。

⑤ 2007年（平成19年）2月3日京都弁護士会の懲戒事例（戒告）

競売手続中の土地について、借地権確認訴訟提起に際して調査を尽くさず、自らの法律事務所の名義の外観のある看板が多数掲示された際に、看板の撤去を指示したが、法律事務所名義部分のみが削除されたに止まり撤去されないまま訴訟が進行し最終的に訴えを取り下げたが、自らが競売妨害行為に利用されていることを認識しながらその妨害行為の外形を確実に排除することを怠って訴訟を遂行し、結果的に依頼者の競売妨害行為に加担した（同誌2007年6月号140頁）。

以上の事案の中で、①のケースは若干軽い処分ではないかとも思われるが、中には⑤のように、他のケースに比して厳しいものもある。

これらは「戒告」であるが、「戒告処分を受けると、その事実は、官報に掲載されるとともに各弁護士会の規定に則って公表されるほか、日本弁護士連合会の発行する機関誌に登載され、場合によってはマスコミにより報道されるのであって、それに伴い当該弁護士に対する社会的な信頼を揺るがし、その業務に重大な影響をもたらす」（前掲、田原裁判官による補足意見）こと

を考慮すると、社会的に十分な制裁がなされることになる。

4 弁護士法の厳しい規制が依頼者が、弁護士に相談する自由を保障している

弁護士業務としての法律相談は、弁護士と相談者との信頼関係の中で行われているし、行われるべきものである。当然のことながら、弁護士は、相談内容について守秘義務を負っている（刑法134条、弁護士法23条）ばかりか、その業務について様々な厳しい規制をうけている。

弁護士が法律相談において提供した情報を相談者によって悪用される場合のあることは、当然予測できる。しかし、自己の責任逃れのために依頼者や相談者の意図を悪く勘ぐって、自らの提供する知識や助言に手加減を加えたり、あるいは、そのような危惧を明らかにするようなことがあれば、当然に当該相談者に対する弁護士としての誠実義務に違背する。それだけでなく、以後、いかなる相談者からの信頼も得ることができなくなってしまうだろう。そしてこのことが社会に広まれば、弁護士全体に対する信頼は失墜し、法律相談などの弁護士業務自体が成り立たなくなるおそれがある。

弁護士法の厳しい規制が、依頼者の弁護士に対する相談の自由を制度的に保障しているのである。それゆえ、弁護士の法律相談における刑事責任を論じる場合においても、弁護士法の規制とそれによる制裁（懲戒処分）が考慮されるべきである。

第5 弁護士の法律相談の刑事責任

1 憲法32条の裁判を受ける権利と弁護士業務

国民は、憲法32条により、裁判を受ける権利を保障されている。国民が公正な裁判を受けるためには、法律専門家たる弁護士へ依頼し、その助言を受けることが、その権利行使のために必要不可欠である。それゆえ、弁護士依頼権も裁判を受ける権利を担保するために権利として保障されている。国民の裁判を受ける権利の保障が十分になされるための制度的保障として、憲法31条に基づき弁護士業務が十分に尊重されなければならない。

弁護士の判断・助言（アドバイス）は、究極的には「何ができて、何がで

きないか」、すなわち、適法・違法の判断とこれに基づく助言である。国民や企業が活動をしていくためにその判断は必要不可欠なものである。弁護士は、法律のプロフェッショナルとしての資格をもち、国民が生活しまた企業が活動する上で、何が許され（適法）、何が許されないか（違法）を判断することが仕事である。弁護士は、国民などが活動するために社会的に必要不可欠な存在なのである。

　弁護士の業務は、国との緊張関係を避けることができない。前述の田原睦夫裁判官の補足意見は、「個々の弁護士が、弁護士法の使命に基づいて行う、基本的人権を擁護し、社会正義を実現するための活動が、時として国家機関に対する批判者の立場に立つ」と述べている。東京高裁昭和54年7月16日判決（判例時報945号51頁）も、「元来弁護士は社会正義の実現の責務を負っている（弁護士法1条参照）とはいえ、当事者の権利の擁護を図り、本人の意図するところの実現に寄与するようその意を体して行動することもまた重要な職責であることを鑑み、弁護士の正当な訴訟活動を不当に制限する結果にならないよう慎重な検討を加えねばならない」からであるとする。

2　弁護士の法律相談に対する刑事責任

(1)　弁護士の業務に対する刑事責任

　弁護士の業務は、社会的に重要でかつ必要不可欠な業務である。

　憲法32条の国民の裁判を受ける権利に由来する弁護士業務は、「弁護士法の使命に基づいて行う、基本的人権を擁護し、社会正義を実現するための活動が、時として国家機関に対する批判者の立場に立つことがあるところ、それらの活動の適正な遂行を保障するには、弁護士の活動を国家機関の監督から独立させる必要があり安易に国家権力の介入を認めてはならないのである」（前掲、田原補足意見）。そのために弁護士法は、弁護士会自治を認める観点から、懲戒処分に委ねており、現実に弁護士の業務において問題があれば、弁護士会の懲戒処分という手続の中で十分な制裁を受けることになる。

　それゆえ、法律相談における刑事責任の追及も、特に可罰性の高い、例外的な場合でなければならない。また、上述のような民事責任との均衡にも十分配慮がなされなければならない。違法な訴訟について、①故意に積極的に

[2] 弁護士の法律相談と刑事責任　103

関与した場合、②特別の害意をもって加担した場合、及び③過失によって漫然と違法訴訟であることを看過した場合に限って、民事責任は追及される。

　弁護士の刑事責任は、民事責任に比しても、きわめて重大な場合しか認められるべきではない。

　これは、弁護士の中心業務の１つである法律相談の場合も例外ではない。

(2)　弁護士の法律相談の判断・助言に対する刑事責任

　法律相談は、「①法律要件と効果などについて専門家としての判断をし、②その理解を相談者に伝え、③これに応じて法的知識・情報・取り得る手段などを助言する」ことである。

　法律相談の上のような枠組みを故意に逸脱した弁護士の行為が問題となることは当然である。まず、弁護士の専門家としての判断・助言が適法性の範囲を超えることが外形的に明らかである場合がある。弁護士に、特定の犯罪を犯す意図が明確な場合である。その意図は、法律相談の性格上、確定的で一義的に明確でなければならない。ドイツには、弁護士に「特定の犯罪を犯す意図が、確定的で、かつ、一義的に明確でない場合」には刑事責任を負わないとした判例がある[10]。

　第１は、弁護士が被拘禁者解放罪の従犯または犯罪庇護罪にならないとされた旧い帝国裁判所（RG）の判例である[11]。

　この判例は、弁護士が被拘禁者の親族に、被拘禁者の逃走を助けることが処罰されるかどうかを尋ねられ、処罰されないと助言した事例についての判例である。被拘禁者解放罪の幇助と犯人庇護罪の成立を認めたのを帝国裁判

---

[10]　ドイツでは、共犯処罰の限界を画すため、古くから「中立的行為による幇助」の議論がなされてきた。この議論の中で、弁護士の刑事責任も論じられている。日本でもドイツの理論状況が紹介され、共犯の限界についての議論がなされてきた。「中立的行為による幇助」が問われた判例として、地方税法上の軽油取引税不納入罪の特別徴収義務者がその脱税を企てて地方税法所定の不納入罪を犯した場合において、被告人が、上記義務者の意図を知りつつ、同人から軽油を通常よりも安く購入していたとしても、上記不納入罪の共同正犯ないし幇助犯とはならないとして無罪を言い渡したものがある（熊本地判平成６年３月15日判例時報1514号169頁）。

[11]　曲田統「日常的行為と従犯（１）」法学新報111巻３・４号146-147頁、島田聡一郎「広義の共犯の一般的成立要件――いわゆる『中立的行為による幇助』に関する近時の議論を手がかりとして」（立教法学57号48、49頁）で紹介されているケースである。

所（刑事部）が破棄した。帝国裁判所は、法的助言を与えることは弁護士の職業的義務に属するのであるから、弁護士の意識と意思とが単に義務に適合した助言を与えることにのみ向けられていたということを推定してかからなければならない、と判示した。その上で弁護士の意思が他人の犯罪の促進に向けられていないのかが審理されるべきだとして原判決を破棄した。

第2は、ドイツ刑法356条（背任）にあたらないとされた事例がある[12]。ある弁護士が、同僚の弁護士から離婚事件に絡んである依頼を引き受けることが刑法上問題にならないかという問いに対して法律上問題はないと回答した後、その同僚弁護士が当事者に対する背信行為（ドイツ刑法356条）に問われた事例で、弁護士の意識と意思は、通常、義務に適合した助言を与えることに向けられており、犯罪行為を促進することには向けられていないとして、幇助を否定した。

弁護士に「特定の犯罪をおかす意図が、確定的で、かつ、一義的に明確でない場合」には、法律相談での助言は、原則として刑事責任を問われない。

(3)　弁護士自身が違法行為に加担したことが明らかである場合

弁護士が法律相談の枠組をこえて、弁護士自身が違法行為に加担したことが明らかな場合がある。これも外形的に明らかである場合でなければならない。

「外形的に明らかに加担した場合」とは、仮装のために弁護士自らが契約書を作成した場合（前掲、懲戒事例①）や、弁護士が自己名義の預金口座を開設し入金させた場合（いわゆる「麻布建物事件判決」東京地判平成10年3月5日判例タイムズ988号291頁）等である。

ドイツでも、商品先物取引の会社に、先物取引の経済的意味や危険性をきちんと説明したパンフレットを作って自由に使わせていた弁護士の行為が詐欺幇助に問われ、パンフレットが、顧客からのクレームの排除のために使われ、会社が詐欺を目的としていたのにまともな会社のような外観を備えるようにさせるためのもので、弁護士が十分に認識していた事案で、連邦通常裁

---

[12] 松尾光正「中立的行為による幇助（1）」姫路法学27号207-208頁参照。

判所（BGH）は、詐欺の幇助を認めている[*13]。

(4) 構成要件該当性で判断すべき

法律相談が、弁護士の日常的職務行為として平穏に行われ、弁護士に「特定の犯罪をおかす意図が確定的で、かつ、一義的に明確でない場合」や、「外形的に明らかな加担行為がない場合」には、弁護士の法律相談が刑事責任を問われることはないというべきである。共同正犯・教唆犯はもちろん幇助犯も成立しない。法律相談であることは、外形的にも明確であるから、構成要件該当性の有無により判断でき、違法性の判断にはなじまない[*14]。

3 結論

弁護士の判断・助言は、究極的には「何ができて、何ができないか」、詰まるところ、適法・違法の判断である。それは、個人や企業が活動するためには、必要不可欠なものである。弁護士は、法律のプロフェッショナルとしての資格をもち、それを判断することが仕事である。弁護士は、国民などが活動するため社会的に必要不可欠な存在なのである。

弁護士の法律相談は、法律要件と効果などの専門家としての判断とその見解に基づく助言である。それゆえ、弁護士が相談に提示された事実を前提に判断し、その範囲で助言している限り何らの責任を負うことはない。

[*13] 島田・前掲注[*11]論文49頁参照。なお、島田は、前記の連邦司法裁判所が被拘禁者解放罪の幇助と犯人庇護罪の成立を否定し、連邦最高裁が詐欺を認めていることにつき、「結論が分かれたのは一体なぜなのだろうか」と疑問を呈しているが（前掲49頁）、後者は弁護士が相談を超えて外形的行為の一部を分担しているからではないかと思われる。

[*14] 法律相談の刑事責任を構成要件該当性で判断すべきことは、要件が一義的に明確なことにある。違法性で判断することになれば、いったん刑事責任が問われた場合、裁判において弁護士の業務が正当であったか否かについて、その内容に立ち入って審理が延々となされることとなる。そして、個別の弁護士業務の適法・違法の判断に、国家権力が介入できることになり、著しく危険である。

安田事件も、1992年（平成4年）の強制執行妨害（法定刑　懲役2年以下、罰金50万円以下）の事件であり、1998年（平成10年）12月25日起訴、2003年（平成15年）12月24日に東京地裁判決（無罪）、2008年（平成20年）4月23日に東京高裁判決（逆転有罪。幇助犯、50万円の罰金刑）、最高裁第3小法廷は2011年（平成23年）12月6日に上告棄却の決定をなした。このように、事件から18年、起訴から13年以上にわたったということからも、弁護士の刑事責任を法廷で審理することの過酷さが明らかになっている。

そして、弁護士の判断と助言は、法律相談の性格や限界からみて、その後の相談者の行動から推認したり、判断したりすることはできない。ましてや、その後に違法行為に及んだ相談者の行為の悪質性から弁護士の「犯意」「相談時の意思」「助言の趣旨」などを推認することはできない。

　憲法32条の国民の裁判を受ける権利に由来する弁護士業務は、時として国家機関に対する批判者の立場に立つことがあり、それらの活動の適正な遂行を保障するには、弁護士の活動を国家機関の監督から独立させる必要があり、安易に国家権力の介入を認めてはならないから、弁護士の刑事責任は、民事責任との均衡や弁護士自治に基づく懲戒制度の存在を十分考慮して行われるべきである。

　それゆえ、法律相談が弁護士の日常的職務行為として平穏に行われ、かつ弁護士に特定の犯罪をおかす確定的意図がない場合、及び外形的に明白な加担行為がない場合には、刑事責任の追及は認められず、強制執行妨害罪などの構成要件該当性は否定される。したがって、本件は、共同正犯・教唆犯はもとより、幇助犯も成立しない。この点については、ドイツや日本における「中立的行為」をめぐる判例や学説も参考となる。

　法律相談が弁護士の日常的職務行為として平穏に行われ、かつ弁護士に特定の犯罪を犯す意図が確定的でかつ一義的に明確でない場合や、または、外形的に明らかな加担行為がない場合には、弁護士の刑事責任、強制執行妨害の構成要件に該当しない。共同正犯・教唆犯はもちろん幇助犯も成立しないのである。

[3]

ヨーロッパ人権条約と日本の国内判例

The European Convention on Human Rights and the Case Law in Japan

徳島刑務所受刑者接見妨害判決を素材として

第1　はじめに

　我国においては、1980年代から、国際人権自由権規約（B規約　以下、自由権規約という）を中心とした国際人権法が裁判実務において主張されるようになった。主張されたのは、戦後補償や、マイノリティーの事件が主なものであった[1]。本件の徳島刑務所受刑者接見妨害事件（以下、徳島事件という）は、そのような事件ではない。しかし、自由権規約、ヨーロッパ人権条約が有効に使われ、極めて大きな成果があった[2]。これを紹介しながら、国際人権法をどのように実務に使うか、学者と実務家はどのように連携したらよいかを論述したい。

第2　事実経過について

　徳島事件は、1990年（平成2年）4月に殺人の共謀共同正犯で懲役15年の刑が確定したKさんが、大阪拘置所から徳島刑務所へ移監されたところ、刑務官から理由のない暴行をうけた。Kさんは「胸椎症」で下肢の運動機能

---

[1] 今井直「国際人権法の国内裁判所における適用の現状と課題」法と民主主義304号（1995年12月号）と同号に掲載されている事例参照。

[2] これまで、国際人権規約の効力を認めた下級審の主な判決としては、通訳人費用負担についての東京高判平成5年2月23日（『外国人犯罪裁判例集』〔法曹会、1994年〕55頁、法と民主主義304号42頁）、指紋押捺事件についての大阪高判平成6年10月28日、二風谷事件についての札幌地判平成9年3月27日（判例時報1598号33頁、判例タイムズ938号75頁）、本件Kさんの人身保護請求事件の徳島地判平成10年7月21日（判例時報1674号123頁）がある。

障害があったが、徳島刑務所はこれを「詐病」と決め付け、無理矢理運動さ
せようとし、これに抵抗したＫさんに、刑務官が多数で暴行を加えたもので
ある。

　当時、Ｋさんは殺人被告事件について再審を準備し、再審弁護団が結成さ
れていた。徳島刑務所の暴行に、Ｋさんが生きて帰れないのではないかと心
配した我々は、同年８月８日にＫさんを原告として徳島刑務所の暴行に対し
て損害賠償訴訟を提起した（以下、暴行損害賠償事件という）。

　我国では、監獄法の委任をうけ法務省の定めた監獄法施行規則により、刑
務所の管理が行われている。徳島刑務所は、暴行損害賠償事件の打合わせの
ためのＫさんと弁護士の接見について、時間制限の30分（施行規則121条）と
刑務官の立会（施行規則127条１項）を厳格に実施した*3。事件の直接の加害
者が、被害者と弁護士の接見に立会い、打合せの内容を聞き、しかも時間制
限までしたのである。

　これは、我々弁護士の琴線に触れるものであった。すなわち、弁護士と依
頼者との事件打合せは、事件処理の一番基本を決めるものであり、その秘密
保持、「秘密接見交通権」の確保は、絶対的な要請なのである。それを相手
方たる徳島刑務所に侵害され、しかも時間制限までされたのである。受刑者
の外部交通権にとっても、弁護士の弁護権にとっても極めて重大な問題であ
った*4。そこで、我々は徳島刑務所側にその改善のための話会いを求めたが
拒否され、1991年（平成３年）８月21日Ｋさんと弁護士３名が原告となり本
訴を提起した。

---

*3 監獄法施行規則121条（時間制限）の例外は、同規則124条で処遇上その他必要ありと認めると
　きと定められ、同規則127条１項本文（接見立会）の例外は、同条３項で教化上その他必要ありと
　認めるときと定められている。
*4 同じ弁護士の秘密接見交通権として、弁護人と被疑者との検察官の刑訴法39条３項の「接見指
　定」の問題がある。最判第１小法廷昭和53年年７月10日（民集32巻５号820頁）、最判第２小法廷平
　成３年５月10日（民集45巻５号919頁）等、最近の判例として最判大法廷平成11年３月24日（判例
　時報1680号72頁、判例タイムズ1007号106頁）を参照のこと。

[3]　ヨーロッパ人権条約と日本の国内判例　　109

第3　訴の契機となったもの

　弁護士は、裁判実務家である。理論が裁判の中で使えるか使えないかが重要問題である。1990年代はじめ、日本弁護士連合会や私が所属する大阪弁護士会では、自由権規約の普及の取組みがなされていた。しかし、我々も含め一般の弁護士にとっては、国際人権規約は遠い存在であった。我々が自由権規約を使おうと考えたのは、ある論文に出会ったからに他ならない。それは、北村泰三熊本大学教授（当時）の「国際人権法における接見交通権の保障」（熊本大学法学65号）、「ヨーロッパ人権条約と国家の裁量」（法学新法88号7・8号）であった*5。これらの中に受刑者と弁護士との接見妨害の事件が紹介されていた。ゴルダー事件（ヨーロッパ人権裁判所1975年2月21日判決）、キャンベル・フェル事件（同裁判所1984年6月28日判決）である。前者は、受刑者と弁護士の接見拒否であり、後者は、徳島事件と同様の接見立会による接見妨害である。これらは、自由権規約14条と同じヨーロッパ人権条約6条に違反するとされていた。我々は、これらの判例に勇気づけられて訴えを提起したのである*6。

第4　徳島地方裁判所の判決

　第1審徳島地方裁判所は1996年（平成8年）3月15日に、徳島刑務所の30分の時間制限は、自由権規約（B規約）14条違反であり、時間制限は違法として損害賠償を認める判決をした（判例時報1597号115頁）。同判決は、「憲法98条2項は、『日本国が締結した条約及び確立された国際法規は、これを誠実に遵守することを必要とする。』と規定するが、これは、わが国において、条約は批准・公布によりそのまま国法の一形式として受け入れられ、特段の

---

*5　当時、私の属していた大阪共同法律事務所の30周年記念事業の一環として、北村教授の講演があり、その配布資料の論文であった。なお、北村教授は、これらを『国際人権と刑事拘禁』（日本評論社、1996年）に集大成されている。
*6　この動きは学者の論文が裁判実務に大きな影響を与えたといえる。

立法措置を待つまでもなく国内法関係に適用され、かつ、条約が一般の法律に優位する効力を有することを定めているものと解される。……ところで、B規約は、自由権的な基本権を内容とし、当該権利が人類社会のすべての構成員によって享受されるべきであるとの考え方に立脚し、個人を主体として当該権利が保障されるという規定形式を採用しているものであり、このような自由権規定としての性格と規定形式からすれば、これが抽象的・一般的な原則等の宣言にとどまるものとは解されず、したがって、国内法としての直接的効力、しかも法律に優位する効力を有するものというべきである。」とし、自由権規約の日本国内への直接適用と法律に対する優位性を認めた。そして、ヨーロッパ人権条約6条1項で保障されている公正な裁判を受ける権利の解釈は、B規約14条1項の解釈に際して「一定の比重を有することは認められよう」とし、自由権規約14条1項等の趣旨に鑑みると、受刑者と民事事件の訴訟代理人たる弁護士との支障をきたすような接見制限は許されず、刑務所長は事案に応じて制限緩和の措置をとるべきであるとし、30分の時間制限は自由権規約14条違反であり、Kさんと弁護士に損害賠償を認めた。しかし、刑務官の立会はこれに違反しないと判断した。この判決には、双方が控訴した。

第5　高松高等裁判所の判決

　第2審の高松高等裁判所は、1997年（平成9年）11月25日に判決を下した（判例タイムズ977号65頁）。同判決は、自由権規約の我国への適用について詳細な解釈論を展開し、①徳島地裁の判決と同様に国際人権自由権規約は直接適用されるとし、②ヨーロッパ人権条約についてのヨーロッパ人権裁判所の判断は、「ヨーロッパの多くの国々が加盟した地域的人権条約としてその重要性を評価すべきものであるうえ、前記のようなB規約との関連性も考慮すると、条約法条約（注：条約法に関するウィーン条約）31条3項における位置づけはともかくとして、そこに含まれる一般的法原則あるいは法理念についてはB規約14条1項の解釈に際して指針とすることができる」とした。③被拘禁者保護原則（国連決議）は、「『法体系又は経済発展の程度の如何にかか

わりなく、ほとんどの諸国においてさしたる困難もなく受入れうるもの』と
して専門家によって起草され、慎重な審議が行われた後に積極的な反対がな
いうちに採択されたものであることを考慮すれば、被拘禁者保護について国
際的な基準としての意義を有しており、条約法条約31条3項(b)に該当し
ないものであっても、B規約14条1項の解釈に際しても指針となりうるもの
と解される。」とした。以上のことから、徳島刑務所の本件接見についての
30分の時間制限のみならず、刑務官の立会についても自由権規約14条に違反
する違法なものであるとし、損害賠償を維持する判決をなした。

　このように、徳島地方裁判所の判決も、高松高等裁判所の判決も、国際人
権規約について、緻密な解釈を展開し、自由権規約14条により秘密接見交通
権の保障を認めた画期的判決であった。

第6　最高裁判決について

　この上告審である最高裁判所（第1小法廷）は、2000年（平成12年）9月7
日に判決を下した（判例時報1728号17頁、判例タイムズ1045号109頁）。判決の
多数意見（大出峻郎、井嶋一友、藤井正雄、町田顯）は、次のとおりである。
監獄法、監獄法施行規則が、憲法13条及び32条に違反しないことは、最高裁
昭和45年9月16日大法廷判決（未決拘禁者に対する図書閲読の制限）、最高裁
昭和58年6月22日大法廷判決（東京拘置所よど号事件の新聞検閲事件）等の趣
旨に懲して明らかであり、具体的場合において処遇上その他の必要から30分
を超える接見を認めるか、教化上その他の必要から立会いを行わないことと
するかは、受刑者の性向、行状等を含めて刑務所内の実情に通暁した刑務所
長の裁量的判断にゆだねられているものと解すべきであり、刑務所長の裁量
権を逸脱し、又は濫用したと認められる場合でない限り、国家賠償法1条1
項にいう違法な行為には当らないとし、徳島地裁、高松高裁の判決を破棄し、
Kさんと我々の損害賠償請求を棄却した。「監獄法、監獄法施行規則が自由
権規約14条に違反すると解することもできない」が、自由権規約、国際人権
法に関する唯一の判断であった。

　弁護士出身の遠藤光男裁判官の反対意見は、刑務所長の時間制限と刑務官

112

の接見立会は、刑務所長の裁量権を前提としても逸脱、濫用であり違法とするというものである*7。

第7　最高裁の国際人権法適用の消極的姿勢

　自由権規約人権委員会の我国の定期報告書審査において、外務省国際連合局企画調整課富川明憲主席事務官は「条約は国内法より高い地位を占めると解され、裁判所により条約に合致しないと判断された国内法は無効とされるか改正されなければならない。」と、自由権規約の国内法に対する優位性と直接効力を有することを言明している（国連規約人権委員会324委員会1981年10月22日）*8。ところが、最高裁を中心とする司法は、国際人権条約の効力について判断を避け、その直接的効果を認めてこなかった。国際人権規約が使われる事件は、戦後補償やマイノリティーの事件が多く、国が被告となり、我国の国際人権水準に遅れた法律や規則の効力が問われることになる。下級審の裁判所には、国際人権規約の効力を認めようとするものが少しずつ現れたが*9、最高裁は頑なにこれを認めてこなかった。例えば、指紋押捺の裁判で自由権規約の違反を認めた1994年（平成6年）10月28日大阪高等裁判所の判決（判例タイムズ868号59頁）を、最高裁第2小法廷判決1998年（平成10年）9月7日は国際人権規約についてまったく判断することなく破棄している（判例時報1661号70頁、判例タイムズ990号112頁）。

　本件は、徳島刑務所の接見制限が自由権規約14条に違反するとした徳島地裁、高松高裁の判決を、具体的処分が国際人権規約に違反するかについて判断をしないで、最高裁が「監獄法、監獄法施行規則が自由権規約14条に違反すると解することもできない」としたものである。本件の判決にみられるよ

---

*7　遠藤反対意見は、「このような事件についての打合せを実質的な相手方当事者というべき徳島刑務所の職員の監視の下で行わせるということは、誰の目から見ても余りにも不公平であることは明らかであり、これを容認するとすれば、公正な裁判を受けさせるという理念は完全に没却されてしまうことになる」と、事件の本質を突いている。

*8　斉藤恵彦「日本政府報告書に対する国連人権専門委員会の検討記録（仮訳）──自由権規約をめぐって」部落解放研究 29号86頁。

*9　前掲注*2の各判例参照。

うに、最高裁は、「国際人権規約は憲法と同じであり、法律や規則が憲法に違反しないから、国際人権規約にも違反しない」との判断により、国際人権法をこれまでの憲法の狭い解釈論の枠内に閉じ込めてしまっている。

　自由権規約が我国に直接適用されるか否かの「条約の直接適用問題」は、皮肉なことに、既にクリアーされているといっていいのである。特に、1998年（平成10年）の改正民訴法の施行後は、上告理由が憲法違反等に限定された（民訴法312条1項）。条約違反は最高裁の上告受理の範疇であるが、最高裁は明らかに上告受理を避けている*10。自由権規約人権委員会の定期報告書審査で、國方俊男外務省総合外交政策局人権難民課長は、「規約違反を理由として、裁判所がある国内法の無効を宣言した事例は皆無です。」（規約人権委員会1277委員会　1993年10月27日）と発言している*11。我国で国際人権法の成果の適用が遅れているのは、まさに最高裁の消極的姿勢が原因なのである。

第8　ヨーロッパ人権裁判所判決の我国への影響

　しかし、今後は、最高裁のこのようなやり方は早晩通用しなくなるであろう。人は人である以上、すべて平等であり、人間としての尊厳が守られ、保障されるべき人権は、世界中、どこにおいても、一般的、普遍的、平等でなければならないはずである。第二次世界大戦のナチス・ドイツのユダヤ人迫害等の苦い体験の反省のもとに、1948年（昭和23年）12月に国連で世界人権宣言がなされ、人権の具体的保障のための法規範としての条約作定作業が開始された。ヨーロッパ地域版たるヨーロッパ人権条約が1953年（昭和28年）9月3日発効し、国連でも1966年（昭和41年）12月16日に自由権規約と社会権規約が採択され、1976年（昭和51年）に発効した。その後も、各種の人権条約が国連で採択され、世界各国で批准されている*12。人権の「グローバ

---

*10　Kさんの人身保護請求（＊2参照）での上告不受理や、戸別訪問等の全面禁止について公職選挙法違反刑事事件において、自由権規約25条違反を問うたNさんの上告不受理がある（最高裁第3小法廷　平成12年（ゆ）第1号）。なお、本件徳島事件は、改正民訴法施行前の上告事件であった。
*11　日本弁護士連合会編『ジュネーブ1993世界に問われた日本の人権』（こうち書房、1994年52頁）

ル・スタンダード」は我々の予想をこえて進んでいる。いつまでも、最高裁は、国際人権のスタンダードと異なり、それすら満たさないような自らの人権判断を、日本国という狭い領域に閉じこめておくことはできなくなっている。徳島事件と同じ事件が、過去のヨーロッパにも存在していた。キャンベル・フェル対イギリス国事件であり、1984年（昭和59年）6月28日のヨーロッパ人権裁判所は、弁護士と受刑者との接見についてのイギリス刑務所の刑務官の立会処分が、自由権権規約14条と同じヨーロッパ人権条約6条に違反する違法なものとした。この判決をうけ、イギリス国はその行刑制度を変更した。約20年も前から、ヨーロッパでは受刑者と弁護士との接見は、刑務官の立会もなく、時間制限のないものになっている。日本の弁護士と受刑者は秘密接見交通権を最高裁によって剥奪されている。しかも、その判断過程を比較すれば、ヨーロッパ人権裁判所と最高裁との間の理論水準の差は歴然としている。人権の「グローバル・スタンダード」からみて、ヨーロッパと我国の人権保障の落差を、世界は決して許しておかない。

　今後、人権課題の解決は、次の方法が取られることになろう。すなわち、ヨーロッパ人権裁判所では、これまで人権に関わる数多くの判決がなされている[13]。ヨーロッパ人権裁判所の判決の数の多さとその具体性により、我国の人権課題と類似する事例が見つけやすい。その判例の基本理念、判断の過程や論理も明らかになる。ヨーロッパ人権裁判所のケースと同じケースを見つけ（現在では、ヨーロッパ人権裁判所の判決はインターネットで簡単に手に入れられる）、学者の方々にはこれらの判例理論を明らかにしていてだき、我々弁護士が裁判の中でこれを活用し、その判例適用の道筋を確立すればよい。両者の連携が今こそ必要なのである。

　徳島事件の徳島地裁、高松高裁の判決は、最高裁で維持されなかった。しかし、そこで展開された自由権規約の解釈論は、極めて重要であって、高く評価されている[14]。特にヨーロッパ人権裁判所判例の我国への展開についての方法論は、極めて有用であり、実務上も役に立つものである[15]。この

---

[12] 阿部浩己・今井直『テキストブック国際人権法』（日本評論社、2009年）に人権条約の解説がなされている。

[13] 初川満『国際人権法概論——市民的・政治的権利の分析』（信山社、1994年）

[3] ヨーロッパ人権条約と日本の国内判例　　115

ような判決を生み出したという意味では、我々のあしかけ10年にわたる闘い
は、無駄ではなかった。

第9　おわりに

　自由権規約人権委員会は、1998年（平成10年）11月5日の日本政府に対す
る最終見解で、①裁判官・検察官・行政官に対する国際人権の教育の徹底
（32項）、②政府から独立した人権調査救済機関の設立（10項）を勧告してい
る。

　人権の国際化の波はすぐそこまで来ている。最高裁による人権の「鎖国」
はもうできない。あとは我々弁護士と学者の連携により、具体的な人権課題
に関する裁判の中で、人権の「開国」に向けての実践活動を続けることであ
る[16]。これが今後国際人権法学会の求められる大きな役割であろう。この
論文の後、最高裁でも国際人権規約（条約）が「市民権」を有するようにな
っていることは、第2部「まえがき」(3)で述べているとおりである。

　本件は、Kさんを徳島刑務所から生きて帰すことが目的であった。1997年
（平成9年）5月2日、我々は「胸椎症」という医学鑑定の結果をふまえ、
Kさんを徳島刑務所から病院又は医療刑務所への移監を求め、人身保護請求
を徳島地裁へ申し立てた。1年あまりにわたり審理がなされ、1998年（平成
10年）7月21日、徳島地裁は請求棄却の決定をなした（判例時報1674号123頁）。
我々は上告したが、同年11月26日最高裁（第1小法廷）は、自由権規約違反

---

*14 阿部浩己「一国人権主義の終焉──徳島地裁判決に思う」『人権の国際化──国際人権法の挑
戦』（現代人文社、1998年）308頁
*15 芹田健太郎「自由権規約の自動執行性」ジュリスト平成8年重要判例264頁、愛知正博「受刑
者の接見制限と自由権規約（いわゆるB規約）14条1項」ジュリスト平成9年重要判例200頁、北
村泰三「自由権規約の解釈方法と裁判所──徳島刑務所受刑者接見訴訟控訴審判決をめぐって」季
刊刑事弁護14巻131頁
*16 1999年（平成11年）7月から2年間にわたり、政府の司法制度改革審議会で、我国の司法制度
の改革が審議された。その中で、「国民の司法参加」として、市民が「裁判員」として裁判に関わ
ること、また判事補制度を見直して、「裁判官の人事」に市民も加わった諮問委員会によるコント
ロールを図るなど、重要な改善が決められた。我国司法の最高裁による官僚統制という内なる「鎖
国」が崩壊し、市民のための司法の「開国」に向け、現在大きく動いている。

の点については上告不受理の決定を下した。ところが、その決定の4日後（同年11月30日）、法務省はKさんを徳島刑務所から大阪刑務所医療刑務支所へ移監した。Kさんは1999年（平成11年）3月に同支所を無事出所し、生きて帰ることができた。

[4]

大逆罪はなかった
大逆事件の常識を疑う

平成が終わろうとしています。

大逆事件は、平成のはるか前、100年以上も前の1910年（明治43年）に裁判がありました。そのため「伝説」になった事件です。「伝説」となっているからこそ、多くの思い込みがあります。本稿ではそれを指摘したいと思っています。

第1　はじめに

私たちは、「大逆事件再審検討会」として、2012年（平成24年）から親会が東京にあり、関西に分会があります。特に、分会では、2017年（平成29年）から法的に検討を続けてきました。分会は、弁護士4名（京都弁護士会の谷口和大、橋口直太、大阪弁護士会から私、田中太朗）、法学者3名（松宮孝明立命館大学教授、石塚伸一龍谷大学教授、金澤真理大阪市大教授）、心理学者2名（浜田寿美男奈良女子大名誉教授、山田早紀立命館大学研究員）で構成され、法的そして心理学的な観点から、大逆事件について、検討を加えてきました。大逆事件を事実の面から「伝説」「常識」を捉え直してきたのです。

ここでは検討会で検討したことを材料に、いかに私たちが「常識」にとらわれていたかを述べてみることにします。

第2　「大逆罪」はなかった——常識破壊（その1）

冒頭で「大逆罪はなかった」と述べましたが、皆さんは、刑法に「大逆罪」という犯罪があって、幸徳秋水外23名がこれを犯して死刑判決をうけた

118

と思われているでしょう。

　しかしそうではないのです。

　現在の刑法は、事件の 3 年前、1907年（明治40年）に制定されたもので、次のとおり定められていました。

　皇室ニ対スル罪

　　73条　天皇、太皇太后、皇太后、皇后、皇太子又ハ皇太孫ニ対シ危害ヲ
　　　　　加ヘ又ハ加ヘントシタル者ハ死刑ニ処ス

　天皇等に「大逆」（謀反）を犯すというものではなく、あくまで天皇等に「危害を加え」又は「危害を加えんとした」者を罰する（死刑とする）ものでした。法的に正確にいえば「天皇等危害罪」だったのです。

　「大逆事件」はありましたが、「大逆罪」なるものはなかったのです。明治政府が「大逆」の名のもとに事件をつくりあげたのです。実に政府にとって「大逆」とは、都合いいネーミングだったのです。

第 3　天皇等危害罪

　天皇危害罪は敗戦後廃止されました（1947年〔昭和22年〕）。それまで適用されたのは 4 件しかなく、①大逆事件の外、②虎ノ門事件、③朴烈事件、④桜田門事件で、②④は現実に危害が加えられたもので、③朴烈だけが計画段階で検挙されたものです。ただ、④も当初は爆発物取締罰則違反で起訴されたものを天皇等危害罪に変更したものとされています。この点から、①大逆事件だけが、当初から一貫して「予備・陰謀」のみで起訴・有罪となり、死刑にされたといっても過言ではありません。

第 4　大逆事件の構造

　大逆事件の構造は、過去様々な研究で、明らかになっていますが、私たちがみてわかりやすい図にまとめられているのが、次頁の図です（注：原図を若干修正して作図した）。これは、森長英三郎（弁護士　再審主任弁護人）が、「大逆事件の法律面」（労働運動史研究1960年 7 月号）に、「判決書による大逆

[4] 大逆罪はなかった 119

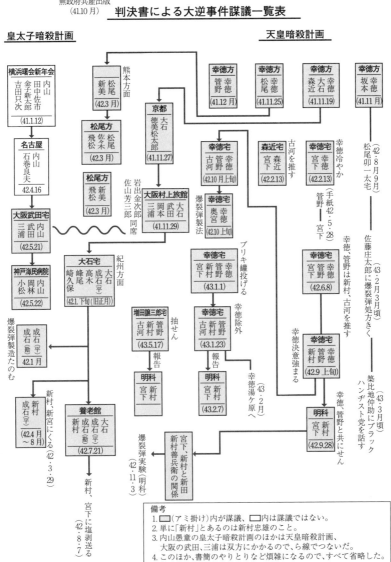

事件謀議一覧表」としてまとめたものです。私たちはもう少しわかりやすい
ものも作ってありますが、紙面に入りませんので、これを見て下さい。

　ここでは、関係者の「共謀」（会話）でこの事件がなりたっていることが
わかります。最近成立した「共謀罪」と同じ構造であって、「共謀罪」の100
年前の先取りともいうべきものでした。共謀以外の唯一の行為が、1909年
（明治42年）11月の宮下太吉の爆裂弾実験です。これも予備といえるかどう
か疑問ですが。

第5　天皇等危害罪には予備・陰謀は含まれているか？——常識破壊（その2）

1　問題の所在

　皆さんは、大逆事件は、幸徳秋水ほか23名が、天皇等を殺害せんと企て、
陰謀をこらし、予備行為をしたから死刑になったと思っておられるでしょう。
これが「でっち上げ」かどうかが、再審で問われました。

　もし、天皇等危害罪が、予備・陰謀を罰しないものであったら、どうだっ
たでしょう？

　幸徳秋水外23名は、天皇等危害罪で処罰されることもなく、死刑に処され
ることもありませんでした。

　刑法72条には、天皇等に「危害を加え」又は「危害を加えんとした」とし
かありません。

　「危害を加えんとした」に、予備・陰謀が含まれるのかが問題なのです。

2　日本の刑法における天皇等危害罪の推移

　明治の初め、日本は近代的法典の整備に尽力しました。それは諸外国との
不平等条約改正で、日本国家が近代法をもった近代国家でなければならなか
ったからです。

　明治初めの刑法、新律綱領、改定律例には、天皇等に対する危害について
は何らの規定もありませんでした。

　天皇等の危害罪に関する規定の提案や法制化は、次のとおりです。

(1)　旧刑法まで

[4] 大逆罪はなかった 121

1877年（明治10年）　日本刑法草案
　　　　天皇ノ身体ニ対スル罪
　　　　　131条　天皇皇后及ヒ皇太子ノ身体ニ対シタル犯罪ハ子孫其祖父
　　　　　　　　母父母ノ身体ニ対シテ犯シタル重罪軽罪ニ同シ
1879年（明治12年）　刑法審査修正案
　　　　皇室ニ対スル罪
　　　　　161条　天皇皇后及ヒ皇太子ニ対シ危害ヲ加ヘ又ハ加ヘントシタ
　　　　　　　　ル者ハ死刑ニ処ス
1880年（明治13年）　旧刑法
　　　　皇室ニ対スル罪
　　　　　116条　天皇三后皇太子ニ対シ危害ヲ加ヘ又ハ加ヘントシタル者
　　　　　　　　ハ死刑ニ処ス

　この旧刑法で、初めて天皇等に対する危害罪が定められました。旧刑法は、法律顧問のボアソナードとの関係でフランス法の影響が強く、制定後直ちに改正論議が起こりました。

(2)　改正論議での提案
1883年（明治16年）　太政官調査修正案（司法省改正案も同文）
　　　　第1章　皇室に対する罪
　　　　　116条　皇室ニ対シ悖逆ヲ謀ル者ハ死刑ニ処ス
1883年（明治16年）　参事院改正案
　　　　第1章　悖乱ノ罪
　　　　第1節　皇室ニ対スル罪
　　　　　116条　皇室ニ対シ悖逆ヲ謀ル者ハ死刑ニ処ス

　など、「悖逆ヲ謀ル者」を処罰する提案も出されましたが、ボアソナードの痛烈な批判がなされて、実現しませんでした。

(3)　1890年（明治23年）政府改正提案
　政府は、1891年（明治24年）に新しい提案をしました。
1891年（明治24年）　政府改正案

　　　　118条　天皇、三后、皇嗣ノ妃及ヒ摂政ノ生命ニ対シ危害ヲ可ヘタ
　　　　　　ル者ハ己遂未遂ヲ分タス死刑ニ処ス

　ここでは、既遂・未遂だけが処罰の対象とされました。予備・陰謀はあり
ませんでした。
　それには、旧刑法の沿革があったと思われます。
　旧刑法では、フランス刑法の沿革から
　　　　皇室ニ対スル罪
　　　　　116条　天皇三后皇太子ニ対シ危害ヲ加ヘ又ハ加ヘントシタル者
　　　　　　ハ死刑ニ処ス
として「危害を加え又加えんとしたる者」を罰するとしたのですが、
　　　　　旧刑法112条　罪ヲ犯サントシテ己ニ其事ヲ行ウト雖モ犯人以外
　　　　　　ノ障礙若シクハ舛錯ニ因リ未ダ遂ゲザル時ハ己ニ遂
　　　　　　ゲタル者ノ刑を一等又は二等減ズ
とされ、「未遂」の場合には必要的減刑（必ず減刑する）の規定がありました。
そこで、「危害を加えた（既遂）」は死刑ですが、未遂の場合は死刑にならな
いので、「危害を加えんとした（未遂）」として、刑を減じないで死刑とした
ものではないかと考えられます。というのも、旧刑法下では、110条の未遂
とともに
　　　　　旧刑法111条　罪ヲ犯サンコトヲ謀リ又ハ其豫備ヲ爲スト雖モ未
　　　　　　ダ其事ヲ行ハサル者ハ本條別ニ刑名ヲ記載スルニ非
　　　　　　ザレバ其刑を科セズ
としていて、予備・陰謀は規定がなければ、刑を科さないとしていました。
　つまり旧刑法では「皇室危害罪」には、予備・陰謀は含まれないという解
釈は十分にできたのです。

(4)　現刑法73条の制定

　そして、1901年（明治34年）、1902年（明治35年）の提案を経て、1907年
（明治40年）年刑法で以下のとおり定められたのです。
　　　　皇室ニ対スル罪
　　　　　73条　天皇、太皇太后、皇太后、皇后、皇太子又ハ皇太孫ニ対シ

　　　　危害ヲ加ヘ又ハ加ヘントシタル者ハ死刑ニ処ス

　刑法73条は、旧刑法116条より危害の対象は広がったものの、「危害を加え」「危害を加えんとした」という構成要件は同じです。

　これを、旧刑法と同様に、予備陰謀を区別するものとして解釈するか、未遂以上を処罰するため、新たに「危害を加えんとした」に改めたのかによって解釈が変わってきます。

　しかし予備・陰謀まで死刑という重罰を科すということであれば、既遂・未遂・予備陰謀が死刑となり、刑の均衡として問題であるとの指摘ができます。

3　解釈をめぐる学説

　この旧刑法116条そして刑法73条の「危害を加えんとし」に予備・陰謀が含まれるかについては、学説が分かれていました。

・予備・陰謀が含まれるとするもの

　　江木衷『訂正増補現行刑法（明治13年）汎論全』

　　宮城浩蔵『刑法講義第二巻四版』

　　井上操『刑法述義』第二編上巻

　　磯部四郎『改正増補刑法講義下巻第一分冊』

　　龜山貞義『刑法（明治13年）講義　巻之二』

・予備・陰謀が含まれないとするもの

　　堀田正忠『刑法釋議第貳編』

　　村田保『刑法註釋巻三』

　　高木豊三『刑法義解』

があります。

　龜山貞義『刑法（明治13年）講義　巻之二』では、1898年（明治31年）に発刊されていますが、予備・陰謀について両説が対立していたことが述べられています。

4　1910年（明治43年）の状況

　大逆事件は刑法が制定されて3年後、1910年（明治43年）の事件であり、

はじめて刑法73条の天皇等危害罪が適用され、起訴された事件でした。当時において、刑法73条の「加えんとした」に予備・陰謀が無条件に含まれる（それがどのような条件で有罪となるのかも含めて）という解釈が、一般的であったということはありませんでした。

第6　弁護団の弁護方針は

　それでは、大逆事件の裁判の中で、法の適用として、刑法73条の「加えんとした」に予備・陰謀が含まれるのかが、裁判の争点になったのでしょうか？

　私たちは、争われるべき重大な争点であったと思います。

　しかし、判決や記録の見る限り、それが争われたという形跡はありません。

　そもそも、私たちの大先輩の大逆事件の弁護人が、起訴された刑法73条の構成要件をどのようにみて、何を争っていたのかは明らかでありません。

　もし刑法73条に予備・陰謀が含まれないという主張が弁護人からなされ、そのような論争が大審院でなされていたら、天皇等危害罪の性格付けが明らかとなり、判決への影響があったかもしれません。

　大逆事件の19年も前、1891年（明治24年）におこった大津事件では、ロシアの皇太子への現職警察官によるサーベルによる斬りつけという危害行為でしたが、大審院は当時の旧刑法116条の天皇等危害罪の適用を認めず、一般人への謀殺未遂罪（旧刑法292条）を適用し、無期懲役としたのです。これは「司法権の独立を守った」として、司法の歴史において高く評価されています。

　法の解釈は、重要なのです。大逆事件は、私たち法律家にとって、司法の「喉に突き刺さった棘」であり、大逆事件と大津事件とは、「陰」と「陽」の関係にあります。

　大逆事件の裁判では、証拠から各被告人の行為がどうであったか、また、その行為が「陰謀」と評価されるべきなのかが争われていいと思います。

第7　常識は疑うこと

　本稿では、大逆罪はなく天皇等危害罪であったこと、天皇等危害罪に予備・陰謀が含まれていたのか、を述べてきました。

　私たちにとって重要なことは、100年前の大逆事件を、そしてそこで「常識」とされた事実を、ひとつひとつ洗っていくことではないかと思っています。

　常識は疑ってみることです。例えば、大逆事件で威力があるとされた爆裂弾であっても。

第 3 部

行政事件と私

まえがき

　第3部は、行政事件に関係した論攷をとりあげている。すべて、私が関わった事件に関係するものである。

　[1]「建物（家屋）に関する固定資産評価基準の歴史的考察」は、私にとって、固定資産評価に関する一連の訴訟の最終段階の論攷である。

　地方税の賦課の前提となる固定資産の評価については、税の賦課と切り離して、市町村の固定資産評価審査委員会への不服手続が独自に定められている。私がこの問題に取り組んだのは、弁護士になって5年目の1978年（昭和53年）で、奈良県大和郡山市の評価に関する事件がきっかけである。

　評価手続について違法があり、この決定取消を求めた訴訟で、大阪高判昭和61年6月26日（判例タイムズ626号136頁）が委員会の却下決定を取り消す判決をしたものの、最高裁第1小法廷が平成2年1月18日の判決で破棄差戻しとなり、高裁の判決がくつがえった（民集44巻1号253頁）。この最高裁判決は審査委員会の手続として代表的な初めての判例となった。

　1985年（昭和60年）4月に、富山県砺波市で、固定資産評価が高いということで、口頭審理（申立人164名）の代理人となり審査手続をしたが、却下決定となり、その取消しを富山地裁に訴え（原告150名）、1986年（昭和61年）7月27日に、富山県のあっせんで「評価見直し」という和解が成立した。これについては、[2]「固定資産税と固定資産評価をめぐる法律家のかかわりについて」に詳しく述べている。

　その後も、1994年（平成6年）の評価替えにあたり、1992年（平成4年）1月22日の自治省（事務次官通達）が公示地価等の7割を目標としたため、時価下落と3年おきにしか評価の見直しがなかったため、「評価が高いのでないか」として社会的に大問題となっている。

　以上は、土地の評価に関するものであり、これをまとめた論攷が、拙稿「固定資産評価と不服申立ての諸問題」（北野弘久先生古稀記念論文集『納税者

権利論の展開』〔勁草書房、2001年〕所収）である。ここでは土地の評価についての活動成果を中心に論述しており、家屋（建物）の評価については、十分に論述できなかった。

　しかし、大阪府堺市のホテルの2009年（平成21年）度・2012年（平成24年）度の評価をめぐり、建物の評価基準そのものの「一般的合理性」が問われることになった。ホテルを所有する原告が提起した大阪地裁平成24年（行ウ）第177号事件である。この訴訟の被告は堺市であるが、堺市が評価基準の「一般的合理性」を十分に主張できなかったことから、原告が総務大臣に対し行政事件訴訟法23条の訴訟参加を求め、裁判所は2014年（平成26年）1月27日、総務大臣に訴訟参加を命じ、固定資産評価事件ではじめて総務省に訴訟への参加が命じられた事案である（大阪地裁平成26年1月27日決定判例時報2316号60頁）。大阪地裁は、2017年（平成29年）2月23日に原告の請求を棄却した。大阪高裁も、原告の控訴に対して、同年9月29日に控訴棄却の判決をした（大阪高裁平成29年（行コ）86号）。最高裁（第2小法廷）は、これを不服とした上告について、2018年（平成30年）6月8日に、上告棄却、上告不受理の決定をした。

　司法は、結果的に建物の固定資産評価基準の「一般的合理性」を是認したことになる。[1]「建物（家屋）に関する固定資産評価基準の歴史的考察」は、この裁判の経過の中で明らかになった事実と建物（家屋）の評価基準の「一般的合理がないこと」を述べたものである。これに述べた歴史的事実を踏まえたときに、この地裁・高裁・最高裁の司法判断が誤りであったことは、これからの歴史が明らかにするものと確信している。

　[2]「固定資産税と固定資産評価をめぐる法律家のかかわりについて」は、青年法律家大阪支部の30周年記念誌（1988年3月刊）に掲載されたものである。当時とは不服申立手続が2000年（平成12年）の地方税法改正により変更されているので、その点を加筆しているが、弁護士の役割の重要性については変わることがない。

　[3]「規制緩和における裁判の役割」は、2004年（平成16年）に大阪弁護士会で会員研修として、「エムケイタクシーの運賃値下げ請求却下決定取消事件」を題材にして、講演したものである。

京都のタクシー会社のエムケイタクシーが、1982（昭和57年）年3月に当時初乗り430円だった運賃を370円に値下げ申請したところ近畿運輸局長が却下した処分の取消しを求めた裁判である。当時の運輸省は、同一地域は同一運賃でなければならないという「同一地域・同一運賃」の政策をとっており、これが道路運送法に違反するかどうかということで争われたものである。大阪地裁は1985年（昭和60年）1月31日に原告の主張を全面的に認め、却下処分を取り消した。これが社会的に大きな反響を呼び、規制緩和のさきがけとなった。

以上は裁判が行政の規制を糾すことのできた事件の経験を述べている。

[1]

建物（家屋）に関する固定資産評価基準の歴史的考察
総務省（自治省）の対応と判例をめぐって

　本稿は、第3部「まえがき」にあるように、具体的裁判事件を契機にして、2014年（平成26年）頃にまとめたものである。その当時、「ホテル」は、固定資産評価基準別表13の「非木造家屋経年減点補正率基準表」の4「百貨店、ホテル、劇場及び娯楽用建物」としてひとくくりにされ、構造別に経過年数と残価率が定められていた。ところが、2015年（平成27年）度の固定資産評価基準では、突如別表13の4から「ホテル及び旅館用建物」だけが別表13の5として分離され、「経過年数」が50年から45年に（鉄骨鉄筋コンクリート造・鉄筋コンクリート造の場合）、若干短くなった。この改正の理由（根拠）は明らかでなく、ブラックボックスである。上記裁判の影響であったかもしれない。

　この改正で、固定資産評価基準のホテルへの適用の場合の評価が若干低くなった。これはホテル業界として歓迎されることである。

　このように、現在の別表13では「ホテル」の定めは変わっているが、本論文で論じている「経過年数」と「残価率」の本質的問題点にはかわりがないので、本論文の作成時の区分どおりのままとしている。

第1　はじめに
第2　評価基準の考え方
第3　固定資産評価基準の変遷——歴史的検討
　第1節　概説
　第2節　評価基準の制定と1964年（昭和39年）の評価基準（告示）まで
　第3節　1964年（昭和39年）の評価基準の制定
　第4節　直接評価と間接評価について
　第5節　1994年（平成6年）までの改正
　第6節　1994年（平成6年）の改正
第4　最小使用価値の提唱——「残価価格（残価率）」についての新たな考え方
第5　固定資産評価基準をめぐる最高裁判例

[1]　建物(家屋)に関する固定資産評価基準の歴史的考察　133

第6　平成15年7月最高裁判決と1992年（平成4年）9月の調査研究を盾に取った自治省の対応
　第1節　概説
　第2節　平成15年7月最高裁判例の下級審判決への影響
第7　評価基準の「耐用年数」を大蔵省令の「耐用期間」から切断する自治省の対応
　第1節　耐用年数についての大蔵省令への準拠
　第2節　大蔵省令からの切断の背景
　第3節　大蔵省令の減価償却と評価基準について
　第4節　財務省令（旧大蔵省令）と自治省の評価基準による評価の乖離状況
第8　2003年（平成15年）の評価基準改正——「間接的評価の手法」体系の完成
第9　2007年（平成19年）・2008年（平成20年）の調査研究について
　第1節　2007年（平成19年）・2008年（平成20年）の調査研究がなされた背景
　第2節　主体である研究センターについて
　第3節　2007年（平成19年）調査研究は残存価値（20％）を証明できなかった
　第4節　2008年（平成20年）の調査研究について
第10　まとめ——経年減点補正率を構成する「耐用年数」と「最終残価率（20％）」は，「一般的合理性」が証明されていない
第11　新たな最高裁判例——最高裁平成25年7月12日第2小法廷判決
第12　結論——いま問われているもの

第1　はじめに

　行政庁が定める基準に一般的合理性が必要であることは、行政処分の正当性を主張する場合の基本原則である[1]。また、地方税法において当然要求されていることであって、固定資産評価における最高裁判例においても繰り返し判断されていることである[2]。しかし、従来の税務訴訟において、固定資産評価基準（以下「評価基準」という）の一般的合理性の有無が争点とされることはなかった。

　税務訴訟事件（これは非木造のホテルの固定資産評価額が適正かどうかが争わ

---

[1] 最判第1小法廷平成4年10月29日民集46巻7号1174頁（伊方原発原子炉設置許可取消訴訟）
[2] 最判第1小法廷平成15年6月26日民集57巻6号723頁、最判第2小法廷平成15年7月18日裁判集民事210号283頁、最判第2小法廷平成25年7月12日民集67巻6号1255頁、判例時報2201号37頁

れたもの〔第3部「まえがき」参照〕〕において、参加行政庁である総務大臣から、初めて、家屋の評価基準の損耗の状況による減点補正率の算出方法のうち、経過年数に応ずる減点補正率についての一般的合理性の主張がなされた。これは画期的なことであった。これまでの固定資産評価に関する判例は、住民と地方自治体との訴訟であって、評価基準を制定した総務省（旧自治省）は当事者ではなかったからである（ただ、実質的に市町村を指導していた）。これが、史上初の家屋の評価基準の一般的合理性に関する公式な主張となる。総務省の見解にもかかわらず、現行の家屋の評価基準の一般的合理性、特に、家屋の評価基準を構成する「経過年数（耐用年数）の設定」及び「残価率の設定」の一般的合理性については疑問がある。

　本稿は、この裁判に触発されて、現行の家屋の評価基準の一般的合理性について、評価基準の制定と改訂の経緯をさかのぼりつつ歴史的検討を行うことにより、これまでの総務省（旧自治省）の対応を検討して、最高裁及び下級審判例の分析を通じ、判例の果たしてきた役割を検証する。そして、最高裁第2小法廷平成25年7月12日判決がなされた新たな段階をむかえ、家屋に関する評価基準の一般的合理性について明らかにするものである。

第2　評価基準の考え方

1　地方税法341条の「適正な時価」——基本的事項

　家屋に対する固定資産税の課税標準は、当該固定資産の基準年度に係る賦課期日（3年ごとの1月1日、地方税法359条〔以下「法」という〕）における価格、すなわち「適正な時価」で家屋台帳等に登録されたものである（法341条5号）。「適正な時価」とは、正常な条件下で成立する当該家屋の取引価格（客観的な交換価値）である。したがって、土地の場合、土地課税台帳に登録された価格が賦課期日における当該土地の客観的な交換価値を上回れば、当該価格の決定は違法となる。

　最高裁も、「土地に対する固定資産税は、土地の資産価値に着目し、その所有という事実に担税力を認めて課する一種の財産税であって、個々の土地の収益性の有無にかかわらず、その所有者に対して課するものであるから、

上記適正な時価とは、正常な条件下で成立する当該土地の取引価格、すなわち、客観的な交換価値をいうと解される。したがって、土地課税台帳に登録された価格が賦課期日における当該土地の客観的な交換価値を上回れば、当該価格の決定は違法となる[3]。」と判示している。

審査決定取消訴訟において、裁判所が、固定資産評価審査委員会の認定した価格が適正な時価を上回っていることを理由として同決定を取り消す場合には、同決定のうち上記適正な時価等を超える部分を取り消せば足りることになる[4]。

2　評価基準が設けられた理由

固定資産評価の基準、評価の方法、手続については、総務大臣（旧自治大臣）の告示である固定資産評価基準が定めている（法388条1項）。これは「適正な時価」を算定する手段である。市町村長は、評価基準によって、固定資産の価格を決定しなければならない（法403条1項）。

評価基準が設けられた理由について、最高裁第1小法廷平成15年6月26日判決は、「法は、固定資産の評価の基準並びに評価の実施の方法及び手続を自治大臣の告示である評価基準にゆだね、市町村長は、評価基準によって固定資産の価格を決定しなければならないと定めている。これは、全国一律の統一的な評価基準による評価によって、各市町村全体の評価の均衡を図り、評価に関与する者の個人差に基づく評価の不均衡を解消するために、固定資産の価格は評価基準によって決定されることを要するものとする趣旨」とされる。これは最高裁平成25年7月12日判決においても確認されている。

3　評価基準の構成

評価基準は、以下の内容から構成されている。

第1章として「土地」

第2章として「家屋」

第3章として「償却資産」

---

[3] 最判第1小法廷平成15年6月26日民集57巻6号723頁
[4] 最判第2小法廷平成17年7月11日民集59巻6号1197頁、判例時報1906号48頁、判例タイムズ1188号223頁

4　家屋の評価基準

現在の評価基準において、家屋の評価は以下のとおりとなっている。

(1)　家屋の評価

家屋の評価は、木造家屋及び木造家屋以外の家屋（非木造家屋）の区分に従い、各個の家屋に評点数を付設し、評点数に評点一点当たりの価額を乗じて各個の家屋の価額を求める方法による（評価基準第2章第1節一）。

各個の家屋の評点数は、当該家屋の再建築費評点数を基礎とし、これに家屋の損耗の状況によって減点を行って付設するものとする（評価基準第2章第1節二）。

(2)　家屋評価の種類と評価の基本

評価基準の家屋については、木造と非木造に区分されている。

木造家屋も非木造家屋も、いずれも再建築費評点数を基礎とし、これに家屋の損耗の状況によって減点を行って付設するものとされている。

損耗の状況による減点は、①経過年数に応ずる減点補正率と、②損耗の程度に応ずる減点補正率に基づき算出される。

①　経過年数に応ずる減点補正

経過年数に応ずる減点補正率は、木造の場合は評価基準別表9「木造家屋経年減点補正率基準表」に、非木造の場合は評価基準別表13「非木造家屋経年減点補正率基準表」によって定められている。

別表9「木造家屋経年減点補正率基準表」は、
1　専用住宅、共同住宅、寄宿舎及び併用住宅用建物
2　農家住宅用建物
3　ホテル、旅館及び料亭用建物
4　事務所、銀行及び店舗用建物
5　劇場及び病院用建物
6　公衆浴場用建物

[1]　建物(家屋)に関する固定資産評価基準の歴史的考察　　137

　　7　工場及び倉庫用建物

　　8　土蔵用建物

　　9　附属家

に区分され、それぞれ、延べ面積1.0 m²当たりの再建築評点数の区分により、
経過年数（耐用年数）が定められている。

別表13「非木造家屋経年減点補正率基準表」は、

　　1　事務所、銀行用建物及び2〜7以外の建物

　　2　住宅、アパート用建物

　　3　店舗及び病院用建物

　　4　百貨店、ホテル、劇場及び娯楽場用建物

　　5　市場用建物

　　6　公衆浴場用建物

　　7　工場、倉庫、発電所、変電所、停車場及び車庫用建物

に区分され、それぞれ構造別区分により経過年数（耐用年数）が定められて
いる。

　ただ、木造も非木造も、またそれぞれの基準表において共通なのは、最終
残価率が20％で止まっており、それを越えて下がることがないということで
ある。

　この経年減点補正率は、1951年（昭和26年）の評価基準ができてから改正
されているが、現在（2014年（平成26年））のものは1994年（平成6年）の改
訂（1993年（平成5年）11月22日自治省告示136号）によるものである。

②　損耗の状況による減点補正率の算出方法

　損耗の程度に応ずる減点補正は、木造・非木造を問わず、部分別損耗減点
補正率基準表（別表10）によって各部分別に求めた損耗残価率を、それぞれ
の家屋について経年減点補正率基準表によって求めた経年減点補正率に乗じ
て各部分別に求めるものとされている。

　なお、損耗の程度に応ずる減点補正は、2003年（平成15年）の改訂におい
て、大きく変更されているが、その意味については後述する。

(3)　本件で論じる視点

　本稿では、評価基準の経年減点補正率と残価率（20％）を取り上げるが、家屋の評価の仕組みは基本的に同じであり、ここでは、非木造家屋の「ホテル」（鉄骨鉄筋コンクリート造構造）を中心に、家屋の評価基準の問題を論じていくことにする。

5　非木造家屋のうち「ホテル」の評価

(1)　非木造家屋の評価

　非木造家屋の損耗評価は、当該非木造家屋の再建築費評点数を基礎とし、これに家屋の損耗の状況によって減点を行って付設するものとし、次の算式によって求めるものとされる。

　〔算式〕（評価基準第2章第3節一1）

　　評点数＝再建築費評点数×経過年数に応ずる減点補正率

………………………………………

　　損耗の状況による減点補正率の算出方法

　非木造家屋の損耗の状況による減点補正率は、経過年数に応ずる減点補正率によるものとする。ただし、天災、火災その他の事由により、当該非木造家屋の状況からみて経過年数に応ずる減点補正率によることが適当でないと認められる場合においては、損耗の程度に応ずる減点補正率によるものとする。

イ　経過年数に応ずる減点補正率

　経過年数に応ずる減点補正率（経年減点補正率）は、通常の維持管理を行うものとした場合において、その年数の経過に応じて通常生ずる減価を基礎として定めたものであって、非木造家屋の構造区分に従い、「非木造家屋経年減点補正率基準表」（別表13）に示されている当該非木造家屋の経年減点補正率によって求めるものとする。

ロ　損耗の程度に応ずる減点補正率

　損耗の程度に応ずる減点補正率（損耗減点補正率）は、部分別損耗減点補正率基準表によって各部分別に求めた損耗残価率を、当該非木造家屋について非木造家屋経年減点補正率基準表によって求めた経年減点補正率に乗じて

各部分別に求めるものとする。(評価基準第2章第3節五)

(2) ホテルの経過年数に応ずる減点補正率

評価基準の別表13の「非木造家屋経年減点補正率基準表」の4には「百貨店、ホテル、劇場及び娯楽場用建物」が定められており、5種類の構造別の基準表がある。

①鉄骨鉄筋コンクリート造、鉄筋コンクリート造　　　　経過年数50年
②煉瓦造、コンクリートブロック造及び石造　　　　　　経過年数45年
③鉄骨造（骨格材の肉厚が4mmを超えるもの）　　　　経過年数35年
④鉄骨造（骨格材の肉厚が3mmを超え4mm以下のもの）経過年数28年
⑤鉄骨造（骨格材の肉厚が3mm以下のもの）　　　　　経過年数20年

に分かれている。

そして上記経過年数をこえても残価率20％は変わらない。

ここで①鉄骨鉄筋コンクリート造、鉄筋コンクリート造（経過年数50年）を図にすると以下のとおりである。

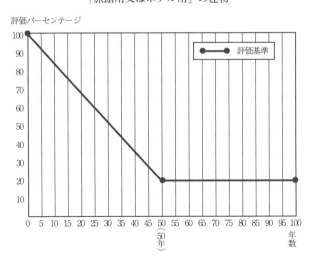

経年減点補正率表
①「鉄骨鉄筋コンクリート造・鉄筋コンクリート造」
「旅館用又はホテル用」の建物

6　小括

　以上のとおり、「非木造家屋経年減点補正率基準表」（別表13）を見るとき、家屋の用途・種類ごとに、また、その中でも構造によって、経過年数（耐用年数）が定められており、1994年（平成6年）から変化がない。また、家屋の種類と構造によって「経過年数」（耐用年数)」に違いがあるものの、「残価率」はすべて共通であり、1952年（昭和27年）から20％で変化がない。

第3　固定資産評価基準の変遷——歴史的検討

第1節　概説

1　固定資産税

　固定資産税は、1950年（昭和25年）7月、シャウプ勧告により創設され、市町村税として、固定資産税としての土地・家屋・事業用の償却資産も加え、「適正な時価」（法342条2項）への課税とされた。

2　所管官庁について

　ここで固定資産税についての所管官庁をみておくと、戦後は地方財政委員会であり、これが地方自治庁と1953年（昭和28年）8月に統合されて自治庁となり、1960年（昭和35年）に自治省となり、2001年（平成13年）に総務省となっている。

3　評価基準というもの

　1951年（昭和26年）、当時の所轄官庁であった地方財政委員会は、土地建物評価基準で再建築価格を求め、減点補正として、①経過年数に応ずる減点補正（経年減点補正）、②損耗の程度に応ずる減点補正（損耗減点補正）する「再建築価格評価方法」を採用した。

　この評価基準は、1960年（昭和35年）に自治庁の所管になっても変わることなく、1964年（昭和39年）に自治省の告示である「固定資産評価基準」が制定されるまでは、市町村に対し指導の基準とされていたが、告示と違い何

[1]　建物(家屋)に関する固定資産評価基準の歴史的考察　141

ら拘束力のあるものではなかった。

1964年（昭和39年）の自治省告示により法的性格が大きく変化した。

第2節　評価基準の制定と1964年（昭和39年）の評価基準（告示）まで

1　評価基準の制定と家屋の評価基準

地方財政委員会の1951年（昭和26年）に制定された評価基準は、経年減点補正の経過年数（耐用年数）も残価率も、以下の論文のとおり根拠がなかった。ちなみに、残価率は当初30％であった。

(1)　細田論文

1951年（昭和26年）8月、細田義安（東京都主税局長）等は、次のように書いている。

「家屋年令による損耗は、これを知ることができたら、再現建築費よりこれによる価値の減少を控除して、いちおう古さの価値を判定することができるのであるが、これはまったく困難なことである。損耗度は実際の家屋の内容を、個々について詳細に調べてみるならばこれを把握できるであろうが、これが価値の減少にどのような関係をもつか、損耗度と価値の減少とをどのように結びつけるかということは、根拠とすべきなにものもないので、仮定にたっての方式をたてるより方法はないのである。すなわち家屋は年々歳々、使用度数や自然現象の影響などで老朽化していき、その老朽はだんだん累加してゆくに従って、家屋としての存在に重大な支障をきたさせるようになり、ついには老朽化がはなはだしくなり、もはやこれ以上存立させるためには、修理というよりは、新築といっていい程度の、大きな修繕費を要するというようになったときをとらえ、家屋としての使命が終わったと考え、そのときの家屋年令を、その家屋の耐用年限とし、……この実際耐用年限において、家屋の残存価格は、元価格の100分の30を限度とし、実際耐用年限における残存価値は法定の残存価値1割（スクラップ価格）とは、ぜんぜん別な考え方によって、残存価値3割のときにおける家屋年令、すなわち、実際耐用年限と考えるべきである。この3割の残存価格や、実際耐用年限にたいしては、これを根拠づけるなんらの資料もないので、真否は、適用される全家屋のう

142

ちから抜き取り式、すなわち、ランダムサンプリングによって、家屋年令による損耗度、および実際耐用年限等を決定するために必要な各種の資料を、母系数より一定の調査比をもって統計にとり、実証的に帰納された数字を出すべきなのであるが、このことは、専門家を主班とした技術をもつ調査班が相当期間専門的に調査しなければ期待できないし、また、われわれの評価には、まにあわないので、暫定的にかくきめて、３割の残存価格を控除した残りの価格を、実際耐用年限数により定額法をもって減価し、これを家屋年令による減価法とするわけである*5。」

(2)　渡瀬論文

渡瀬憲雄（地方財政委員会税務部）も、残価率を３割としたのは、「これは戦後の住宅事情の需給関係が著しく不均衡であるために、相当損傷の大きな家屋でも、改築すれば使用可能な家屋の価値は、売買実例等より見て、再建築価額の平均３割程度であると見られるからである*6」とし、「不相当な場合は、これらの売買実例価額を求め得るならば、これらの家屋の再建築額との比を勘案して実情に即するように修正することは差し支えないと思う*7。」としている。

当時の固定資産税担当者は、「耐用年数」も「３割を限度とする残存価格（残価率）」の根拠や資料がないこと、すなわちその不正確性を認識し、修正は当然としていたのである。

このように、「家屋耐用年数」も「残存価格（残価率）」も、何らの根拠も資料もなく、根拠のないまま決められた「仮定」のものであった。

2　1952年（昭和27年）の残価率の20％への変更

1952年（昭和27年）の固定資産評価基準で耐用年数が変更され、残価率が30％から20％へと変更された。野口勝也（自治庁市町村課）によれば、

「次に、家屋年齢によるところの減価も、損耗程度による減価も各々最低

---

*5　細田義安東京都主税局長等『固定資産税の評価──理論と実務』（時事通信社、1951年）47頁
*6　渡瀬憲雄「固定資産評価基準解説」税1951年6月号75頁
*7　前掲・渡瀬論文75頁

20％に押さえておる。即ち、減価率の最高を80％にしておるのは、いろいろ問題はあるけれども、人が住んでいる限り又その家屋を現在使っている限り20％位の価値はあるだろうと考えられたからであるが、まだ異論が各所に見受けられるので適宜増やして適用することも考えられるだろう。……いろいろ問題はあるけれども、人が住んでいる限り又その家屋を現在使っている限り20％位の価値はあるだろう*8」というものであった。

　20％への変更も、調査がされたり、資料によって定められたという、根拠のあるものではなかったのである。

3　1958年（昭和33年）の改正

　1958年（昭和33年）の評価基準において、耐用年数が6年ぶりに改訂された。ただ、木造家屋についてであるが、「家屋の耐用年数」が問題となっている。

　家屋評価基準の改正では、「従前の評価基準における耐用年数は一般的に長期であり、特に高級な建物程その耐久力が強いことは事実のようである。しかしながら物理的耐用年数としても従前の評価基準における耐用年数は一般的に長いという意見もあるので今後更に研究する必要がある。」とされ、「今回の改正では未だ現在の減点率を修正すべき資料が欠けているので一応従前の基準を据え置くこととされたのである*9。」と、ここでも資料のないことが指摘されている。

　1958年（昭和33年）の改正（耐用年数の変更と残価率20％の維持）でも、調査も資料も示されていない。

4　総理府の「固定資産評価制度調査会」

　1959年（昭和34年）4月、総理府に「固定資産評価制度調査会」が設置され、1961年（昭和36年）3月30日に、「固定資産税その他の租税の課税の基礎となるべき固定資産の評価制度を改善するための方策に関する答申」がな

---

*8　野口勝也「木造家屋の評価基準について（一）」税1953年2月号
*9　風間四郎（自治省市町村税課）税1958年7月号70頁

された。自治省告示による評価基準の制定は、この答申によるものである。

　ここでは「家屋の評価の方法について」、①損耗の程度に応ずる減点と、②経過年数に応ずる減点率を使用することにした。①②の適用において、非木造家屋にあっては、①「経過年数にのみ応ずる減点率」だけを適用しているのを改め、「損耗の程度に応ずる減点率」が大きいときはそれを、②「損耗の程度に応ずる減点率」が小さいときは両者の平均をとることが適当とされた[*10]。

　これは、後記のとおり（145、146頁）、経年減点補正が「個々の家屋の個別的事情が加味されないものであるだけに、個々の家屋の損耗の実態とは相当の開きの生ずる場合が考えられること」を、自治省自体が認識していたためである。

第3節　1964年（昭和39年）の評価基準の制定

1　告示の意味

　1963年（昭和38年）12月25日に、新しい評価基準（1964年（昭和39年）の評価基準という）が自治省告示として制定された。市町村は「評価基準によって評価を行わなければならない」とされ、これが市町村に対し拘束力を有することになった。しかし調査会答申とは異なり、経年減点補正率が原則とされ、損耗減点補正は例外とされた。

2　評価基準と大蔵省令

　1964年（昭和39年）の評価基準では、「ホテル」については、非木造家屋経年減点補正率表（別表13）で、「…ホテル・建物」について、「鉄骨鉄筋コンクリート造…」では、耐用年数が75年とされ、残価率の20％は変わらなかった。

　自治省は、「固定資産の耐用年数等に関する省令」（以下「大蔵省令」という）に準拠して、評価基準の耐用年数を決めてきたとしている。

[*10] 固定資産評価制度調査会「固定資産税その他の租税の課税の基礎となるべき固定資産の評価制度を改善するための方策に関する答申」696頁

ところが、大蔵省令は、1965年（昭和40年）に以下のとおり全面改正され、

イ　耐用年数について

　　「鉄骨鉄筋コンクリート造・鉄筋コンクリート造」では

　　延べ面積のうちに占める木造内装部分の面積が３割を超えるもの　　50年

　　その他のもの　　　　　　　　　　　　　　　　　　　　　　　　　65年

ロ　残存価格（残価率）

　　10％で2007年（平成19年）の改正まで変わらず

であった。耐用年数を単純比較しても、75年（評価基準）と50年又は65年（大蔵省令）とには、相当程度の開きがあった。

3　残価率を考慮すれば乖離は更に大きくなる

　注目すべきことに、この時期は、評価基準の耐用年数が残存価格（残価率）の20％に達する時期であり、大蔵省令の耐用年数が残存価格（残価率）の10％に達する時期にあたることである。本来ならば単純比較のできないものであった。比較するとすれば、評価基準の耐用年数は、残価率が10％に達する時期に修正されなければならず、そうするともっと長くなる。評価基準の耐用年数は、大蔵省令と同じ10％に達する時期に合わせるとすれば、もっと短くしなければならない。ところが、自治省は、両者を単純比較だけして、しかも大蔵省令より若干長目に設定したのである。

　このように、両者は評価基準の経年減点補正率「何らの根拠も資料もなく決められた（仮定そのもの）」という「耐用年数」と、「いろいろ問題はあるけれども、人が住んでいる限り又その家屋を現在使っている限り20％位の価値はあるだろう」という「残価率20％」からなっていたのである。

　大蔵省令に合わせるとされた耐用年数も、「残存価格の達成時期を考えると長くなる」という「からくり」があったのである。

　1964年（昭和39年）の評価基準の経年減点補正を構成する「耐用年数」と「残価率」は、調査の結果などに基づく根拠のあるものではなかった。

4　総務省の主張

　総務省の主張[11]では、「評価基準において経年減点補正率の基礎となる経

過年数及び経過年数以降の最終残価率については、地方財政審議会固定資産評価分科会（当時は中央固定資産評価審議会）の審議を経て、合理的な理由に基づき、適時かつ適正に設定及び改正がされてきた。

すなわち、昭和39年度に評価基準を制定した際には、非木造家屋について、国税の法人税における耐用年数を基礎として、資本的支出とみられるべき主体構造部以外の改良、取り替え等をも考慮しつつ、最終残価率20％に達するまでの期間を定めた[12]。」

「最終残価率が20％である根拠については、『一定年数に達してなお使用されている古い家屋の残存価格の考え方については通常考えられる維持補修を加えた状態において、家屋の効用を発揮し得る最低限を捉えるものとした場合には、経過年数による損耗度合からみて家屋としての残価は20％程度が限度と判断され、固定資産の評価に当たっては昭和38年度以前の旧評価基準当時から20％の率が採用され、昭和39年度の改正時においても、この考え方が適当とされました。』などと説明されている。」とされる[13]。

これは、総務省の外郭団体である財団法人資産評価システム研究センターの2002年（平成14年）4月の「平成15基準年度評価替え質疑応答集—家屋編—」からの抜粋である。記述者は総務省の固定資産税担当者である。1964年（昭和39年）から2002年（平成14年）の38年間に、事実がこれだけ歪められ、説明されているのを驚くばかりである。

第4節　直接評価と間接評価について

間接評価は正確でない

再建築価格による評価は、あくまで間接的に評価する方法である。この「間接評価法」自体が正確でないことは、すでに1951年（昭和26年）当時から認識されていた。

---

[11] 本稿で引用する総務省の各主張は、公開法廷において訟務検事を通じて主張されたものであるから、現時点における総務省の公式見解として引用する。以下「添付資料」（本書）として引用する。

[12] 添付資料219頁

[13] 添付資料222頁

[1]　建物(家屋)に関する固定資産評価基準の歴史的考察　　147

(1)　香川論文

　香川義雄（東京都主税部固定資産課長）は、「家屋の評価……先ず評価対象の再取得価格を算出し、別途資産の耐用年数を減耗して行くものと仮定し、経年残存額を計出して時価を推定するという方法をとっている。いわば間接的に資産価値を測定する方法であって、間接評価法といわれている。この方法は、直接評価法に比較すれば、客観的に一率な標準で評価するわけであるから、大規模な評価には適当であるけれども、しばしば評価の正確度において非常な誤差を生じるのである*14。」

　「従って間接評価法を採用する場合は、別途状況に応じ補正をする途が考えられなければならないわけである。従って正しい意味の時価評価は、物それ自体の個々の特性、摩滅、破損の情況等を総合勘案して直裁に行う直接評価法によるべきであり、間接評価法は、直接評価法に近づくための過程にある評価法であるといえる*15。」とし、間接評価法が直接評価法に正確性において劣ることを認めているのである。

　その認識は、1964年（昭和39年）の評価基準制定まで変化がない。

(2)　板野論文

　板野元次郎（自治省固定資産税課）は、「この方法（間接的方法……経年減価率による方法）は、……個々の家屋の個別的事情が加味されないものであるだけに、個々の家屋の損耗の実態とは相当の開きの生ずる場合が考えられる。……したがって、家屋の損耗の程度に応ずる減価の方法は、個々の家屋の実態に即した損耗の測定のできる方法によるべきであって、勢い個別的調査を余儀なくされるものである。しかし、固定資産税における評価は、その対象家屋が多数にのぼり、個々の家屋の細部にわたり、精密な調査を行うことは技術的にはともかく、評価能力、能率からみて事実上困難である。……このような判定方法自体の問題点と測定能力の問題点を考慮して必ずしも理論的な測定方法とはいえないが、個別的、直接的な測定方法と間接的な測定方法

＊14 香川義雄「固定資産評価実務講座」税1951年5月号54-55頁

＊15 前掲・香川論文55頁

との二者を加味することによって、比較的容易な測定方法に頼ることとし、しかも損耗の測定誤差をできるだけ僅少にとどめようとする実際的な解決方法によることが適当とされたものである*16」と、経年減点補正には損耗の測定誤差があること、理論的測定方法でないことを素直に認めている。それを補正するために、①損耗の程度に応ずる減点と、②経過年数に応ずる減点率を併用使用することが唱えられたのである。

(3)　固定資産評価制度調査会の答申での「損耗減点補正」の重視

　だからこそ固定資産評価制度調査会の答申では、「家屋の評価の方法について」、①損耗の程度に応ずる減点と、②経過年数に応ずる減点率を使用することにして、①②の適用の関係として、非木造家屋にあっては、原則として、①「経過年数にのみ応ずる減点率」のみを適用するのを改め、「損耗の程度に応ずる減点率」が大きいときはそれを、②「損耗の程度に応ずる減点率」が小さいときは両者の平均をとることが適当とされた*17。

　ところが、1964年（昭和39年）の評価基準では、「経年減点補正」が原則となり、「損耗減点補正」が例外とされたのである。それは、「経年減点補正」の手間が簡単であったからであり、直接的評価の手法であった（当時であり、2003年（平成15年）改正により直接評価でなくなった）「損耗減点補正」は手間が大変だったためである。

　ただ、当時の自治省の担当者は、「間接的方法（経年減価率による方法）は個々の家屋の損耗の実態とは相当の開きの生ずる場合が考えられる。このことは、現行の家屋評価においてすでに実証されているところである。したがって、個々の家屋の実態と相当の開きの生ずる一般的な損耗状況の測定方法は、場合によっては相当誤差のありうることを覚悟しない限りとり得ないところである。」という間接評価の限界を認識していた。このように担当者は直接評価の正確性を十分に認識していたのである。

---

*16 板野元次郎「固定資産評価制度調査会答申解説　家屋」税1961年5月号
*17 固定資産評価制度調査会答申　第3　1、(3)ⅱ(ⅰ)d(c)

[1]　建物（家屋）に関する固定資産評価基準の歴史的考察　　149

(4)　総務省の主張

「固定資産評価制度調査会において、……家屋の評価方法として、再建築価格を基準として評価する方法を含む4つの方法が検討され……家屋の評価は、『再建築価格を基準として評価する方法』によることが適当である。」との答申がなされた。

このように、固定資産評価制度調査会の答申においては、税負担の公平性の観点から、取得時等に見られるような個別的な事情による偏差を含まない方法が適当とされ、このような考え方は、同答申を受けて制定された評価基準において引き継がれている。そして、この考え方は、制定後既に約半世紀を経過して社会に定着しているということができる。

これに対し、原告が適正な時価であると主張する根拠としている不動産鑑定額は、収益還元法という個別的な事情に左右されやすい収益を要因にしており、また、原価法による場合であっても、再調達原価による建築費の算定や、減価修正における耐用年数や観察減価の査定については、不動産鑑定士によって相当程度の差異が生じ得る。」と主張している*18。いかに歴史を踏まえていないかがよくわかる主張である。

第5節　1994年（平成6年）までの改正

1　1973年（昭和48年）改正

評価基準は、1964年（昭和39年）の告示から9年後の1973年（昭和48年）に改正されている。経年減点補正率表の「非木造家屋経年減点補正率表（別表13）も改正された。この結果、「百貨店、ホテル、旅館、料亭、待合、宿泊所、劇場及び娯楽場用建物」において、大蔵省令の構造区分と一致することになった。

経過年数も

　鉄骨鉄筋コンクリート造・鉄筋コンクリート造では60年間

と、改正された。これについても自治省で調査がなされたこともない。

大蔵省令では、

---

*18　添付資料218頁

150

「鉄骨鉄筋コンクリート造・鉄筋コンクリート造」では

延べ面積のうちに占める木造内装部分の面積が３割を超えるもの　　50年

その他のもの　　　　　　　　　　　　　　　　　　　　　　　　40年

となっていた。

２　1979年（昭和54年）の改正

　1974年（昭和54年）の評価基準改正では、それまで評価基準の用途区分と大蔵省令の用途区分は異なっていたが、同一の用途区分であった浴場用建物について、国税の耐用年数の短縮率で20％に対する年数の改正が行われた。

　この改正でも国税の耐用年数を大蔵省令のそれにあわせるだけのものであって、独自の調査がなされたわけではない。

３　大蔵省令準拠という総務省の主張について

　総務省は、「最終残価率については、昭和48年度改正に際し、『経年減点補正率の限度（いわゆる残価率）』については、通常の状態において家屋の効用を発揮し得る最低限度をとらえるとした場合には、家屋の価額の20％程度が適当であると一般的にいわれており、昭和38年度まで適用されていた固定資産評価基準においても採用されていた経緯もあり、最近の家屋の状況から判断してこの取り扱いを今直ちに改正する必要はないものと考えられ、今回は特に変更しないこととされたものである。」（丙第４号証14頁）と主張している[19]。

　しかし、ここで引用されている「丙４」は、栗本清美（自治省固定資産税課）が「家屋にかかる固定資産評価基準の改正について（経年減点補正率基準表等の改正）」として「税　1972年11月号」に載せた論文である。ここでは「耐用年数」について、「固定資産における耐用年数を定める場合には、専門的、技術的には今後なお検討すべき点はあるにしても、現行の耐用年数が国税のそれに準拠しているところから」と説明されている。

　また「それ以降（昭和39年の評価基準制定）、３度にわたり経過年数を改正

---

[19] 添付資料222頁

[1]　建物(家屋)に関する固定資産評価基準の歴史的考察　　151

しているが、昭和48年度改正及び昭和54年度改正は、国税の耐用年数が建物
の使用実態に即するよう改正されたことに伴い、……、それぞれ改正された
ものである。」とされている。

　いずれにしても、積極的に根拠があるというものではなく、「大蔵省令」
の改正に伴うものであったが、「残存期間（耐用年数)」の差を考慮すると実
際には「準拠」ではなかったことになる。

　評価基準改正の1965年（昭和40年)・1973（昭和48年)・1994年（平成 6 年）
における両者の対比をグラフで示すと次頁の図のようになる。グラフ中、残
価率（評価基準は20％、大蔵省令は10％）を考慮しなかった場合の耐用年数は
「本来の終了時」として点線で示されており、評価基準と旧大蔵省令の比較
あたっては、当該「本来の終了時」の年数の相違に着目されたい。

　このように、1964年（昭和39年）の評価基準制定後、何らの調査もなされ
ず、耐用年数については漫然と大蔵省令より長い期間で推移し、残価率につ
いては「仮定の20％」が維持されてきたのである。

　大蔵省令に準拠してきたとされる評価基準は、まったく準拠されておらず、
評価基準の評価は、大蔵省令の評価より全般的に約10％〜20％、大きいもの
では30〜40％高く、乖離が大きいことが一目瞭然となっている。

第 6 節　1994年（平成 6 年）の改正

1　改正の背景

　評価基準は1951年（昭和26年）から定められているが、経年減点補正の耐
用年数と残価率については、根拠がまったくなかった。耐用年数については、
大蔵省令に準拠するとして短縮してきたものの、実質的には大蔵省令より長
い期間とされてきた。残価率20％については何らの根拠も示されなかったし、
間接評価である経年減点補正も正確性を欠くものであったことが明らかであ
った。

　平成に入って、土地の固定資産評価見直しと相まって、固定資産税に関す
る国民の関心が高まった。その背景には、固定資産税が高いという国民の不
満があり、国会や政府の税制調査会で取り上げられ、問題点が指摘された。

　1991年（平成 3 年） 3 月 7 日の衆議院地方行政委員会で、「固定資産税に

評価基準の経年減価による建物終了時

評価基準と大蔵省令の(昭和40年以降)残存価格対比表
①「鉄骨鉄筋コンクリート造・鉄筋コンクリート造」
　「旅館用又はホテル用」の建物

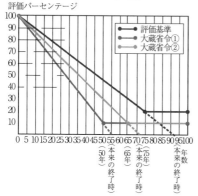

①延べ面積のうちに占める木造内装部分の面積が3割を超えるもの
②その他のもの

評価基準の経年減価による建物終了時

評価基準と大蔵省令の(昭和48年以降)残存価格対比表
①「鉄骨鉄筋コンクリート造・鉄筋コンクリート造」
　「旅館用又はホテル用」の建物

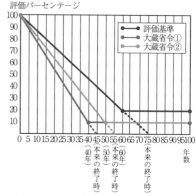

①延べ面積のうちに占める木造内装部分の面積が3割を超えるもの
②その他のもの

評価基準の経年減価による建物終了時

評価基準と大蔵省令の(平成6年以降)残存価格対比表
①「鉄骨鉄筋コンクリート造・鉄筋コンクリート造」
　「旅館用又はホテル用」の建物

①延べ面積のうちに占める木造内装部分の面積が3割を超えるもの
②その他のもの

係る評価等の適正化に関する件」の決議が提案され、「三　居住用家屋の評価について、経年減価の見直しなど次回評価替えまでに改善を検討すること」が、賛成多数で可決された。

　1992年（平成4年）2月28日の衆議院本会議でも、塩川正十郎自治大臣は、「第三点の措置といたしましては、住宅用建物に対する経年減価等を見直していきたい」と、「住宅用建物に対する経年減価等を見直す」ことを確約している。

　このように、当時建物（家屋）の評価基準、特に経年減点補正（耐用年数と残価率）による評価が高いとの、市民の不満は大きかったのである。自治省はこの国民の不満に対して対応を迫られたのである。

2　自治省の日本建築学会への委託調査研究

　そこで自治省が、満を持して行ったのが日本建築学会への委託であり、1992年（平成4年）9月に報告書が提出された。これが「家屋評価に係る経年減点補正率等に関する調査研究」であった（以下「1992年（平成4年）9月の調査研究」という）。

（1）　1992年（平成4年）9月の調査研究の概要

　調査研究委託の内容は以下のとおりである。

　　1）依頼者　自治省税務局資産評価室

　　2）事業の名称　家屋評価に係わる経年減点補正率等の見直しに係わる調査研究

　　3）事業の期間　契約締結時から1992年（平成4年）9月10日までとする

　　4）調査研究内容

　近年における家屋の建て替えの状況をみると、家屋の寿命が短くなる傾向にあることから、地方公共団体等により固定資産の家屋評価における経年減点補正率の見直しについての要望があり、また、先の第120回国会の衆・参議院の地方行政委員会において、住宅家屋の評価に係わる経年減価の見直しなど、次回評価替えまでに改善するという内容の決議等が出されていることから、早急に木造家屋及び非木造家屋経年減価補正率基準表について、次の

154

内容に係わる見直しを行う必要がある。

　　①木造家屋経年減点補正率表における単位あたり再建築評点数別区分で
　　　示している単位あたり再度建築費評点数
　　②非木造家屋経年減点補正率表における残価率到達年数の短縮
　　③経年減点補正率基準表における初期減価率の引き下げ残価率（20％）
　　　の考え方
　　④木造家屋経年減点補正率表における残価率到達年数の短縮の必要性

(2)　調査結果

　1992年（平成4年）9月の調査研究は、「建物の耐用年数、寿命の実態に
ついては、後述しているように研究効果が確実に蓄積されてきている」[20]と
認めているように、建物の平均寿命の実態を参考にすることが不可欠であっ
た。そのためのデータ収集と解析、そしてそれに基づく改正作業のはずであ
った。

　この1992年（平成4年）9月の調査研究では、「建物の寿命と耐用年数」
を全国の都道府県庁所在地46市（那覇市は除く）と、人口百万人以上である
川崎市と北九州市を加えた48市を対象とした大がかりなものであった（11
頁）。

　このうち重要な実態調査データが示されている部分は、「3．建物の寿命
と耐用年数」（11～86頁）である。

①残存価格（残価）の不存在

　図の3-1～8（ノンパラメリック）は、各建物についての残存率を「区
間残存率推計法」により推計した結果である[21]。分析方法は、「新築年次別
の現存棟数と年間の除去棟数から建物の寿命分布を推計してきた」ものであ
る[22]。

---

[20] 社団法人日本建築学会建築経済委員会固定資産評価小委員会「家屋評価に係る経年減点補正率
等に関する調査研究」（1992年9月）5頁
[21] 前掲・調査報告19-20頁
[22] 前掲・調査報告13頁

[1]　建物(家屋)に関する固定資産評価基準の歴史的考察　155

　この図の３－１～８（ノンパラメリック）を、例として、次頁以下に掲載
しておこう。

　ここで明らかなことは、残価率（20％）はおろか、残価など明らかにならなかったことが一目瞭然であり、すべて残価はゼロになっている。これは建物に補修を加えたかどうかは問わないものである。後に問題となる「通常の補修をしたかどうか」を問わず、すべて残価はゼロとなっている[23]。

　本稿には掲載していないが、図の３－９～16（ノンパラメリック）も同様である[24]。

　1992年（平成４年）９月の調査研究の７～８頁にかけ、「固定資産家屋評価基準は再建築費評価法により適正な時価を推定するものであるとされている。しかし、評価方法をみると建物の財産価値は経年と共に減価するが、ある経年を過ぎるとそれ以降は減価が止まり、価値は建物が滅失するまで一定であるという考え方で作成されている。この方法は、固定資産評価は時価評価であるという基本的考え方と矛盾するものである。すなわち、通常の建物の時価評価とは、建物が存在し使用されていても一般的に定められた性能限界を下回っていれば、通常の取引において経済的価値はゼロと評価され、時価もゼロとなるのが普通である。特に建物を購入する側からすればこのような取引はしごく当然のことであり、時価評価において建物の財産価値がゼロにならないという考え方は成立し難い。」と、明確に「時価評価」の観点から「残価の存在」自体が否定されている。この指摘はこの調査結果からも裏付けられる。

②建物の耐用年数（平均余命）

　調査研究「３」では、主要都市48市、全国市町村、大阪市中央区の滅失調査による平均寿命及び合成耐用年数の実態調査データが示され、建物の平均寿命実態について以下のような結果が導かれた（159頁の表３－37）[25]。

　例えば主要都市48市でみると、158頁のように、

───────────────

[23]　前掲・調査報告19-20頁
[24]　前掲・調査報告21-22頁
[25]　前掲・調査報告86頁

図3－1　木造専用住宅の残存率（ノンパラメトリック）

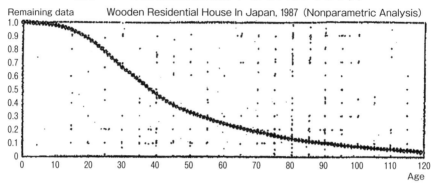

図3－2　鉄筋コンクリート造専用住宅の残存率（ノンパラメトリック）

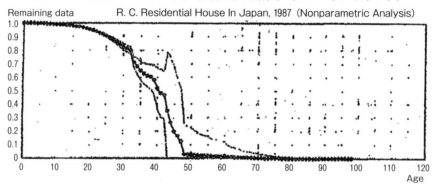

図3－3　鉄骨造専用住宅の残存率（ノンパラメトリック）

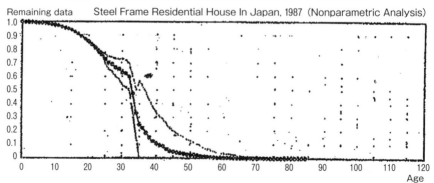

[1] 建物(家屋)に関する固定資産評価基準の歴史的考察　157

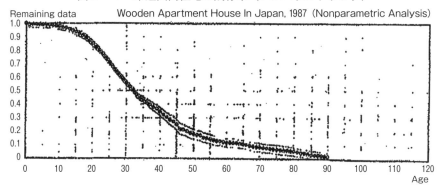

図3-4　木造共同住宅の残存率（ノンパラメトリック）
Wooden Apartment House In Japan, 1987 (Nonparametric Analysis)

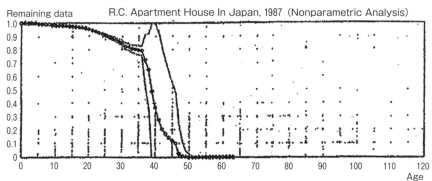

図3-5　鉄筋コンクリート造共同住宅の残存率（ノンパラメトリック）
R.C. Apartment House In Japan, 1987 (Nonparametric Analysis)

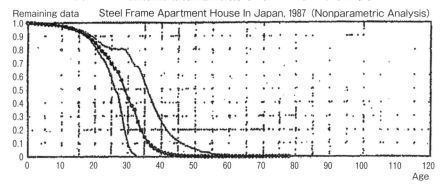

図3-6　鉄骨造共同住宅の残存率（ノンパラメトリック）
Steel Frame Apartment House In Japan, 1987 (Nonparametric Analysis)

図3－7　鉄筋コンクリート造事務所の残存率の残存率（ノンパラメトリック）

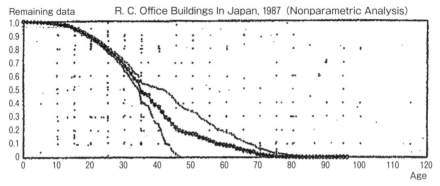

図3－8　鉄骨造事務所の残存率（ノンパラメトリック）

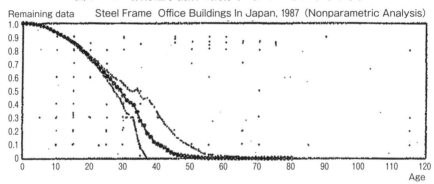

木造専用建物（残価ゼロ）は38.2年で、評価基準（20％到達）で32年

木造共同住宅（残価ゼロ）は32.1年で、評価基準（20％到達）で32年

鉄骨造専用住宅（残価ゼロ）は32.8年で、評価基準（20％到達）で45年

鉄骨造共同住宅（残価ゼロ）は28.9年で、評価基準（20％到達）で45年

鉄骨造事務所（残価ゼロ）は29.1年で、評価基準（20％到達）で50年

鉄筋コンクリート造専用住宅（残価ゼロ）は40.6年で、評価基準（20％到達）で70年

鉄筋コンクリート造共同住宅（残価ゼロ）38.9年で、評価基準（20％到達）で70年

鉄筋コンクリート造事務所（残価ゼロ）は34.8年で、評価基準（20％到達）

[1] 建物(家屋)に関する固定資産評価基準の歴史的考察　159

表3－37

		減失建物調査による平均寿命			合成耐用年数	固定資産評価基準	大蔵省令による耐用年数
		主要都市48市	全　国市町村	大阪市中央区	原価率20%到達年数		
木造	専用住宅	38.2		41.5	26　23	32	24
	共同住宅	32.1				32	24
	併用住宅		40	41		32	24
	農家住宅		55			32	24
鉄骨造	専用住宅	32.8				45	40
	共同住宅	28.9			43　－	45	40
	事務所	29.1		29	28　－	50	45
RC造	専用住宅	40.6			－	70	60
	共同住宅	38.9		38	48　－	70	60
	事務所	34.8		39	47　－	70	65
SRC造	事務所					70	65

　　で70年
という結果から得られた。
　評価基準の耐用年数は20%達成時であるから、現実の調査の鉄骨造りでは
約1.5倍、鉄筋造りでは約2倍も長いという調査結果が出たのである。
　そして、以下のような説明が加えられている。
「3－6まとめ
　建物の減失実態調査による建物寿命の推計及び部分別耐用年数の合成によ
る建物耐用年数の算定の結果を一覧表にしたものが表3－37である。この表
の各構造用途は、現存棟数の比較的多いものを抽出したものである。固定資
産評価基準における最小使用価値到達年数（最低減点補正率到達年数）と今回
得られた建物平均寿命の80%年数と単純に比較してみると、木造建物につい
ては両者の開きはそれほどないが、鉄筋造建物、鉄筋コンクリート造建物、
鉄骨鉄筋コンクリート造建物については後者のほうが2倍程度小さい。また、
最小使用価値到達年数と合成による建物耐用年数の最小使用価値到達年数と
を比較してみると木造建物、非木造建物ともに前者の値のほうが大きい。参

160

考のために、大蔵省令における耐用年数と今回得られた建物平均寿命との比較をしてみると、木造建物については後者のほうが大きく、非木造建物については前者のほうが2倍程度大きい。建物平均寿命と固定資産評価基準における最小使用価値到達年数とは異なった概念のものであり、単純に比較することができない。しかし、今回得られた建物平均寿命は実態に近いものと考えられ、その値と最小使用価値到達年数（20％の残価率）との乖離があまりにも大きいことは好ましいことではないといえる[26]。」

なお、「使用価値」なる概念については後述する（後述第4参照）。

③結論の衝撃性

現実の評価基準の耐用年数と残価率は、現実の調査結果と乖離するという驚くべき調査結果となった。1992年（平成4年）9月の調査研究は、自治省にとって困る結果となったのである。

(3)　結論の変更

1992年（平成4年）9月の調査研究は、

①（省略）

②非木造家屋経年減点補正率表における残価率到達年数の短縮

③経年減点補正率基準表における初期減価率の引き下げ残価率（20％）の考え方

④木造家屋経年減点補正率表における残価率到達年数の短縮の必要性
の検討と見直しのためであった。

しかし、結果は予想に反するものであったため、調査結果は使用できないことになった。

そこで結論が変更されることになった。

「今回の経過年数に応ずる減点補正率の見直しにおいては、検討の結果まず次のような前提条件を設けた。」として、

「・税率についてはふれない

---

[26] 前掲・調査研究85頁

[1] 建物(家屋)に関する固定資産評価基準の歴史的考察　161

　　・再建築評価法を原則とする

　　・最小使用価値（残価率）の値は原則としていじらない

　以上の前提条件により、『経過年数に応ずる減点補正率』の見直しをした
ものである。」

とされてしまった*27。

(4)　調査研究の結論上の問題点

①残価率について

　1992年（平成4年）9月の調査研究により、「経年減点補正率基準表にお
ける残価率（20%）の考え方」が検討されるのではなかったのか？

　調査結果からは、「残価がなく」、「残価率」などは到底認められないこと
が明らかとなっている。ところが、結論では、

　　1）　最小使用価値（20%の残価率）の評価については、この種の研究実績
　　　が少なく、ここで科学的手法を考案することは難しく、当分のあいだ現
　　　行の方式（20%）を用い、再建築費に減価率を乗じて算出するものとし
　　　た。

　　2）　最小使用価値（20%の残価率）の値については、近年の高度成長経済
　　　を背景にした生活の変化、生活水準の向上等があり、建物もこのような
　　　生活水準を維持するために機能及び質の維持をする必要があり、従来に
　　　比べて日常の修繕等の維持管理の水準も大幅に引き上げられている。従
　　　って、最小使用価値の値も大きくなる傾向にあるといわれている。しか
　　　し、このような現象を科学的な手段で促えることは現在大変に難しく、
　　　また現行の値は固定資産評価体制のなかにおいて定着しているものであ
　　　り、当分のあいだ最小使用価値の値は、全建物について現行のとおり
　　　（20%）とする。

と、残価率を残すこと自体はもちろん、20%という数値も検討されることは
なかった*28。

---

*27　前掲・調査報告97頁

*28　前掲・調査報告98頁

②耐用期間（残価率到達年数）

　また、1992年（平成4年）9月の調査研究では、経年減点補正率については、特に乖離の大きかった非木造家屋についても、残価率到達年数の短縮にも、この調査結果は使用されなかった。本来であれば、鉄骨造りでは1.5倍、鉄筋コンクリート造りでは2倍、評価基準の年数は大きかったのである。ところが自治省はこれを採用しなかった。つまり、現実の調査結果を無視（ネグレクト）したのである。

　総務省は、裁判での主張において、「日本建築学会に委託して行った調査の結果については、飽くまでも改正の参考にされたにすぎず、現実の実情と専門家による知見に基づく検討の結果を踏まえ、非木造家屋について、ほとんどの用途及び構造で、おおむね減価償却資産の耐用年数等に関する省令（昭和40年大蔵省令15号）と一致するように短縮されたものである。」と述べている[29]。調査の結果はみごとに無視（ネグレクト）され、参考にすらされなかった。

　評価基準の非木造家屋経年減点補正率表（別表13）では、

「百貨店、ホテル、旅館、料亭、待合、宿泊所、劇場及び娯楽場用建物」
　　①「鉄骨鉄筋コンクリート造・鉄筋コンクリート造」　　　　　　　　50年
　　②「れんが造コンクリートブロック造及び石造」　　　　　　　　　　45年
　　③「鉄骨造（骨格材の肉厚が4mmをこえるもの）」　　　　　　　　35年
　　④「鉄骨造（骨格材の肉厚が3mmをこえ4mm以下のもの）」　　　　28年
　　⑤「鉄骨造（骨格材の肉厚が3mm以下のもの）」　　　　　　　　　20年
となっている。

　1994年（平成6年）の現大蔵省令では、「旅館用又はホテル用」の建物について、

　　①「鉄骨鉄筋コンクリート造・鉄筋コンクリート造」では
　　　　延べ面積のうちに占める木造内装部分の面積が3割を超えるもの　　36年
　　　　その他のもの　　　　　　　　　　　　　　　　　　　　　　　　47年

　　　　　　　　　　　　　　　　　　　　　　　　　　　　（評価基準50年）

────────────

*29　添付資料220頁

[1]　建物(家屋)に関する固定資産評価基準の歴史的考察　163

評価基準の経年減価による建物終了時

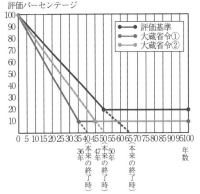

評価基準と大蔵省令の(平成6年以降)残存価格対比表
①「鉄骨鉄筋コンクリート造・鉄筋コンクリート造」
「旅館用又はホテル用」の建物

①延べ面積のうちに占める木造内塗装部分の面積が3割を超えるもの
②その他のもの

評価基準の経年減価による建物終了時

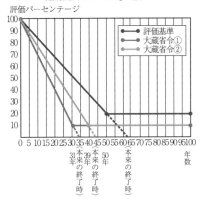

評価基準と大蔵省令の(平成10年以降)残存価格対比表
①「鉄骨鉄筋コンクリート造・鉄筋コンクリート造」
「旅館用又はホテル用」の建物

①延べ面積のうちに占める木造内塗装部分の面積が3割を超えるもの
②その他のもの

②「れんが造コンクリートブロック造及び石造」　　　　　　42年
　　　　　　　　　　　　　　　　　　　　　　　　　（評価基準45年）
③「鉄骨造（骨格材の肉厚が4mmをこえるもの）」　　　　33年
　　　　　　　　　　　　　　　　　　　　　　　　　（評価基準35年）
④「鉄骨造（骨格材の肉厚が3mmをこえ4mm以下のもの）」　26年
　　　　　　　　　　　　　　　　　　　　　　　　　（評価基準28年）
⑤「鉄骨造（骨格材の肉厚が3mm以下のもの）」　　　　　18年
　　　　　　　　　　　　　　　　　　　　　　　　　（評価基準25年）

である。しかも大蔵省令では残価率（10％）への年数で、評価基準では残価率（20％）への年数で、大蔵省令の残価率（10％）に「一致する」のなら、大蔵省令より短い期間でなければならないことになる。

　上のグラフは、ホテル（鉄骨鉄筋コンクリート造）に関し1994年（平成6年）改正について、大蔵省令と比較したものである。10％〜20％の大きな乖離がある。また大蔵省令が改正された1998年（平成10年）以降のものも併せて掲載した。1994年（平成6年）よりさらに乖離が大きくなっている。

　自治省は、大蔵省令と「あわせる」「一致した」といいながら、それより

164

も長い期間をとり、しかも残価率の違いを無視したものであった。

　この自治省が決定した耐用年数についてはどのような根拠で決定されたのかはまったく明らかにされていない。

(5)　調査の公正さへの疑問

　どうして、1992年（平成4年）9月の調査研究では、結論が歪められたのであろうか。その調査主体について一言する。

　松下清夫東大名誉教授を主査として日本建築学会建築経済委員会固定資産評価小委員会がこの調査研究を行っている。この調査研究には疑問が残る。これは、自治省税務局資産評価室の「委託契約」に基づき研究資金が提供されて行われたものであり、国の科学研究費などの厳格な採択審査による研究とは異なり、研究の公正性が担保されている調査とは言えないからである。このような場合、調査に参加した研究者は、担当した研究自体の公正性に責任をもっても、調査全体としては資金提供者である依頼者の意向に反する結論を出すことに、心情的な抵抗をもつ可能性は否定できない。また、調査研究の委員に当時の自治省税務局固定資産税課鑑定官北谷富士雄氏が含まれていることは、当該文書の独立性・公正性の観点から看過できないものがある。実際に、「調査研究」の内容をみると、執筆分担が明記されておらず、建築学の専門家によるデータに基づく客観的記述と、行政官によるとみられる主観的記述とが混在しているように思われる。当該文書は、専門家による科学的調査の結果を都合良く引用しながらも、最終的には行政官の独自の見解により取りまとめられたものという強い疑いが残る。特に、都合の悪いデータが出たことから、調査データが一切考慮されずにネグレクトされたこと、最終の結論変更には、自治省の強い意向が働いたものと思われる。

3　1994年（平成6年）の評価基準改正の意味──現在も維持されている

　1994年（平成6年）の評価基準の改正の経過から分かることは、以下のとおりである。

　自治省が満を持して行った調査のデータ（貴重なものであった）は、「参考」とされただけで、無視（ネグレクト）され、使用されなかった。

[1] 建物（家屋）に関する固定資産評価基準の歴史的考察　165

　1994年（平成6年）の評価基準の「耐用期間」も「残価率」も、1992年（平成4年）9月の調査データに基づき根拠づけられることはなく、また「大蔵省令」に「一致」されることもなく、根拠なしに定められた。

　しかも、自治省そして総務省は、1994年（平成6年）の家屋の評価基準の経年減点補正率を現在まで変更しようとせず、そのまま維持しているのである。

　現在の評価基準の「耐用期間」も「残価率」も、なんらの根拠もないまま存在しているのである。

第4　最小使用価値の提唱──「残価価格（残価率）」についての新たな考え方

1　残存価格の否定

　1992年（平成4年）9月の調査研究では、「残存価格（20%）」を正当化するための理論的検討もなされた。それは自治省の意向であったが、現実の調査結果からは「残価」が証明されることはなかったのである。

　1992年（平成4年）9月の「調査研究」の7～8頁では、

　「このように、固定資産家屋評価基準は、再建築費評価法により通正な時価を推定するものであるとされている。しかし、評価方法をみると建物の財産価値は経年と共に減価するが、ある経年を過ぎるとそれ以降は減価が止まり、価値は建物が滅失するまで一定であるという考え方で作成されている。この方法は、固定資産評価は時価評価であるという基本的考え方と矛盾するものである。すなわち、通常の建物の時価評価とは、建物が存在し使用されていても一般的に定められた性能限界を下回っていれば、通常の取引において経済的価値はゼロと評価され、時価もゼロとなるのが普通である。特に建物を購入する側からすればこのような取引はしごく当然のことであり、時価評価において建物の財産価値がゼロにならないという考え方は成立し難い。」と、明確に「時価評価」の観点から「残価の存在」が否定されている。この指摘は重要である。

2 「最小使用価値」の提唱

　1992年（平成4年）9月の調査研究は、「固定資産家屋評価は、建物を所有し、使用収益するところに見いだされる財産価値を評価するものである」と、新たな考え方を提示している。

　「建物の財産価値の評価は、その物的価値および使用価値の両者に着目するものである。ここでいう物的価値とは、建物の実体等がもっている価値をいい、この価値は経年による損耗等で減少するので、経年と共に限りなくゼロになるまで減少するものである。

　また、ここでいう使用価値とは、建物を使用する、または使用しうる最低限の効用をいう最小使用価値であり、この最小使用価値は、建物が経年による損傷、汚れ等で劣化していても使用するのに支障のないよう最低限の修繕等の維持管理が日常的におこなわれていれば経年と共に大きく減価するものではなく、建物の新築時点から減失する直前まで、ほとんど減価しない一定状態に保たれている価値をいう。したがって、ここでの最小使用価値とは、建物を所有してることにより均等に課税される一種の人頭税的なものと同様な考え方である。また、この最小使用価値の値は、一般に建物を売る側より購入する側の方が常に低く評価するもので、ときにはゼロと評価されることもあり得ることから、どちらかといえば建物を売る側の価値観で決まるものであると考えてよい。

　固定資産家屋評価においては、「建物は通常の維持管理を行うものとした場合」と条件を設定している。このことは通常の建物であれば幾ら経年していても使用している状態であれば、生活するのに支障のないよう最低限の修繕等の維持管理が日常的におこなわれていることが普通であるとする考え方である。したがって、建物の最低限の性能、機能は幾ら経年していても保持しているものと考えられ、ここでいう最小使用価値はあるものとする考え方は成り立つ。」

　これは残存価格を「最小使用価値」という概念で裏付けようとするものである。「最小使用価値」は、建物を所有してることにより均等に課税される一種の「人頭税」的なものであるという。

　「固定資産家屋評価基準における経年減点補正率基準表は、以上のような

考え方により物的価値と最小使用価値の減価曲線を合成し作成されたものといえる。いいかえれば、固定資産家屋評価基準は、物的価値（時価）を評価する再建築費評価法と最小使用価値を評価する方法とを合成したものである。最小使用価値の評価は、当分のあいだ現行の方式を用い、再建築費の減価率を乗じて算出するものとする。

建物の物的価値は、図2－1のように経年と共に減点率は漸次減少するが、ある経年を過ぎると最小使用価値より小さくなる。この交点を境にそれ以降は最小使用価値による評価に変わる方式であり、最小使用価値は建物が減失するまで一定状態となる。このように固定資産家屋評価基準の評価方法は、どちらかといえば最小使用価値ありきの手法であり、まず、最小使用価値を評価して定め、最小使用価値に達するまでを再建築費評価法により物的価値を評価する方法である。なお、この場合の最大財産価値は再建築費である[30]。」

図2－1　経年減点補正率の考え方

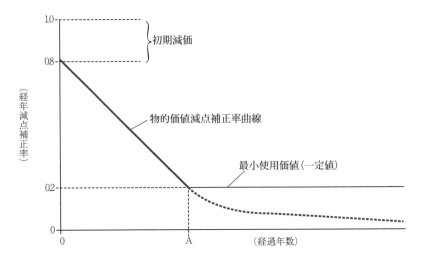

---

[30] 1992年（平成4年）9月調査研究5-6頁

3 北谷論文や小林論文もこの考え方をとっている

　この考え方は、1993年（平成5年）に書かれた北谷富士雄（自治省固定資産課資産鑑定官）と小林芳由（自治省資産評価室）の論文からも窺える。これらは、後に述べる最高裁平成15年7月18日判決の解説（判例時報1839号96頁・判例タイムズ1139号62頁の判例解説）に引用されている論文である。

　北谷論文では、

　「経過年数の短縮に伴って、経年減点補正率基準表の経年減点補正率が改正になるが、残価率20％を引き下げるべきという意見があった。昭和48年度の前回の改正時も同様の意見があったと聞くが、残価率20％の引き下げは予定されていない。経年減点補正率基準表の適用に当たって、減点補正率の0.2に対応する年数を経過している場合には、すべて0.2に止めることとされている理由は次のとおりと考えられている。

　すなわち、一定年数に達してなお使用されている家屋の残存価額の考え方については、通常の維持管理を加えた状態において、家屋の効用を発揮し得る最低限の状態をとらえるとした場合に、建物が劣化していても、人が所有し使用している限り何らかの効用が期待され、価値が生じていると考えられる。建物の価値基準を永く住み続けるという視点から家屋の機能を見ると、老朽化に拘らず資産価値は減少していないというわけである。……いずれにしても、家屋の残存価値は、部分別損耗減点補正や修繕費との関係、通常家屋として使用に耐えられる状態であるためには少なくとも建築費の20％が限度であると判断されたものである*31。」

としている。

　小林論文では、

　「次に残価率についてであるが、これは通常の維持補修を加えた状態において、家屋としての効用を発揮し得る最低限の残存価格を示しており、経年減点補正率においてそれを超えて下がらないものである。昭和38年度以前の旧評価基準当時より、残価率として0.20の率が採用され、昭和39年度の改正時においてもそれが適当とされ、現在に至っている。つまり、0.20に対応す

---

*31 北谷富士雄「固定資産評価基準の改正案（家屋関係）について」地方税44巻2号136頁

[1]　建物(家屋)に関する固定資産評価基準の歴史的考察　　169

る経過年数に至ってから後は、すべて0.20に止めることになる*32。」
としている。

　このように、当時自治省は、1992年（平成4年）9月の調査研究で説明の
つかない「残存価格（残価率）20%」を、人頭税的な「最小使用価値」で理
論づけようとしていたことが窺える。

4　交換価値と使用価値

　しかし、交換価値と使用価値は明確に区別され、両者の大小はまったく比
例しない。交換価値と使用価値は質的に違う概念である。

　財産価値において、物的価値（交換価値）のみならず使用価値も含まれる
という考え方は、経済学においても一般的にみられる。

　しかし、すでに18世紀のアダム・スミスの時代から、経済学では交換価値
と使用価値は明確に峻別されていた。すなわち、スミスによれば、財産の交
換価値は、「その所有から生じる他の財産に対する購買力」を意味し、「ある
特定の対象物の効用」を意味する使用価値とは区別される。しかも、交換価
値の大小は、必ずしも使用価値の大小を意味しない（いわゆる「価値のパラ
ドックス」）。

　アダム・スミスは、次のようにいう。

　「最大の使用価値をもつ物が、しばしば交換価値をほとんどまったくもた
ないことがあり、これとは反対に、最大の交換価値をもつ物が、しばしば使
用価値をほとんどまったくもたないことがある。たとえば、水ほど有用なも
のはないが、水ではほとんど何も購買できないし、それとの交換にほとんど
なにも入手できない。反対にダイヤモンドは、ほとんどなんの使用価値もも
っていないが、それと交換に非常に大量の他の財貨をしばしば入手すること
ができる*33。」。

　このように、ある財産についてその交換価値と使用価値を観念することは
可能であるが、両者の大小はまったく比例しないことが指摘できるのである。

---

*32 小林芳由「評価基準における経年減点補正率について——減価償却との比較において」地方税
44巻10号103頁
*33 アダム・スミス／大河内一男監訳『国富論Ⅰ』（中公文庫、1976年）50頁

建物の財産価値に関していえば、経過年数減点補正率基準表において、最小使用価値が、なぜ建物の物的価値の20％と固定的に設定できるのか、経済学的には説明がつかないのである。だからこそ、2007年（平成19年）・2008年（平成20年）の調査においても説明がつかないのはあたりまえなのである。理論的に無理があったのである。

したがって、建物の財産価値に関して、売り手の主観的な評価である使用価値と、取引市場における交換価値とを同質のものと理解する「最小使用価値」の考え方は、一般的な経済学の観点からみれば誤りなのである。

5　時価評価では「残価」は説明できない

1992年（平成4年）9月の「調査研究」では、現実の調査で「残価」の存在は認められず、「通常の建物の時価評価とは、建物が存在し使用されていても一般的に定められた性能限界を下回っていれば、通常の取引において経済的価値はゼロと評価され、時価もゼロとなるのが普通である。特に建物を購入する側からすればこのような取引はしごく当然のことであり、時価評価において建物の財産価値がゼロにならないという考え方は成立し難い[34]」ことは、建築学的にも経済学的にも自明のことであった。

同調査は、時価評価から説明できない「最小使用価値」を、人頭税的な「最小使用価値」を基本とする新たな考え方に換骨奪胎しようとしたものである。「このように固定資産家屋評価基準の評価方法は、どちらかといえば最小使用価値ありきの手法であり、まず、最小使用価値を評価して定め、最小使用価値に達するまでを再建築費評価法により物的価値を評価する方法である[35]。」という。つまりこれが「先に20％の残価率ありき」の評価方法なのである。

しかし、1992年（平成4年）9月の調査研究でも、

①最小使用価値の評価については、この種の研究実績が少なく、ここで科学的手法を考案することは難しく、当分のあいだ現行の方式（20％）を

---

[34] 1992年（平成4年）9月調査研究7頁

[35] 前掲・調査報告6頁

用い再建築費に減価率を乗じて算出するものとした。

②最小使用価値の値については、近年の高度成長経済を背景にした生活の変化、生活水準の向上等があり、建物もこのような生活水準を維持するために機能及び質の維持をする必要があり、従来に比べて日常の修繕等の維持管理の水準も大幅に引き上げられている。従って、最小使用価値の値も大きくなる傾向にあるといわれている。しかし、このような現象を科学的な手段で促えることは現在大変に難しく、また現行の値は固定資産評価体制のなかにおいて定着しているものであり、当分のあいだ最小使用価値の値は、全建物について現行のとおりとする。

とされている。「最小使用価値」である「20％の残価率」の正当性は実証されていないのである。

総務省は、1994年度（平成6年）度改正に際しても、「経過年数の短縮に伴って、経年減点補正率基準表の経年減点補正率が改正になるが、残価率20％を引き下げるべきとの意見があった。昭和48年度の前回の年数短縮時にも同様の意見があったが、残価率20％の引き下げは予定されていない。」、「経年減点補正率基準表の適用に当たって、減点補正率の0.20に対応する年数を経過している場合には、すべて0.20に止めることとされている理由は、次のとおりと考えられている。すなわち、一定年数に達してもなお使用されている家屋の残存価額の考え方については、通常の維持補修を加えた状態において、家屋の効用を発揮し得る最低限の状態を捉えるとした場合に、建物が劣化していても、人が所有し使用している限り何らかの効用が期待され、価値が生じていると考えられる。建物の価値基準を永く住み続けるという視点から家屋の機能をみると、老朽化に拘らず資産価値は減少していないことが多いというわけである。通常考えられる維持補修について、国の施設や民間の営繕費（計画）の状況から、建物の性能や建築設備の水準、安全性に関する法規制の強化等を反映した修繕費を考慮すると、建物の残価は以外と高いと思われる。」、「いずれにしても家屋の残存価値は、部分別消耗減点補正率や修繕費との関係、通常家屋として使用に耐えられる状態であるためには、少なくとも建築費の20％程度が限度であると判断されたものである。」と述べている[36]。

172

この根拠となっているのが「最小使用価値」理論である。「最小使用価値」なるものが先験的に存在し（それが20％であるとの実証もない）、それに合わせる形で「少なくとも建築費の20％程度が限度である」とされたものであり、何ら根拠が示されていないことは、既に述べたとおりである。

6　最小使用価値の挫折
固定資産の評価に人頭税的な要素を入れようとした1992年（平成４年）の調査研究、そして1993年（平成５年）の北谷論文・小林論文の最小使用価値の考えは、後述のとおり、2003年（平成15年）６月26日の最高裁判決で封じられることになった。

第5　固定資産評価基準をめぐる最高裁判例

1994年（平成６年）から評価基準の改正がなされ、10年という時間が経過した2003年（平成15年）、２つの最高裁判決が出された。この２つの判決は、評価基準がどのような法的意味をもつかを判示したものである。両判決は矛盾した側面をもっているが、それぞれが大きな役割をはたした。

1　最高裁第１小法廷平成15年６月26日判決[37]
土地の評価基準に関するものである（以下「平成15年６月最高裁判決」という）。

（1）　判決内容
「法は、固定資産評価の基準並びに評価の方法及び手続を自治大臣の告示である評価基準にゆだね（法388条１項）、市町村長は、評価基準によって、固定資産の価格を決定しなければならないと定めている（法403条１項）。これは全国一律の統一的な評価基準による評価によって、各市町村全体の評価

---

[36] 添付資料223頁
[37] 民集57巻６号723頁、判例タイムズ1127号276頁

の均衡を図り、評価に関与する者の個人差に基づく評価の不均衡を解消するために、固定資産の価格は評価基準によって決定されることを要するものとする趣旨であるが、適正な時価の意義については上記のとおり（筆者注「客観的な交換価値」）解すべきであり、法もこれを算定するための技術的かつ細目的な基準の定めを自治大臣の告示に委任したものであって、賦課期日における客観的価値を上回る価格を算定することまでもゆだねたものではない。

そして、評価基準に定める市街地宅地評価法は、標準宅地の適正な時価に基づいて所定の方式に従って各筆の宅地の評価をすべき旨を規定するところ、これにのっとって算出される当該宅地の価格が、賦課期日における客観的な交換価値を超えるものではないと推認することができるためには、標準宅地の適正な時価として評価された価格が、標準宅地の賦課期日における客観的な交換価値を上回っていないことが必要である。」

(2) 判決の役割

平成15年6月最高裁判決の意味は、固定資産の「交換価値」が「適正な時価」であり、1992年（平成4年）の調査研究及び1993年（平成5年）の北谷論文・小林論文の「最小使用価値」なるものを否定したことにある。

「交換価値」が「適正な時価」であることは、地方税法（税法）の常識であった。通説では、古くから固定資産税は、「固定資産の所有の事実に着目し課される財産税の性質を有し」、「価格とは、適正な時価のことであって、適正な交換価値、すなわち独立当事者間の自由な取引において成立すべき価格を意味する*38」とされている。

最高裁は、昭和47年1月25日（民集26巻1号1頁）、昭和59年12月7日（民集38巻12号1287頁）において、固定資産税は「固定資産の所有の事実に着目し課される財産税の性質を有する」と判示している。

そして、平成15年6月最高裁判決は、「固定資産税は、土地の資産価値に着目し、その所有という事実に担税力を認めて課する一種の財産税であって、

---

*38 金子宏『租税法』（弘文堂、1985年・補正版）266頁、275頁、同（1998年・第6版補正版）391頁

個々の土地の収益性の有無にかかわらず、その所有者に対して課するもので
あるから、上記の適正な時価とは、正常な条件下に成立する当該土地の取引
価格、すなわち、客観的な交換価値をいうと解される[39]。」としている。後
述の最高裁平成25年7月12日の新判例も同様の判断をしている。平成15年6
月最高裁判決は、「適正な時価」が「客観的交換価値」であるという税法の
基本を「宣明」した点に意味があった。

　総務省の裁判における主張は、

　「最終残価率については、固定資産税が、資産の保有と市町村の行政サー
ビスとの間に存在する受益関係に着目し、資産価値に応じて課税するもので
あり、家屋の資産価値については、家屋が居住又は使用のための効用を発揮
している限り、最低限度の価値を保持し続けるものと考えることが合理的で
あることから、その最低限度の価値を最終残価（再建築価格の20％）として
設定しているものである。この最終残価率（20％）は、現行の評価基準が制
定される以前の昭和29年度から現在まで変更されることなく、行政サービス
に対する応益課税における水準として定着しているものと考えられる[40]」
というものであった。

　裁判における総務省のこの主張こそ、1992年（平成4年）9月の調査報告
書の「固定資産家屋評価は、建物を所有し、使用収益するところに見いださ
れる財産価値を評価するものである」という新しい考え方（最小使用価値論）
に基づいているものと推測されるが、所詮無理な主張である。1993年（平成
5年）の自治省の「最小使用価値」論による「残価率（20％）」の説明は、
2003年（平成15年）6月の最高裁判決の「適正な時価」が「客観的交換価
値」であるとの判断により、これが封じられることになったのである。

2　最高裁第2小法廷平成15年7月18日判決[41]

　本判決は家屋の評価基準に関するものである（以下「平成15年7月最高裁判
決」という）。

---

[39] 最判第1小法廷平成15年6月26日民集57巻6号723頁

[40] 添付資料222頁

[41] 裁判集民事210号283頁、判例時報1839号96頁、判例タイムズ1139号62頁

判決は、「評価基準は、固定資産税の課税標準の基礎となるべき価格の適正を手続的に担保するために、その算定手続、方法を規定するものであるから、これに従って決定された価格は、特段の反証のない限り、地方税法349条1項所定の固定資産の価格である適正な時価と認めることができる。

伊達市長は、本件建物についての評価基準に定める総合比準評価の方法に従って再建築評点数を算出したところ、この評価の方法は再建築費の算定方法として一般的な合理性があるということができる。また、評点1点当たりの価格1.1円は家屋の資材費、労務費等の工事原価に含まれない設計管理費、一般管理費等の負担額を反映するものとして、一般的な合理性に欠けるところはない。そして、鉄骨造り（骨格材の肉厚が4mmを超えるもの）の店舗及び病院用建物について評価基準が定める経年減点補正率は、この種の家屋について通常の維持管理がなされた場合の減価の手法として一般的な合理性を肯定することができる。

そうすると、伊達市長が本件建物について評価基準に従って決定した前記価格は、評価基準が定める評価の方法によって再建築費を適切に算定することができない特別な事情又は評価基準が定める減点補正を超える減価を要する特別の事情の存しない限り、その適正な時価であると推認するのが相当である」としている。

3　平成15年6月最高裁判例と平成15年7月最高裁判例との矛盾

評価基準の位置づけについて、2つの判例には矛盾がある。

平成15年6月最高裁判例は、「適正な時価」の意義について上記のとおり（筆者注「客観的な交換価値」）解すべきであり、法もこれを算定するための技術的かつ細目的な基準の定めを自治大臣の告示に委任したものであって、賦課期日における客観的価値を上回る価格を算定することまでもゆだねたものではない。そして、評価基準に定める市街地宅地評価法は、標準宅地の適正な時価に基づいて所定の方式に従って各筆の宅地の評価をすべき旨を規定するところ、これにのっとって算出される当該宅地の価格が、賦課期日における客観的な交換価値を超えるものではないと推認することができるためには、標準宅地の適正な時価として評価された価格が、標準宅地の賦課期日におけ

る客観的な交換価値を上回っていないことが必要である、としている。

ところが、平成15年7月最高裁判例は、「評価基準に従って決定された価格は、特段の反証のない限り、地方税法349条1項所定の固定資産の価格である適正な時価と認めることができる」として、「評価基準が定める評価の方法によって再建築費を適切に算定することができない特別の事情又は評価基準が定める減点補正を超える減価を要する特別の事情の存しない限り、その適正な時価であると推認するのが相当である」としている。

ここで「特別の事情」は、「評価の方法によって再建築費を適切に算定することができない」こと、「評価基準が定める減点補正を超える減価を要すること」に限定されている。

また「推認」の条件として、「適正な時価として評価された価格が、標準宅地の賦課期日における客観的な交換価値を上回っていないことが必要である」とした平成15年6月最高裁判例の趣旨は、平成15年7月最高裁判例では要求されていない。

再建築評点数と経年減点補正率を形式的にでも適用しておけば、その評価額が「客観的な交換価値」を超えているかどうかは問わないことになる。

平成15年7月最高裁判例は、「評価基準の適用という手段が正しければ結果は問わない」という趣旨であり、評価の結果が「客観的な交換価値を上回っていないことが必要とした」平成15年6月最高裁判例と矛盾することになる。

4　平成15年7月最高裁判決の影響力

平成15年6月最高裁判例は最高裁民事判例集に登載され、平成15年7月最高裁判決は裁判集民事に登載された。格式からいえば、平成15年6月最高裁判例が基本であり、平成15年7月の最高裁判決は、それよりも価値の低い事例的な判決であったはずである。そして、平成15年7月の最高裁判決は、最判第2小法廷平成21年6月5日（裁判集民事231号57頁、判例時報2069号6頁）に受け継がれた。

これらの平成15年7月と平成21年6月5日の判決は、判例時報2201号39頁の解説では、「事例判断として位置付けられるにとどまっており、当事者や

代理人にとって理解しにくい面もないではなかったように思われる」とされている。

　しかし、後述のとおり下級審の実務に大きな影響力をもったのは平成15年7月最高裁判決であった[*42]。

①平成15年7月最高裁判決の枠組み

　判決は、「評価基準に従って決定された価格は、特段の反証のない限り、地方税法349条1項所定の固定資産の価格である適正な時価と認めることができる」として、「評価基準が定める評価の方法によって再建築費を適切に算定することができない特別な事情又は評価基準が定める減点補正を超える減価を要する特別の事情の存しない限り、その適正な時価であると推認するのが相当である」としている。

　「特別の事情」は、「評価の方法によって再建築費を適切に算定することができない」こと、「評価基準が定める減点補正を超える減価を要すること」に限定されている。「推認」の条件を「適正な時価として評価された価格が、標準宅地の賦課期日における客観的な交換価値を上回っていないことが必要」とした平成15年6月最高裁判例の趣旨は、平成15年7月最高裁判例では要求されていない。

　再建築評点数と経年減点補正率を形式的にでも適用しておけば、その評価額が「客観的な交換価値」をこえているかどうかは問われないことになる。

[*42] 2003年（平成15年）7月の最高裁判決の事件記録では、第1審、控訴審、最高裁判決に至るまでの双方の主張においては、評価基準が適正なものか否かはほとんど論じられていない。また、判例時報1839号96頁、判例タイムズ1139号61頁の判例解説（同一である）に記載されている北谷富士雄「固定資産評価額基準の改正案（家屋関係）について」地方税44巻2号（北谷論文）や、小林芳由「評価基準における経年減点補正率について──減価償却との比較において」地方税44巻10号（小林論文）が証拠として提出された形跡もない。判例時報・判例タイムズの前書きの解説を書いた最高裁調査官が独自に集めたものであろう。この事件の上告審では、上告審ではじめて代理人となった山田二郎弁護士から、結審間際の2003年（平成15年）5月27日（口頭弁論期日であろう）に答弁書が提出され、そこではじめて「再建築評点数」を問題としているが、本件で問題となっている「経年減点補正率」や「残価率」は問題とされていない。そして、2003年（平成15年）7月18日に判決されている。原告側が、まさに上告審の判断に提供されている事実や証拠について知らないまま、調査官が意見を書き、裁判所の判断がなされ、判決（しかも破棄判決である）が言い渡されたことになる。まさしく、最高裁15年7月最高裁判決の判断は、このように「脆弱」なものである。

②評価基準の「一般的合理性」が問われなくなった

　つまり、評価基準が一般的合理性を有しているかどうかは問題にならないことになったのである。これでは1994年（平成6年）に改正された家屋の評価基準における「経過年数（耐用年数）」「残価率（20%）」の「一般的合理性」の根拠は明らかでない。それでも平成15年7月最高裁判決は、「経過年数（耐用年数）」「残価率（20%）」で算定された価額を「特段の反証のない限り」「適正な時価」と判断したのである。

　この判断においては、「経過年数（耐用年数）」「残価率（20%）」の「一般的合理性」の根拠は具体的には明らかにされていない。それにも拘わらずそれが「正当化」され、納税者の不服は問答無用のかたちで封じられることになる。

第6　平成15年7月最高裁判決と1992年（平成4年）9月の調査研究を盾に取った自治省の対応

第1節　概説

　1994年（平成6年）の評価基準の改正を行った自治省は、その後、家屋の評価基準の定着化を図った。その根拠とされたのが、平成15年7月最高裁判決と、1992年（平成4年）9月の調査研究報告であった。

　前述のとおり、平成15年7月最高裁判決は、「評価基準の適用という手段が正しければ結果は問わない」と問答無用に評価基準の正当性を認め、また1992年（平成4年）9月の調査研究は、内容はともかく日本建築学会という権威に基づくものであった。これら2つがどのようにして、その後の下級審の判決を支配していったかを明らかにしよう。

第2節　平成15年7月最高裁判例の下級審判決への影響

　平成15年7月最高裁判決は、「評価基準の適用という手段が正しければ結果は問わない」というものであった。それに対する納税者側の唯一の評価のための立証手段は「不動産鑑定」しかないのに、判決はそれを封じてきたのである。その結果、納税者側は立証手段を奪われ、以下に引用する下級審裁

[1] 建物(家屋)に関する固定資産評価基準の歴史的考察　179

判決が続くことになる。

1　仙台高裁平成17年1月26日判決[43]

「評価基準において経年減点補正率の基礎となる経過年数（耐用年数）については、平成5年の評価基準改正に際し、社団法人日本建築学会に委託して、その短縮の是非が検討された。そして、全国都道府県庁所在市46市（那覇市を除く。）と川崎市と北九州市を加えた合計48市の固定資産課税台帳を基に、残存棟数と除却棟数から平均的な建物の残存年数を推計し、建築年次別に半数（50％）が滅失する年数を寿命値と考える滅失状況調査によれば、相当数の年数短縮が認められた。しかし、この調査結果に現れた滅失家屋には、物理的にはなお十分使用可能であるのに、所有者の事情（土地絡み、使用収益、利用効率等）で取り壊され、寿命が短縮されているものも含まれ、固定資産の適正な時価を求める際に直ちに採用し難いことから、これを参考とし、かつて国税で検討されたといわれる部位別による算定方法により理論上の年数を検討することとされた。そして、現実の実情と専門家による知見に基づく検討の結果を踏まえ、平成5年の評価基準改正において、経過年数は、非木造家屋についてはほとんどの用途及び構造で、概ね減価償却資産の耐用年数等に関する省令（昭和40年大蔵省令15号。平成10年改正前のもの）と一致するように短縮された。その後、平成10年に上記大蔵省令が耐用年数を短縮する方向で改正された（鉄骨鉄筋コンクリート造又は鉄筋コンクリート造の事務所用建物の耐用年数については、65年から50年に短縮された。）が、これは、税務会計の立場から投下資本の回収期間をより短縮すべきとの政策的観点からされたものであることから、評価基準における経過年数については短縮方向の改正はされなかった[44]。」

2　名古屋地裁平成17年1月27日判決[45]

「百貨店、ホテル、劇場及び娯楽場用建物」の経年減点補正率について、

---

[43]　裁判における乙7号証（被告の市側）として提出。
[44]　前掲・乙7で提出、8-9頁。
[45]　判例タイムズ1234号99頁。

180

「上記の減価率は、建築の専門家から成る社団法人日本建築学会による調査、検討を経て定められたものであると認められるから、それが実態と乖離していることを疑う根拠はなく、また、原告の主張する本件建物の特殊性を考慮しても、上記経年減点補正率基準表の適用が不適切であると認めることはできない[46]。」

3 　仙台高裁平成17年8月25日判決[47]

　本判決は、「乙第26号証によれば、社団法人日本建築学会建築経済委員会固定資産評価小委員会は、平成4年9月、自治省からの依頼に基づき家屋評価に係る経年減点補正率等の見直しに係る調査研究を行い、その結果、従来に比べ日常の修繕等の維持管理の水準が大幅に引き上げられ、これによって最小使用価値の値も大きくなる傾向にあるといわれるが、これを科学的な手法で捉えることは困難であるので残価率（最小使用価値）は現行のままとする旨の報告を行っている[48]」と判示し、その一般的合理性を認めている。

4 　松山地裁平成19年10月24日判決[49]

　「(2)　固定資産評価基準が定める経年減点補正率の一般的合理性の有無について

ア　証拠（乙7）及び弁論の全趣旨によれば、固定資産評価基準における経年減点補正率は、社団法人日本建築学会に委託して、部位別による算定方法と家屋の減失状況による算定方法により検討された結果などに基づいて定められたものであることが認められる。そして、上記減失状況調査においては、那覇市を除く全国都道府県庁所在市46市に川崎市、北九州市を加えた合計48市の固定資産課税台帳を基に、残存棟数と除却棟数から平均的な建物の残存年数を推計し、建築年次別に半数が減失する年数を寿命値と考えたこと、減失状況調査では、物理的には十分使用可能であるのに、所有者の事情で取り

---

[46] 判例タイムズ1234号142頁
[47] 乙8の1で提出。
[48] 前掲・乙8の1、12頁
[49] 乙10で提出。

[1]　建物(家屋)に関する固定資産評価基準の歴史的考察　181

壊され建物の寿命が短縮されているものがあったため、減失状況調査の結果を参考としながら、部位別による算定方法により、理論上の年数を検討したこと、部位別による算定においては、部位別耐用年数と部位別コストから部位別1年当たりの償却コストを計算し、これを基に20パーセント到達年数を求めたこと、部位別耐用年数は、固定資産評価基準の再建築費評点基準表に定められている部分別の区分に応じ、木造家屋11部分、非木造家屋14部分にそれぞれ設定して検討されたこと、部位別コストの比率は、全国17市の試算結果の平均を用いて算出されたことが認められる。また、残価率については、一定年数に達してなお使用されている古い家屋の残存価格について、通常考えられる維持補修を加えた状態において家屋の効用を発揮し得る最低限を捉え、経過年数による損耗度合いからみて家屋としての残価は20パーセント程度が限度であると判断し、20パーセントの残価率が採用されたことが認められる*50。」

5　下級審判決の評価

(1)　下級審判決による1992年（平成4年）9月の調査研究の位置づけ

　以上の1から4までの判決をみるとき、1992年（平成4年）9月の調査研究が1994年（平成6年）改正経過の重要な認定上の証拠とされている。このように、これら下級審判決では、1992年（平成4年）9月の調査研究により、1994年（平成6年）の評価基準の「耐用期間」も「残価率」も決定されたという前提で論じられている。

　しかし、これは事実に反する。1994年（平成6年）の評価基準の「耐用期間」も「残価率」も、1992年（平成4年）9月の調査研究のデータによって根拠づけられることなく、しかも「大蔵省令」に「一致」したとされるが（現実は一致されることなく長い）、実質上の根拠なしに定められたものだからである。

　「減価率は、建築の専門家から成る社団法人日本建築学会による調査、検討を経て定められた」（2判決）ことなく、「現実の実情と専門家による知見

---

*50　前掲・松山地裁平成19年10月24日判決、乙10で提出、7-8頁。

に基づく検討の結果を踏まえ」「決定されたこと」（1判決）もない。「従来に比べ日常の修繕等の維持管理の水準が大幅に引き上げられ、これによって最小使用価値の値も大きくなる傾向にある」（3判決）との判示は、判決による主観的なコメントにすぎず、これまた証拠のミスリードに基づくものである。調査結果により「20パーセントの残価率が採用されたことが認められる」（4判決）との事実もない。ましてや「最小使用価値」が存在すること、それが「20％」であることは、1992年（平成4年）までに根拠が示されたこともない。「残価率をさわらない」ことにしたとの重要事実は、調査研究にはあるにも拘わらず、判決では一切取り上げられていないのである。

(2)　脆弱な証拠に基づく判決は基準の一般的合理性を裏付けない

　さらに、松山地裁平成19年10月24日判決[51]では、「一定年数に達してなお使用されている古い家屋の残存価格については、通常考えられる維持補修を加えた状態において、家屋の効用を発揮しうる最低限を捉え、経過年数による損耗度合いからみて家屋としての残価は20％程度が限度であると判断されて、20％の率が採用されたものであり、経年減点補正率は、物理的耐用年数を基礎としながら、機能的耐用年数、経済的耐用年数についても一定の考慮を行って、一般的な効用持続年数を設定し、時の経過に応じた損耗分の減価を図っているものであるから、合理性があるということができる[52]。」と判示されているが、1994年（平成6年）の改正において、誰がいつこのような根拠をもって判断したのかが明らかにされていない。この判断過程も事実に基づくものではない。

　総務省は、「最高裁判決及び下級審裁判例は、……いずれも、評価基準別表第13の非木造家屋経年減点補正率基準表に定められた、最終残価率及び経過年数から算定される経年減点補正率の一般的な合理性を認めて」いると述べている[53]。しかし、1992年（平成4年）9月の調査の結果と、その後の1994年（平成6年）の評価基準の改正の経過をみても、これは事実に反する。

---

[51]　乙9で提出。

[52]　前掲・乙9、62-63頁。

[53]　添付資料227頁

[1]　建物(家屋)に関する固定資産評価基準の歴史的考察　　183

第7　評価基準の「耐用年数」を大蔵省令の「耐用期間」から切断する自治省の対応

　1994年（平成6年）の評価基準の改正にともない、自治省がしたことは、評価基準の耐用年数を大蔵省令の耐用年数への準拠から切断することであった。

第1節　耐用年数についての大蔵省令への準拠

　自治省は、1952年（昭和27年）当時から、評価基準の「耐用年数」を大蔵省令に準拠して短縮してきた、としている。

　1973年（昭和48年）の改正について、栗本清美（自治省固定資産税課）は、「耐用年数」について、「固定資産における耐用年数を定める場合には、専門的、技術的には今後なお検討すべき点はあるにしても、現行の耐用年数が国税のそれに準拠しているところから*54」、「非木造家屋経年減点補正率基準表における耐用年数は、国税の1966年（昭和41年）度における改正の際の短縮割合を基礎にしたものである*55」と述べている。

　評価基準の大蔵省令への準拠（追従）は、1994年（平成6年）の改正まで続いたとされる。北谷論文は1994年（平成6年）改正について、「評価基準における経過年数は、減価償却資産の耐用年数等に関する大蔵省令の規定による建物耐用年数を参考としつつも、独自に定められているものである。そのため、これまでのところ、大蔵省令の改正（短縮）と概ね同様の短縮率で改正されてきているが、年数は若干異なるものとなっている。」「今回の評価基準の改正で、経過年数が二十年ぶりに短縮されることになり、原則として、……概ね大蔵省令と一致されることとされた*56」と述べている。

　1994年（平成6年）改正が、「概ね」ではなく、大蔵省令より「はるかに」に長いものであったことは前述のとおりである。

＊54　栗本清美（自治省固定資産税課）「家屋にかかる固定資産評価基準の改正について」税1972年
11月号14頁
＊55　前掲・栗本論文15頁
＊56　前掲・北谷論文145頁

第2節　大蔵省令からの切断の背景

　自治省は、1994年（平成6年）改正後、大蔵省令が改正され、耐用期間が短縮されたにも拘わらず、これに準拠することをしなくなった。このとき自治省が言いだしたのが、「評価基準」と「大蔵省令」は役割が異なるという主張であった。これこそが平成15年7月最高裁判決の判例時報等の解説で引用され、その根拠とされた北谷論文と小林論文である。

　そもそも役割が違うなら、これまでどうして大蔵省令に準拠してきたのか。その背景には、自治省が大蔵省令に準拠して耐用年数を短縮できないという事情があった。1993年（平成5年）当時、政府の税制改革により、大蔵省に対し（大蔵）省令の減価償却期間の大幅短縮の動きがあり、また残価率（10％）の撤廃すら予想されていた。現に、1998年（平成10年）には大蔵省令が改正され、「耐用期間」が更に短縮され、2007年（平成19年）には残価率（10％）も撤廃された。

　それが予測された1994年（平成6年）の評価基準改正当時、自治省としては、家屋について評価基準と大蔵省令との関連を切断する必要があったのである。そこで言われたのが「評価基準」と「減価償却」の違いを強調することであった。

第3節　大蔵省令の減価償却と評価基準について

1　減価償却と評価基準の相違点

　小林論文では、大蔵省令は減価償却を目的とし、評価を目的とする評価基準とは役割が違うとし、両者の相違点が次のように説明されている。
「両者の基本的な違いは、前者が減価償却資産に係る償却費用を毎期に適切に配分する（投下資本の適正な費用配分）ことを目的とするものであるのに対し、後者は通常の維持補修を行うものとした場合において、その年数の経過に応じて通常生じる減価を基礎としており、家屋として維持存続していることによる効用（実体価値）を把握しようとするものであることに、起因しているものと思われる*57。」

　そして、仙台高裁平成17年1月26日判決が、

[1]　建物(家屋)に関する固定資産評価基準の歴史的考察　185

　「前記大蔵省令は、鉄骨鉄筋コンクリート造又は鉄筋コンクリート造の事務所用建物の耐用年数を50年とし（平成10年改正後）、また、家屋の耐用年数経過後の残存割合を10％（平成19年改正により残存割合は廃止）とするが、平成10年の大蔵省令改正の理由にも現れているように、税務上の減価償却は、政策的観点を踏まえ、減価償却資産の取得した費用を取得時から法定耐用年数までの間に配分し、これによる収益と対応させることによって、各事業年度の損益を適切に算定することを目的とするものであり、各年度の固定資産の適正な時価を算定することを目的とする評価基準における家屋の損耗に関する考え方と直ちに同一視することはできない」と判示し、

　また、仙台高裁平成17年８月25日判決が、

　「税法上の減価償却制度は、企業の資産償却を損金として処理することを認めるためのものである。他方、評価基準は、一定の経過年数を超えた後の家屋の最終残価率を20％としているが、これは家屋の財産的価値の評価をその物的価値と使用価値の両者に着目して行い、家屋が家屋として所有されている以上、最小使用価値として20％は存するとの考えに基づくものであって、税法上の減価償却制度とは異なる観点から家屋の価値を評価するものであり、減価償却における法定耐用年数と異なることをもって、評価基準の経過年数に応ずる減点補正が不合理であるということはできない」と判示し、これらが下級審判決をリードしたことになる。

　総務省は、「耐用年数」について、「なお、国税の耐用年数は、その後、平成10年度に短縮する改正が行われているが、その理由は、『建物の使用実態はともかく、投下資本の費用配分の期間としては従前の最長65年というのは長すぎる』というものであり、税務会計上、投下資本の回収期間をより短縮するべきであるとの政策的観点から行われたものであって、使用実態に着目する経過年数の改正とは別の観点から行われたものである。したがって、平成10年度に国税の耐用年数に関する改正が行われたことをもって、平成６年度改正における経過年数の設定が不合理とはいえない」と述べている[58]。

---

*57　前掲・小林論文108頁
*58　添付資料220頁

総務省は、「上記大蔵省令では、減価償却の際の残存価額が、平成 6 年当時、10％（償却可能限度額 5 ％）とされていたが、評価基準における最終残価率との相違については、『これによって、両者の最終到達価額は勿論、それに達するまでの償却率（減価率）も異なってくる。この差については、減価償却における償却可能限度額の 5 ％は、その資産が本来の用役を果たした後においてこれを処分した場合において回収できる金額に相当するものと考えられているのに対し、固定資産税の残価率の20％は、通常考えられる維持補修を加えた状態において、家屋としての効用を発揮し得る最低限の状態を捉えるものであることから生じるものと思われる』と解説されている」と述べている[59]。

2　減価償却における「残存価額」の重要性

　固定資産の取得原価から耐用年数到来時におけるその残存価額を控除した額が、各期間にわたって配分されるべき減価償却総額となる。しかし、減価償却が、これを償却費用として毎期に適切に配分すること（投下資本の適正な費用配分）を目的とするとしても、「取得原価」と「残存価格」が重要であることについては変わりがない。

　減価償却では、「費用配分」だけでなく、その資産の「残存価額」も重要であり、取得価格を「耐用年数」と「残価率」で算定したものが「残存価額」となる。

　そこで、税法では、現財務省（旧大蔵省）の「減価償却資産の耐用年数等に関する省令」（大蔵省令）によって、資産の種類毎に一律の耐用年数等が定められている。この大蔵省令（財務省令）は、課税の公平性及び中立性の見地から耐用年数を統一し、その適用を企業に対し強制するものである（法定耐用年数主義）。

3　減価償却の他方の役割は「残存価額」を明らかにすること

　このように、減価償却は、一方では「減価償却資産に係る償却費用を毎期

---

[59] 添付資料222頁

[1]　建物(家屋)に関する固定資産評価基準の歴史的考察　　187

に適切に配分する（投下資本の適正な費用配分）ことを目的とする」（小林論文）という役割を果たしているが、減価償却をした資産は「残存価額」として資産計上されることになる。つまり、減価償却のもう1つの役割は、資産の「残存価額」を明らかにすることである。

　それゆえ、資産についての「残存価額」の評価の観点から見れば、評価基準も減価償却も変わらないのである。小林論文は、前者（費用配分）のみを強調するだけで、後者（残価評価）を故意に無視（ネグレクト）している。つまり減価償却の「残存価額」は、資産評価の重要な意味をもっているのである。

4　残価を決める耐用年数では減価償却と評価基準は等しい

　「残存価額」を決める「経過年数」（耐用年数）の設定に関しては、実は、税法上の減価償却と評価基準では、その目的において何の違いもない。すなわち、減価償却において費用配分される期間は、使用または時の経過による物理的な原因による減価と、陳腐化あるいは不適応といった機能的な減価により異なってくる。そのため、法人税における減価償却資産の耐用年数は、通常の維持・修理を行った場合の物理的年数を基礎とし、さらにこれに経済的陳腐化を加味した「効用持続期間」によって定められる、と説明される[60]。この説明は、評価基準における最終残価率に達する期間に関して説明されるところと異ならない。

　だからこそ、自治省は、1994年（平成6年）までは評価基準における「耐用年数」を、ひたすら大蔵省令の「耐用年数」に準拠するといい（本当は長かった）、この後追いを続け、大蔵省令の短縮にともない、「耐用年数（経過期間）」を短縮してきたのである。

5　評価基準の「償却資産」では、大蔵省令で耐用年数が決められている

　このことは、評価基準自体からも明らかとなっている。評価基準では、第3章に「償却資産」が定められ、「償却資産」の適正な時価を評価している。

---

[60]　山本守之『法人税の理論と実務　平成21年版』（中央経済社、2009年）213頁

評価基準の「償却資産」の「耐用年数」は、財務省令（旧大蔵省令）の耐用年数によるものとされ（評価基準、第3章第1節八項）、財務省令が減価償却の耐用年数（1条から5条）と残価率（6条）を定めている。これは評価基準が定められた1964年（昭和39年）から一貫しており、変更がない。

評価基準が、減価償却を資産の「残存価格算定の有効な基準」と認めているのである。

減価償却が「減価償却資産に係る償却費用を毎期に適切に配分すること（投下資本の適正な費用配分）を目的とするもの」（小林論文108頁）であるとしたら、評価基準が「償却資産」についての「耐用年数（耐用期間）」と「残価率」の根拠を、財務省令（旧大蔵省令）に求めることは、「自己矛盾」に外ならない。

6　小括

以上のとおり、減価償却において問題なのは、小林論文が指摘する「減価償却資産に係る償却費用を毎期に適切に配分すること（投下資本の適正な費用配分）を目的する」ことではなく、償却後の「残価」の評価なのである。

「残価」を求める基準としては、評価基準も減価償却も同じであり、減価償却の方が実態に即している。だからこそ、評価基準は1994年（平成6年）評価基準改正までは家屋について準拠したといい、1964年（昭和39年）から一貫して「償却資産」の評価に減価償却を使用しているのである。

第4節　財務省令（旧大蔵省令）と自治省の評価基準における評価の乖離状況

1　両者が分離された1994年（平成6年）以降の評価の乖離

1994年（平成6年）以来20年間、経年減点補正を構成する「耐用年数」と「最終現価率（20％）」について、評価基準の改正はない。

つまり、自治省は評価基準を大蔵省令から切り離しているのである。

(1)　1998年（平成10年）の大蔵省令の変更

その間、1998年（平成10年）には大蔵省令の「耐用年数」（残価率10％に到達する期間）が更に短縮された。本件で問題となっている鉄骨鉄筋コンクリ

ート造のホテル用に供する建物を例にとって比較しよう。

「ホテル用」の建物について

① 「鉄骨鉄筋コンクリート造・鉄筋コンクリート造」では

　　延べ面積のうちに占める木造内装部分の面積が３割を超えるもの　31年

　　その他のもの　　　　　　　　　　　　　　　　　　　　　　　　39年

　　　　　　　　　　　　　　　　　　　　　　　（評価基準　50年）

② 「れんが造コンクリートブロック造及び石造」では　　　　　　　36年

　　　　　　　　　　　　　　　　　　　　　　　（評価基準　45年）

③ 「鉄骨造（骨格材の肉厚が４mmをこえるもの）」　　　　　　　29年

　　　　　　　　　　　　　　　　　　　　　　　（評価基準　35年）

④ 「鉄骨造（骨格材の肉厚が３mmをこえ４mm以下のもの）」では　24年

　　　　　　　　　　　　　　　　　　　　　　　（評価基準28年）

⑤ 「鉄骨造（骨格材の肉厚が３mm以下のもの）」　　　　　　　　17年

　　　　　　　　　　　　　　　　　　　　　　　（評価基準　20年）

(2)　残存価格（残価率）の消滅

　さらに2007年（平成19年）には、大蔵省令では、「残存価額（残価率）」について残存価額（10％）が廃止され、「残存簿価１円」まで償却できることになった。

2　現在の乖離

　次頁の表は、1964年（昭和39年）の告示以降の鉄骨鉄筋コンクリート造のホテルを例にとり、評価基準の耐用年数と残価率20％と大蔵省令の耐用年数と残価率の推移を表にしたものである。

大蔵省令

		1965 (S40)	1973 (S48)	1994 (H 6)	1998 (H10)
鉄骨鉄筋コンクリート造・ 鉄筋コンクリート造	延べ面積のうちに しめる木造内装部 分の面積が 3 割 を超えるもの	50年	40年	36年	31年
	その他のもの	65年	50年	47年	39年

※昭和48年以前は鉄骨造，平成 6 年以降は金属造。

評価基準

	1964 (S39)	1973 (S48)	1994 (H 6)
鉄骨鉄筋コンクリート造・ 鉄筋コンクリート造	75年	60年	50年

　そして、2007年（平成19年）の改正後の大蔵省令の耐用年数と残価率（1 円）と評価基準の耐用年数と残価率（20％）を比較してみる。これが次頁のグラフである。約40％という評価の乖離がある。現状の両者の評価の乖離がいかに大きいか一目瞭然となっている。

第8　2003年（平成15年）の評価基準改正——「間接的評価の手法」体系の完成

　1994年（平成 6 年）の評価基準改正以降、2003年（平成15年）に、「損耗の状況による減点補正率の算出方法」に大きな変更がなされた。
　それまで、「各部分別の損耗の状況を建築当初の状態に修復するものとした場合に要する費用を基礎として定めた非木造家屋の損耗を減点として補正するものであって、損耗減点補正率は、非木造家屋部分別損耗減点補正率基準表によって各部分別に求めるものとする」とされていたものを、
　「損耗の程度に応ずる減点補正率（損耗減点補正率）は、部分別損耗減点補正率基準表によって各部分別に求めた損耗残価率を、当該非木造家屋について非木造家屋経年減点補正率基準表によって求めた経年減点補正率に乗じて各部分別に求めるものとする」とされ、それまで「損耗減点補正」は、例外

[1] 建物（家屋）に関する固定資産評価基準の歴史的考察　191

評価基準の経年減価による建物終了時

評価基準と大蔵省令の（昭和19年以降）残存価格対比表
①「鉄骨鉄筋コンクリート造・鉄筋コンクリート造」
「旅館用又はホテル用」の建物

評価パーセンテージ

- 評価基準
- 大蔵省令①
- 大蔵省令②

0　5　10　15　20　25　30　35　40　45　50　55　60　65　70　75　80　85　90　95　100　年数

（31年）　（39年）　（50年）　（本来の終了時）

①延べ面積のうちに占める木造内塗装部分の面積が3割を超えるもの
②その他のもの

とはいえ、個別的に詳細に「非木造家屋部分別損耗減点補正率基準表」で各部分についての詳細な減点率を定め積算していた評価（これこそが個別的直接的評価であった）がなされることになっていたが、これを「部分別損耗減点補正率基準表」に変え、「損耗残価率」に「適用家屋の経年減点補正率」を乗じるものとなった。

これは経年減点補正率という、これまで「根拠なく定められ」てきた「間接的評価の手法」に「損耗減点補正」率を持ち込むものであって、二重の意味で無茶なやりかたである。「損耗減点補正」に「経年減点補正率」の矛盾を更に拡大したものである。

ちなみに、最高裁平成15年7月18日判決の解説部分で、「評価基準においては経年減点補正率基準表によることが適当でないと認められる場合、又は

これによることができない場合について、別途損耗減点補正率が定められ……」ていることが、経年減点補正率の「一般的合理性」を肯定する理由とされているが、その損耗減点補正率が変質してしまったのである。

第9　2007年（平成19年）・2008年（平成20年）の調査研究について

　平成15年6月最高裁判決により、自治省が試みた「最小使用価値」の理論化はできなくなった。そして1992年（平成4年）の調査研究から15年が経過し、2007年（平成19年）・2008年（平成20年）に、総務省の肝煎りで調査研究がなされることになった。

第1節　2007年（平成19年）・2008年（平成20年）の調査研究がなされた背景

　1992年（平成4年）9月の調査以来、自治省、総務省には、目ぼしい調査研究はなかった。ところが、総務省の関連団体である財団法人資産評価システム研究センター（以下「研究センター」という）において、日本建築学会（建築経済委員会固定資産評価小委員会）に委託された「家屋評価における経年減点補正率表の見直しに関する調査研究」がなされ（以下、「2007年（平成19年）調査研究」という）、翌年には研究センターにより「家屋に関する調査研究──再建築費評点基準表と経年減点補正率基準表の区分に関する調査研究」がなされた（以下、「2008年（平成20年）調査研究」という）。

　どうして2007年（平成19年）調査研究と2008年（平成20年）調査研究はなされたのか。それは、2007年（平成19年）に、同じ「耐用年数」と「残価率」を定める大蔵省令（財務省令となっていた）が改正され、「残価率」をゼロ（正確には1円）にすることになったからである。また、前記のとおり、平成15年6月の最高裁判決で、固定資産評価は「交換価値」であり、「最小使用価値」が否定されたためである。総務省は「残価率20％」を立証する必要に迫られた。

第2節　主体である研究センターについて

　研究センターは甲42のとおり、理事は、総務省・建設省のOB、現役の知

事・市長であり、評議員も全国知事会・市町村会関係者、現役の地方自治体の固定資産税部長、税務部長・財務部長・税務課長である。まさしく、固定資産税など地方税を徴収する側の人間で構成されている。

そしてこの調査研究には、中村秀文総務省自治税務局固定資産税課固定資産管理官が委員として入っている。1992年（平成4年）9月の「調査研究」の場合と同様である。依頼する側（総務省）が調査主体に入っている。その公平性が問題となるところである。

第3節　2007年（平成19年）調査研究は残存価値（20％）を証明できなかった

2007年（平成19年）の調査研究では、「評価基準において、経過年数を過ぎた家屋の経年減点補正率（いわゆる最終残価率）20％と決められており、これを下回ることはない。一方、償却資産の償却可能限度が5％となっていること、国税の残存価額は平成19年分より0％に改正されることから、これらとの比較感から家屋の最終残価率の高さがしばしば議論に上る。当委員会においても、平成11年度において、最終残価率について検討を行った際の検討結果は以下のとおりであり、現在においても基本的な考え方は変わっていない。建物の価値は経過年数と共に減価していくが、ある経過年数を過ぎるとそれ以降は減価が止まり、その価値は建物が減失するまで一定である。これは、固定資産税の家屋評価は、家屋の物的価値及び使用価値の両者に着目するものであるという考え方による。

物的価値とは、建物の実体等が持っている価値をいい、この価値は経過年数による損耗等により減少するので、経過年数と共に限りなくゼロになるまで減少する。

使用価値とは、建物を使用する、または使用しうる最低限の効用をいう最小使用価値である。建物が経過年数による損傷や汚れ等で劣化していても、使用するのに支障のないように最低限の修繕等の維持管理が日常的に行われていれば、この最小使用価値は、建物の新築時点から減失する直前まで、ほとんど減価しない一定状態に保たれている価値と言える。

このような考え方に照らせば、減価償却資産に投資された経費の回収という役割を有する国税の減価償却の残存価額と、家屋の使用価値とは、性質が

異なるものであり、その基準が同一である必要はない。また、人が居住し活動するという家屋の特質に照らせば償却資産とはその効用が異なると考えられることから、これも償却可能限度額と同一である必要はない。以上から、これまで、現行の20％を変更していないものである」とされている*61。

　これはまさしく「最小使用価値」論であり、これが2007年（平成19年）調査の基本的考え方になっている。

　2007年（平成19年）においても、「最小使用価値」の考え方に基づいて調査がされている。総務省は、「研究センターが平成19年度に実施した『家屋評価における経年減点補正率表の見直しに関する調査研究』（乙第4号証）において、『評価額が最終残存価格に達したものとして扱われる家屋の現実の資産価値は幅広く分布し、その中で残価率20％に対応するのは、物的な劣化が効用をかろうじて保持できているものであると考えられる。一方、評価額が最終残存価格に達した家屋の資産価値の評価方法には、現状適切なものがない中で、納税者に不利にならないという観点からみれば、評価額が最終残存価格に達したものとして扱われる家屋の現実の資産価値は、ほとんどの家屋で20％を大きく上回ると考えてよいことから、現時点における妥当性を有するものだといえる。』とされた」と述べている*62。

　しかし、事実はそうではない。その翌年の2008年（平成20年）にも調査が行われているからである。2008年（平成20年）の調査は、平成21年3月に公表された。この2008年（平成20年）の調査研究では、「残存（耐用）年数」が問題とされている。

　「この考え方（注　総務省の考え方）に対しては、外部から『現行評価基準が定める最終残価率到達年数の長さは、実態と乖離しているのではないか』という批判的意見がよく寄せられる。これは、現行評価基準が木造家屋の場合適用区分ごとに10年〜35年、非木造家屋は13年〜65年と最終残価率到達年数を設定しているが、いずれも長過ぎるのではないか、我が国の取引実態では建築後の家屋はほとんど無価値となるものであって、仮にそれを平均化し

---

*61　2019年（平成19年）調査研究119頁
*62　添付資料223頁

[1]　建物（家屋）に関する固定資産評価基準の歴史的考察　　195

て減価させるようにしたとしても、減価の進行はもっと早くてしかるべきで
はないかという考え方に基づくのであろう。」

　2009年（平成21年）になっても、「残存（耐用）年数」について、外部から
の強い批判の存在があるということである。「このような批判をうけての論
点整理を行うとすれば、結局は『現行評価基準における経年表の分類ごとに
定められた最終残価率到達年数のありかたを、どのように考えるか』という
命題に帰結せざるを得ない。」「このような考え方（注　総務省の考え方）に
対する外部の批判的意見としては、最残価率はなぜ20％なのか、なぜ０％に
ならないのか」というのが多く寄せられる。2009年（平成21年）になっても、
「残存（耐用）年数」と同様に「最終残価率（20％）」についても、外部から
の強い批判の存在がある。

　「この批判を受けての論点としては、やはりそもそも『最終残価率のあり
方をどのように考えるべきか』と整理せざるを得ない。その中で、まずは、
最終残価率として20％を採用していることの妥当性を検証することは可能な
のか検討する必要があろう」としている*63。

　2007年（平成19年）度の調査研究では解決されていなかったということで
ある。

第4節　2008年（平成20年）の調査研究について

1　総務省の主張

　総務省は、2008年（平成20年）の調査研究に基づき、「耐用期間」と「最
終減価率（20％）」の「一般的合理性」が裏付けられたという。

①耐用期間について

　総務省は、「耐用期間（経過年数）」の設定について、

「財団法人資産評価システム研究センター（以下「研究センター」という。）
が平成20年度に実施した『家屋に関する調査研究——再建築費評点基準表と
経年減点補正率基準表の区分に関する調査研究』（乙第２号証の第１章）にお

---

*63 2008年（平成20年）調査研究8頁

いて、『Ⅳ．－1の研究（引用者注：定期的な修繕をした場合の家屋の残価率の推移）について、残価率曲線の平均線と経年減点補正率曲線とを比較すると、概ね平均線の方が高くなる傾向にあり、また最終残価率に達するまでの期間についても、各構造・用途において平均線の方が長くなる。』また『Ⅳ．－2の研究（引用者注：最終残価率まで到達している家屋の推移）を見ると、各構造・用途で、最終残価率に達している家屋が一定数あり、その総数が逓増していることが分かった。特に、木造専用住宅は、60％近くが最終残価率に到達している家屋と推計することができ、現行の経年表における最終残価率到達年数が長すぎると言う意見や、実態と合わないという批判には当たらない。』とされる。

　このように、平成6年度に改正された評価基準において設定された経過年数は、平成20年度に実施された専門家による検証においても、妥当と評価されている」と述べている。

②残価率について

　総務省は、

　「さらに、研究センターが平成20年度に実施した『家屋に関する調査研究——再建築費評点基準表と経年減点補正率基準表の区分に関する調査研究』（乙第2号証の第1章）においても、『Ⅳ．－1の研究（引用者注：定期的な修繕をした場合の家屋の残価率の推移）のうち、最終残価率に達した後の推移のグラフを見ると、すべての構造・用途で残価率の平均線は、20～40％程度で推移しており、現行評価基準における最終残価率20％を上回る結果が出ている。このことから、現行評価基準の考え方の前提である『固定資産税の制度において、年数の経過に伴って家屋の価値は減少していくが、通常の維持補修を行い家屋として効用を発揮している家屋であれば、家屋の持つ使用価値はゼロにはならず、最低限の価値は保たれる』ことが裏付けられたと考えられる』（乙第2号証30ページ）とされている」と述べている[64]。

---

*64 添付資料223-224頁

[1]　建物(家屋)に関する固定資産評価基準の歴史的考察　197

2　調査目的について

　2008年（平成20年）調査研究は、「このような批判をうけての論点整理を行うとすれば、結局は『現行評価基準における経年表の分類ごとに定められた最終残価率到達年数のありかたを、どのように考えるべきか』という命題に帰結せざるを得ない」としている。

　これは、「最終残価率到達年数」（耐用期間）についての強い批判に対応するためのものであった。

　2008年（平成20年）調査研究では「最終残価率（20％）」が問題とされた[65]。「このような考え方（総務省の考え方）に対する外部の意見としては、最終残価率はなぜ20％なのか、なぜ０％にならないのか」という批判が多く寄せられる。このように「残存（耐用）年数」と同様に、「最終残価率（20％）」についても、外部からの強い批判があった。「この批判を受けての論点としては、やはりそもそも『最終残価率のあり方をどのように考えるべきか』と整理せざるを得ない。その中で、まずは、最終残価率として20％を採用していることの妥当性を検証することは可能なのかを検討する必要があろう」としている。

　2008年（平成20年）調査研究は、以上の強い批判に対応するためのものであった。「残存（耐用）年数」「最終残価率（20％）」については、総務省の主張とは逆に、その「一般的合理性」は認識されていない。そこで、耐用年数と20％の残価率を実証するためになされたのが、2008年（平成20年）の調査だったのである。修理をすれば20％の残価が証明できるのではないか。それを証明するのが2008年（平成20年）調査だったのである。

3　調査結果

　それでは2008年（平成20年）の調査でそれが証明されたのであろうか？

　本件報告書は、「ⅵ　結論」として、「現行評価基準における経年表の分類ごとに定められた最終残価率到達年数のありかたをどのように考えるべきか」及び「最終残価率のありかたをどのように考えるべきか」という論点に

───────────────
*65　2008年（平成20年）調査研究9頁

198

つては、それぞれの考察内容で述べたように、今年度においてとりあえず一定の結論を得ることができた。これはあくまで、今年度の研究に一応の締めくくりをつけるという程度でしかないかもしれないが、今の時点存在するデータの分析を行うことから、現行の最終残価率到達年数や最終残価率の設定に合理性を見出すことができるということが明らかとなった意味は大きいと考えるものである*66」と結論づけているが、極めて歯切れが悪い。

　この後に、以下の重要な指摘がある。「しかし、今回は前回投資額の80%を例にとって、研究を行ったため、通常の維持修繕の範囲としては高すぎるのではないかとの意見もあるだろう。確かに、67%や50%のケース、今回では取り上げていないが修繕率を低く想定するケースでは、最終残価率の20%を下回るケースも見られる。そういった場合であっても維持修繕を行うことで、ある一定程度の残価率は残ることは明らかであり、仮に納税者が納得する通常の維持管理を行った際における残価率の曲線が20%に足りない場合においても、その足りない部分は、家屋が存在し続ける限りにおける行政サービスの対価として納税者にその費用の分担をお願いする要素も加味し、現行の最終残価率20%が決定されているということもいえるのではないかと考えられる*67」としている。

　またぞろ「最小使用価値」が持ち出されるのである。2008年（平成20年）調査研究は、「ある一定程度の残価率」が「20%であること」を実証するためのものではなかったのか。

4　条件設定の非常識

（1）　定期的補修の条件

　2008年（平成20年）調査研究では、「定期的な修繕」をした場合の「残価率」を調査している。

　しかしすべての建物で「定期的な修繕」がなされているという調査結果はない。「定期的な修繕」をするという条件設定が現実と異なっているのであ

---

*66　前掲・2008年（平成20年）調査研究30頁
*67　前掲・2008年（平成20年）調査研究31頁

る。

(2)　修繕に経済合理性がない

a　修繕の内容

　2008年（平成20年）の調査研究では、「定期的な修繕」が前提となっているが、「前回の投資額との比較で、5分の4（80％）、3分の2（67％）、2分の1（50％）の修繕をするという条件である。本件報告書では、修繕により回復する程度を「前回投資額の80％程度、67％程度、又は50％の3つのパターンを想定」している。

　①木造専用住宅では7回、②鉄筋コンクリート造住宅では6回、③鉄骨造工場では7回、④小規模鉄骨造事務所では8回、⑤大規模鉄骨造事務所では6回の修繕がなされることになっている。

　ここでは補修内容について、前回投資額の80％程度が投資される場合をとって投資額を累積すると、

　　　　第1回修繕　　80％
　　　　第2回修繕　　64％（80％の80％）……………………………144％（合計）
　　　　第3回修繕　　51.2％（64％の80％）…………………216.17％（合計）

　このように、第2回目の修繕で新築価格の144％の投資累計額となり、新築ができる以上の投資を、修繕にするという前提なのである。第3回修繕では新築価格の216.17％、これは2回も新築できるというものである。しかもそれによって回復する価値は修繕費に満たないものという。

　「大規模S造事務所の経年減点補正率基準表と定期的な修繕をした場合の減価率」を例に述べる。

　次頁の図を見ていただきたい。

(3)　修繕なしでは評価基準が高い

　この場合、そもそも30年後の第1回修繕時期までを見ると、いずれも評価基準の評価が現実の評価より高いことがわかる。つまり、修繕なしでは評価基準が高いのである。

　そして修繕なしであれば、40年から45年で価値がゼロとなる。

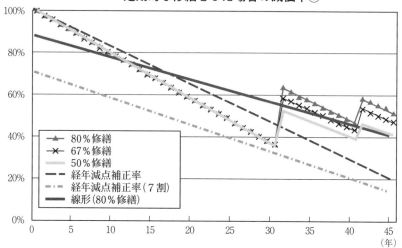

大規模S造事務所の経年減点補正率基準表と定期的な修繕をした場合の減価率①

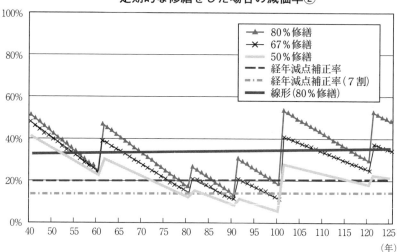

大規模S造事務所の経年減点補正率基準表と定期的な修繕をした場合の減価率②

[1]　建物(家屋)に関する固定資産評価基準の歴史的考察　　201

(4)　修繕による評価の回復が低い

　そして、「30年後に修繕が始まる」という条件になっている。その上で、第1回目の修繕（30年目）に新築の投資額の80％を投資しても新築の65％までしか評価は回復しない。それから10年で64％の費用をかけて第2回目の修繕をすることになっている。

　第2回目の修繕（40年目）に、更に新築の投資額の64％を追加投資（第1回目と合わすと144％）しても、新築の60％までしか評価は回復しない。第3回目の修繕（60年目）にさらに新築の投資額の51.2％を追加投資（第1回から合わすと1216.17％）しても、新築の55％までしか評価が回復しない。

　このような条件の修繕には「経済合理性」がない。納税者は新築を選択するであろう。

5　結論では最小使用価値が再び登場

　2008年（平成20年）の調査研究は、「最終残価率の20％を下回るケースも見られる場合」のあることを認めている。「そういった場合であっても維持修繕を行うことで、ある一定程度の残価率は残ることは明らかである」としている。2008年（平成20年）の報告書は、まさしくその「残る」とされる「ある一定程度の残価率」が、「20％であること」を実証するためではなかったのか。現実離れした定期的修繕と修繕費用という非常識な条件を持ち出したあげくが、これなのである。

　また、「仮に納税者が納得する通常の維持管理を行った際における残価率の曲線が20％に足りない場合においても、その足りない部分は、家屋が存在し続ける限りにおける行政サービスの対価として納税者にその費用の分担をお願いする要素も加味し、現行の最終残価率20％が決定されているということもいえるのではないかと考えられる*68。」としている。

　これはまたしても、1992年（平成4年）9月の調査報告の「最小使用価値」の再来である。

---

*68 2008年（平成20年）調査研究30頁

202

6 小結

　このように、2008年（平成20年）の調査研究においても、評価基準の「耐用年数」も、「残存価格（残価率）20％」も明らかにすることができなかったことになる。

第10　まとめ——経年減点補正率を構成する「耐用年数」と「最終残価率(20％)」には、「一般的合理性」が証明されていない

　1951年（昭和26年）の評価基準の制定から現在までを振り返ると、以下の事実が明らかとなっている。

　第1に、経年減点補正を構成する「耐用年数」と「最終残価率（20％）」を裏付ける根拠はまったくなかった。また、家屋が滅失に近づいて行く場合に、「最終残価」が存在すること、それが「20％」であることを、根拠づけるものはなかった。

　第2は、自治省は、1994年（平成6年）の改正まで「耐用年数」は大蔵省令に準拠するものとしたが、大蔵省令より長い期間を根拠なく採用してきた。しかも、本来であれば評価基準は20％の残価率を設けるのであるから、10％の残価の大蔵省令に合わせるとしても、それは短くなければならないはずである。しかしそうはならなかった。

　第3は、1992年（平成4年）9月の調査研究で、都合の悪い結果がネグレクトされたことである。わざわざ大がかりな1992年（平成4年）9月の調査研究を実施しておきながら、耐用年数が明らかに評価基準より短いことが明らかとなったため、自治省はそれを無視（ネグレクト）した。また、調査目的であった「残価率（20％）」もさわられること（検討されること）がなかった。

　第4に、2007年（平成19年）と2008年（平成20年）の調査研究においても、「耐用年数」と「残価率（20％）」に「一般的合理性があること」が証明されなかった。

　このように、経年減点補正を構成する「耐用年数」と「残価率（20％）」も、根拠なく始まり、「耐用年数」は1994年（平成6年）の改正以来、「残価率（20％）」は1952年（昭和27年）以来、「根拠」無く存在しているのである。

[1]　建物(家屋)に関する固定資産評価基準の歴史的考察　203

　現在の経年減点補正率を構成する「耐用年数」と「最終残価率（20%）」
は、「一般的合理性」が証明されないまま今に至るまで存在しているのであ
る。

第11　新たな最高裁判例——最高裁平成25年7月12日第2小法廷判決[69]

　このような中、2013年（平成25年）7月12日に家屋の評価基準について新
たな最高裁判決が出された。

1　判決の内容

　新たな判決内容は以下のとおりである。最高裁は、
　「ア　適正な時価とは、正常な条件の下に成立する当該土地の取引価格、
すなわち、客観的な交換価値をいうと解される。土地の基準年度に係る賦課
期日における登録価格が同期日における当該土地の客観的な交換価値を上回
れば、その登録価格の決定は違法となる（最高裁平成10年（行ヒ）第41号、同
15年6月26日第一小法廷判決・民集57巻6号723頁参照）。」
　「イ　また、地方税法は、固定資産税の課税標準に係る固定資産の評価の
基準並びに評価の実施の方法及び手続を総務大臣（平成13年1月5日以前は自
治大臣。以下同じ。）の告示に係る評価基準に委ね（388条1項）、市町村長は、
評価基準によって、固定資産の価格を決定しなければならないと定めてい
る（403条1項）。これは、全国一律の統一的な評価基準による評価によって、
各市町村全体の評価の均衡を図り、評価に関与する者の個人差に基づく評価
の不均衡を解消するために、固定資産の価格は評価基準によって決定される
ことを要するものとする趣旨であると解され（前掲最高裁平成15年6月26日第
一小法廷判決参照）、これを受けて全国一律に適用される評価基準として1958
年（昭和38年）自治省告示第158号が定められ、その後数次の改正が行われ
ている。これらの地方税法の規定及びその趣旨等に鑑みれば、固定資産税の
課税においてこのような全国一律の統一的な評価基準に従って公平な評価を

---

*69　民集67巻6号1255頁、判例時報2201号37頁

受ける利益は、適正な時価との多寡の問題とは別にそれ自体が地方税法上保護されるべきものということができる。

　これらの地方税法の規定及びその趣旨等に鑑みれば、固定資産税の課税においてこのような全国一律の統一的な評価基準に従って公平な評価を受ける利益は、適正な時価との多寡の問題とは別にそれ自体が地方税法上保護されるべきものということができる。したがって、土地の基準年度に係る賦課期日における登録価格が評価基準によって決定される価格を上回る場合には、同期日における当該土地の客観的な交換価値としての適正な時価を上回るか否かにかかわらず、その登録価格の決定は違法となるものというべきである。」

　「ウ　そして、地方税法は固定資産税の課税標準に係る適正な時価を算定するための技術的かつ細目的な基準の定めを総務大臣の告示に係る評価基準に委任したものであること等からすると、評価対象の土地に適用される評価基準が適正な時価を算定する方法として一般的な合理性を有するもので、該土地の基準年度に係る賦課期日における登録価格がその評価方法に従って決定された価格を上回るものでない場合には、その登録価格は、その評価方法によっては適正な時価を適切に算定することのできない特別の事情の存しない限り、同期日における当該土地の客観的な交換価値としての適正な時価を上回るものではないと推認するのが相当である（最高裁平成11年（行ヒ）第182号同15年7月18日第二小法廷判決・裁判集民事210号283頁、最高裁平成18年（行ヒ）第179号同21年6月5日第二小法廷判決・裁判集民事231号57頁参照）。」

　「エ　以上に鑑みると、士地の基準年度に係る賦課期日における登録価格の決定が違法となるのは、当該登録価格が、①当該土地に適用される評価基準の定める評価方法に従って決定される価格を上回るとき（上記イの場合）であるか、あるいは、②これを上回るものではないが、その評価方法が適正な時価を算定する方法として一般的な合理性を有するものではなく、又はその評価方法によっては適正な時価を適切に算定することのできない特別の事情が存する場合（上記ウの推認が及ばず、又はその推認が覆される場合）であって、同期日における当該土地の客観的な交換価値としての適正な時価を上回るとき（上記アの場合）であるということができる。」と、

判示した。

2　新判例の意義

新しい最高裁判例は、先に指摘したように、最高裁平成15年6月26日第1小法廷判決と、最高裁15年7月18日第2小法廷判決を明確化したものとされる（判例時報2201号39頁解説）。

すなわち、最高裁15年7月18日第2小法廷判決は、「評価基準は、固定資産税の課税標準の基礎となるべき価格の適正を手続的に担保するために、その算定手続・方法を規定するものであるから、これに従って決定された価格は、特段の反証がない限り、地方税法349条1項所定の固定資産の価格である適正な時価と認めることができる」として、評価基準により算定した価格をアプリオリに、無条件に「適正な時価」として推定していたのに対し、

新判例は、「これを上回るものではないが、その評価方法が適正な時価を算定する方法として一般的な合理性を有するものではなく、又はその評価方法によっては適正な時価を適切に算定することのできない特別の事情が存する場合（上記ウの推認が及ばず、又はその推認が覆される場合）であって、同期日における当該土地の客観的な交換価値としての適正な時価を上回るとき（上記アの場合）には、賦課期日における登録価格の決定が違法となる」としたのである。

3　「一般的な合理性」の立証責任

(1)　新判例の趣旨

新判例は、「評価対象の土地に適用される評価基準が適正な時価を算定する方法として一般的な合理性を有するもので、該土地の基準年度に係る賦課期日における登録価格がその評価方法に従って決定された価格を上回るものでない場合には、その登録価格は、その評価方法によっては適正な時価を適切に算定することのできない特別の事情の存しない限り、同期日における当該土地の客観的な交換価値としての適正な時価を上回るものではないと推認するのが相当である」としている。

その結果、「（登録価格がその評価方法に従って決定された価格）を上回るも

のではないが、①その評価方法が適正な時価を算定する方法として一般的な合理性を有するものではなく、又は②その評価方法によっては適正な時価を適切に算定することのできない特別の事情が存する場合（上記ウの推認が及ばず、又はその推認が覆される場合）であって、同期日における当該土地の客観的な交換価値としての適正な時価を上回るとき（上記アの場合）には、賦課期日における登録価格の決定が違法となる。①と②は文脈上あくまで並列的に存在する。」

「適正な時価を算定する方法として一般的な合理性を有する」ことの立証責任は、行政庁の側にあることになる。

(2) 立証責任を考える視点

基本判例である最高裁平成15年6月26日判例は、

「法もこれを算定するための技術的かつ細目的な基準の定めを自治大臣の告示に委任したものであって、賦課期日における客観的価値を上回る価格を算定することまでもゆだねたものではない。」「評価基準に定める市街地宅地評価法は、……これにのっとって算出される当該宅地の価格が、賦課期日における客観的な交換価値を超えるものではないと推認することができるためには、標準宅地の適正な時価として評価された価格が、標準宅地の賦課期日における客観的な交換価値を上回っていないことが必要である。」と、評価基準が「適正な時価を算定する方法として一般的な合理性を有する」ことを求めている。

そして、「その評価方法によっては適正な時価を適切に算定することのできない特別の事情の存在」が納税者側にあるということになる。

判例時報の解説（調査官であろうと推測できる）では、「特別の事情とは、評価基準を正しく適用したとしても当該土地の適正な時価を適切に算定することができないことを基礎付ける具体的事情であって、登録価格が適正な時価を上回らない旨の推認を妨げるべく固定資産税の納付者がその立証責任を負うものと解されよう。」とされている。ここには「評価基準の適用段階」の事実関係のみであり、「評価基準が一般的合理性を有する」ということについては言及されていない。

[1]　建物(家屋)に関する固定資産評価基準の歴史的考察　207

(3)　総務省の主張

　総務省は、評価基準の「一般的合理性のないこと」は納税者側の立証責任であるとして、以下のように主張する。

　「『②これを上回るものではないが、その評価方法が適正な時価を算定する方法として一般的な合理性を有するものではなく、又はその評価方法によっては適正な時価を適切に算定することのできない特別の事情が存する場合（上記ウの推認が及ばず、又はその推認が覆される場合）であって、同期日における当該土地の客観的な交換価値としての適正な時価を上回るとき（上記アの場合）であるということができる。』と判旨しているのであって、登録価格の決定を違法と主張する者が評価基準の一般的合理性の欠如の主張立証責任を負ことは明らかである。

　このことは、千葉勝美裁判官が補足意見として『土地の所有名義人が、独自の鑑定意見書等の提出により適正な時価を直接主張立証し登録価格の決定を違法とするためには、やはり、その前提として、評価基準の定める評価方法によることができない特別の事情（又はその評価方法自体の一般的な合理性の欠如）を主張立証すべきであり、前掲最高裁平成15年7月18日第二小法廷判決もこの考えを前提にしているものと解される。』と述べているとおりである*70。」

(4)　行政処分取消訴訟の主張・立証の責任

　ちなみに、最高裁は行政処分取消訴訟の主張・立証の責任について以下のとおり判旨している。代表的判例は、伊方原発の原子炉設置処分取消事件の判決である（最判第1小法廷平成4年10月29日民集46巻7号1174頁）。

　最高裁第1小法廷は、伊方原発の原子炉設置処分取消事件において、「原子炉設置処分の取消訴訟においては、右判断に不合理な点があることの主張・立証責任は、本来、原告が負うべきものであるが、被告行政庁の側において、まず、原子力委員会若しくは原子炉安全専門審査会において用いられた具体的審査基準並びに調査審議判断の過程等、被告行政庁の判断に不合理

---

*70　添付資料228-229頁

な点がないことを相当の根拠、資料に基づき主張立証する必要があり、被告行政庁が右主張立証を尽くさない場合には、被告行政庁がした右判断に不合理な点があることが事実上推認される」と判旨している。

評価基準の「一般的合理性」は、基準をつくった行政庁が主張立証する必要のあることは、行政処分取消訴訟の原則からも明らかになっている。

4　千葉裁判官の補足意見——不動産鑑定（直接的評価）と評価基準に基づく価格算定（間接的評価）

千葉裁判官は以下のように述べている。

「『適正な時価』とは、正常な条件の下に成立する当該土地の取引価格、すなわち客観的な交換価値をいうと解されるが、これは評価的な概念であり、その鑑定評価は、必ずしも一義的に算出され得るものではなく、性質上、その鑑定評価には一定の幅があり得るものである。したがって、鑑定意見書等によっていきなり登録価格より低い価格をそれが適正な時価であると摘示された場合、その鑑定意見書等による評価の方法が一般に是認できるもので、それにより算出された価格が上記の客観的な交換価値として評価し得るものと見ることができるときであったとしても、当該算出価格を上回る登録価格が当然に適正な時価を超えるものとして違法になるということにはならない。当該登録価格が、評価基準の定める評価方法に従ってされたものである限り、特別の事情がない限り（又はその評価方法自体が一般的な合理性を欠くものでない限り）、適正な時価であるとの推認が働き（法廷意見の引用する平成15年7月18日第二小法廷判決等参照）、これが客観的な交換価値であることが否定されることにならないからである。」

しかし、不動産鑑定は、国交省の不動産鑑定基準に基づき個別不動産（家屋も含む）を直接評価し、評価額を算定するものである。「個別的評価」であり、「直接的評価」をする方法である。千葉補足意見は、「鑑定意見書等による評価の方法が一般に是認できるもので、それにより算出された価格が上記の客観的な交換価値として評価し得るものと見ることができるときであったとしても、当該算出価格を上回る登録価格が当然に適正な時価を超えるものとして違法になるということにはならない」という。それは「当該登録価

格が、評価基準の定める評価方法に従ってされたものである限り、特別の事情がない限り（又はその評価方法自体が一般的な合理性を欠くものでない限り）、適正な時価であるとの推認が働き（法廷意見の引用する平成15年7月18日第二小法廷判決等参照）、これが客観的な交換価値であることが否定されることにならないからである」というのである。

　論旨は、評価基準は「間接的評価」方法であり、間接的評価法が直接的評価法より正確性において劣っていて、直接的評価により絶えず検証されるべきであることを忘れた議論である。立法者は、1951年（昭和26年）当時からこの「間接的評価法が直接的評価法より正確性に劣っている」という厳然たる事実を認識していた。ところが、約60年もたつと、この事実が忘れ去られてしまっている。

　ちなみに、土地の固定資産評価にあたっては、不動産鑑定がなされこれに基づき、市町村が評価作業をする。家屋については、間接評価が直接評価に優越するというのである。

　千葉補足意見の根底には、以下の考え方がある。

　「そもそも、このような算出価格が当該登録価格を下回る場合、それだけで、上記の適正な時価であることの推認が否定されて登録価格の決定が違法となるのであれば、課税を行う市町村の側としてはこのようにして所有名義人から提出される鑑定意見書等が誤りであること、算出方法が不適当であること等を逐一反論し、その点を主張立証しなければならなくなり、評価基準に基づき画一的、統一的な評価方法を定めることにより、大量の全国規模の固定資産税の課税標準に係る評価について、各市町村全体の評価の均衡を確保し、評価人の個人差による不均衡を解消することにより公平かつ効率的に処理しようとした地方税法の趣旨に反することになる。」これは千葉裁判官の認識不足である。

　次頁の統計によれば、千葉裁判官が心配するほど事件は多くない。不動産鑑定がでてくる事件はほとんどないといっていい。裁判になってはじめて鑑定書がでてくるのである。

　家屋の不服申立は、市町村では、2008年（平成20年）度をみても、政令指定都市でも平均11件であり、その他の765の市では、1つの市当たり0.6件、

団体類型別不服申立て・審査申出件数

【2006年（平成18年）度発生件数】 （単位：団体・件）

団体類型		団体数	不服申立て		固定資産評価審査委員会に対する審査申出				
					合計		土地	家屋	償却資産
都道府県		47	564	(12.0)	合計				
市町村	政令市・東京都特別区	16	490	(30.6)	1,044	(65.3)	661	387	5
	上記以外の市	767	390	(0.5)	1,550	(2.0)	1,541	448	0
	町村	1,022	25	(0.0)	167	(0.2)	134	54	3
	計	1,805	905	(0.5)	2,761	(1.5)	2,336	889	8

【2007年（平成19年）度発生件数】

団体類型		団体数	不服申立て		固定資産評価審査委員会に対する審査申出				
					合計		土地	家屋	償却資産
都道府県		47	576	(12.3)	合計				
市町村	政令市・東京都特別区	18	419	(23.3)	231	(12.8)	162	89	1
	上記以外の市	766	517	(0.7)	436	(0.6)	344	111	2
	町村	1,004	35	(0.0)	68	(0.1)	56	13	0
	計	1,788	971	(0.5)	735	(0.4)	562	213	3

【2008年（平成20年）度発生件数】

団体類型		団体数	不服申立て		固定資産評価審査委員会に対する審査申出				
					合計		土地	家屋	償却資産
都道府県		47	429	(9.1)	合計				
市町村	政令市・東京都特別区	19	483	(25.4)	210	(11.1)	135	99	7
	上記以外の市	765	497	(0.6)	451	(0.6)	363	125	0
	町村	992	34	(0.0)	71	(0.1)	57	25	1
	計	1,776	1,014	(0.6)	732	(0.4)	555	249	8

※ （ ）内は、1団体当たりの件数。
※ 東京都特別区は1市として計上している。
※ 1件の審査申出が土地・家屋・償却資産にわたる場合、それぞれ1件として計上しているため、審査申出件数合計とは一致しない。

[1]　建物(家屋)に関する固定資産評価基準の歴史的考察　211

件数も土地で363件、家屋で125件にすぎず、土地でいえば50%、建物でいえば83%の市では不服申立がない。町村に至っては１つの町村当たり0.6件なのである。

　これらのうち千葉補足意見のいう「不動産鑑定」が提出される事件などほとんどないではないか。「不動産鑑定書」作成には多額の費用を要する。このような費用をかけてまで、不服を申し立てるというのは、納税者の側からみると、評価について高いという特別の事情があるからである。市町村は、千葉補足意見にあるような不動産鑑定に反論できないような状況にはない。

第12　結論──いま問われているもの

　評価基準の評価、特に経年減点補正による評価は、行政の評価を簡易化するためにつくられた「間接的評価法」であった。それは正確性・厳密性を欠き、「直接的評価法」に劣るとされてきた。家屋（建物）の評価基準では再建築価格に減点補正という方式で、①は経年減点補正率（間接的評価方法）で、②は損耗減点補正率（直接的評価方法）で評価していくことになっていた。当初両者は対等とされたが、①経年減点補正が原則とされ、②損耗減点補正率はこれを補完するものとされた（1964年〔昭和39年〕の基準）。

　問題は、経年減点補正率で、その構成要素として重要なのは、イ「耐用年数」と、ロ「残価率（20%）」であった。このうちイの「耐用年数」は、大蔵省令に準拠し、その改正にともない改正されたが、省令に比べるとはるかに長かった。ロの「残価率」は、根拠なく20%とされてきた。

　1994年（平成６年）改正は、これまた何らの根拠もなく、大蔵省令より長い「耐用年数」とし、20%の残価率が滅失まで続くことになった。これは現在まで維持されている。

　1994年（平成６年）の改正から、評価基準については、準拠してきた大蔵省令の「減価償却」とはちがう、これにあわせる必要はないとして、改正が見送られてきた。残価率は、「最小使用価値」を表したものとされ、独自の概念がつくられたが、それは固定資産税の基本となる「交換価値」とは無縁なもので、「適正な時価」は「客観的な交換価値」であるという2003年（平

成15年）6月の最高裁判決によって否定された。

2003年（平成15年）の改正で、個別的で直接的な評価であったはずの「損耗減点補正」にも「経年減点補正率」が導入され、間接的評価に変えられた。

このようにみてくると、根拠なく定められた「経年減点補正」による「間接的評価」が、家屋（建物）の評価基準を支配していく様子がよくわかる。

自治省と固定資産行政の担当者が「経年減点補正」を進めるのは、再建築価額が決まれば、年数を経年減点補正表に当てはめれば机上で自動的に計算でき、簡単で手間がかからないからである。直接的評価のように現場へ出向いて評価しなくてもよいからである。

しかし、正確性を欠く間接的評価を絶対視することには無理がある。ところが、自治省・総務省は、評価基準の価格以外は認めないというのである。その不当性が裁判で主張し続けられた。そして最高裁平成15年7月18日判決はこれを認知したのである。

総務省統計に見られるように、家屋（建物）の評価についての不服申立は極めて少ない。市民はコスト評価の観点から、不服申立はしないのである。市民が不服申立をするのはよくよくのことである。そして費用のかかる「不動産鑑定」をとるのも、よくよくなのである。

それを自治省・総務省は、2003年（平成15年）7月の最高裁判決の枠組みを根拠に、評価基準の「一般的・合理性」にふれることなく、問答無用で潰してきたのである。この結果、1994年（平成6年）から約10年、経年減点補正率による固定資産評価行政の支配が貫徹し、完成したのである。

そして、最後の評価基準改正の2003年（平成15年）から10年が経ち、2013年（平成25年）7月12日に最高裁判決が出された。この新最高裁判例で、はじめて「評価基準の一般的合理性」を正面から問うことができるようになった。

総務省・市町村は、評価基準の設定……判断の過程等、その判断に不合理な点がないことを、相当の根拠、資料に基づき主張立証する必要があり、総務省・市町村がその主張立証を尽くさない場合には、総務省・市町村の判断に不合理な点があることが事実上推認されるのである。

本稿のもとになった裁判が係属中の2015年（平成27年）、総務省は非木造

建物の区分から「ホテル、旅館」を新たに設け、これだけについて、それまでの経過期間を50年から45年に短縮した。裁判の中で、長すぎるという指摘がされていたことから、心持ち若干の短縮をしたもので、裁判対策・備忘策であろうが、それが裁判の成果となった。

　以上述べてきたように、いずれにしても、家屋（建物）の評価基準の評価方法について、経年減価補正率を構成する「耐用期間（経過期間）」の設定、「残価率（20％）」の設定に根拠のないこと、「一般的合理性」がないことが明らかとなっている。

　このような建物の固定資産評価方法が許されるのであろうか。

214

【添付資料】

参加行政庁（総務大臣）第1準備書面

（平成26年3月25日）

　これは裁判所から固定資産評価事件で初めて訴訟参加を命じられた（大阪地裁平成26年1月27日決定判例時報2316号60頁）総務大臣の主張であり、固定資産評価事件で初めて明らかにされた貴重なものである。それゆえ、書証などは本稿と関係ないが、そのまま掲載している。

第1　固定資産評価基準の概要―――――――――――――――――――216
　1　法令等の定め………………………………………………………………216
　2　評価基準を定めた趣旨……………………………………………………217
第2　評価基準における経過年数及び最終残価率の設定に一般的な合理性が
　　認められること――――――――――――――――――――――――217
　1　評価基準は適正な手続を経て定められていること……………………217
　2　再建築価格を基準とする評価方法が妥当であること…………………218
　3　経過年数の設定及び最終残価率の設定が合理的であること…………219
　　(1)　改正経緯…………………………………………………………………219
　　(2)　経過年数の設定が合理的であること………………………………219
　　　ア　平成6年度改正の合理性……………………………………………219
　　　イ　原告の主張は理由がないこと………………………………………220
　　　ウ　平成20年度に実施された調査研究において妥当と評価されていること
　　　　………………………………………………………………………………221
　　　エ　小括……………………………………………………………………221
　　(3)　最終残価率の設定が合理的であること……………………………222
　　　ア　最終残価率の設定の根拠及び合理性………………………………222
　　　イ　平成19年度及び平成20年度に実施された調査研究によって合理性が
　　　　裏付けられていること…………………………………………………223
　　　ウ　原告の主張は理由がないこと………………………………………224
　　　エ　小括……………………………………………………………………225
　　(4)　過去の最高裁判決及び下級審裁判例においても、評価基準における
　　　経過年数及び最終残価率の一般的合理性が認められてきたこと………225
　　　ア　最高裁判所平成15年7月18日第二小法廷判決（甲第9号証の1、2）
　　　　………………………………………………………………………………225

イ 仙台高等裁判所平成17年1月26日判決（乙第7号証）……………225

ウ 名古屋地方裁判所平成17年1月27日判決（乙第1号証の1）………226

エ 仙台高等裁判所平成17年8月25日判決（乙第8号証の1）…………226

オ 松山地方裁判所平成18年11月29日判決（乙第9号証）……………226

カ 小括……………………………………………………………………227

4 まとめ……………………………………………………………………227

第3 評価基準の一般的な合理性については、その欠如を主張する原告が主張

立証責任を負うこと（最高裁判所平成25年判決の評価について）————227

1 原告の主張…………………………………………………………………227

2 主張立証責任は原告が負うこと…………………………………………228

第4 結語————————————————————————————229

216

　参加行政庁は、本準備書面において、固定資産評価基準における経過年数及び最終減価率の設定に一般的な合理性が認められることを主張する。

　なお、略語等は、本準備書面で定めるもののほか、原告及び被告の準備書面を、それぞれ、「原告第○準備書面」、「被告第○準備書面」と記載して引用する。

第1　固定資産評価基準の概要
　1　法令等の定め
　　　地方税法は、固定資産の評価の基準並びに評価の実施の方法及び手続を総務大臣（平成13年1月5日以前は自治大臣）の告示に係る固定資産評価基準（以下「評価基準」という。）に委ねており（同法388条1項）、市町村長は、評価基準によって、固定資産の価格を決定しなければならないと定めている（同法403条1項）。

　　　これを受けて制定された評価基準（昭和38年自治省告示第158号。以下は、平成21年4月1日付け総務省告示第225号による改正前のもの〔甲第3号証〕に基づいて説明する。）は、家屋の評価について、木造家屋及び木造家屋以外の家屋（以下「非木造家屋」という。）の区分に従い、各個の家屋について評点数を付設し、当該評点数を評点1点当たりの価額に乗じて各個の家屋の価額を求める方法によるものとし（評価基準第2章第1節一）、各個の非木造家屋の評点数は、当該家屋の再建築費評点数を基礎とし、これに家屋の損耗の状況による減点を行って付設し（具体的には、再建築費評点数に減点補正率を乗じて求める。同章第3節一）、家屋の状況に応じ必要があるものについては、更に家屋の需給事情による減点を行うものとする旨を定めている（同章第1節二）。

　　　また、評価基準は、当該非木造家屋の構造の区分に応じ、非木造家屋評点基準表によって各部分別に標準評点数を求め、これに補正係数を乗じて得た数値に計算単位の数値を乗じて算出した部分別再建築費評点数を合計して再建築費評点数を付設する方法（いわゆる部分別評価の方法）及び非木造家屋をその実態に応じて構造、程度、規模等の別に区分し、それぞれの区分ごとに標準とすべき家屋を選定し、標準家屋の再建築費評点数に比準してこれと同一の区分に属する家屋の再建築費評点数を付設する方法（いわゆる比準評価の方法）を定めている（評価基準第2章第3節二、三）。

　　　さらに、評価基準は、非木造家屋の損耗の状況による減点補正率を非木造家屋経年減点補正率基準表（評価基準別表第13）によって求めるものとしている（評価基準第2章第3節五）。同表は、通常の維持管理を行うものとした場合において、その年数の経過に応じて通常生ずる減価を基礎とし、

【添付資料】参加行政庁（総務大臣）第1準備書面　　217

非木造家屋の構造区分に従って、経過年数に応ずる減点補正率（以下「経年減点補正率」という。）を定めたものである（同節五1(1)）。

2　評価基準を定めた趣旨

　　地方税法が、388条1項において総務大臣に評価基準の策定を委ね、403条1項において、市町村長は、評価基準によって、固定資産の価格を決定しなければならない旨定めたのは、全国一律の統一的な評価基準による評価によって、各市町村全体の評価の均衡を図り、評価に関与する者の個人差に基づく評価の不均衡を解消するために、固定資産の価格は評価基準によって決定されることを要するものとする趣旨であると解され（最高裁平成15年6月26日第一小法廷判決・甲第8号証参照）、これを受けて全国一律に適用される評価基準として昭和38年自治省告示第158号が定められ、その後数次の改正が行われている。

　　これらの地方税法の規定及びその趣旨等に鑑みれば、固定資産税の課税においてこのような全国一律の統一的な評価基準に従って公平な評価を受ける利益は、適正な時価との多寡の問題とは別にそれ自体が地方税法上保護されるべきものということができる（最高裁平成25年7月12日第二小法廷判決・甲第52号証。以下、同判決を「最高裁平成25年判決」という。）。

　　この点、平成24年度において、約5855万棟もの家屋が存在し、うち新増分家屋が約55万棟発生する状況において、地方税法は、全国一律の統一的な基準による評価によって、各市町村全体の評価の均衡を図り、評価に関与する者の個人差に基づく不均衡を解消することにより公平かつ効率的に処理する必要があることから、固定資産の評価を評価基準に委ねているのであり、これによって算出された評価額については、最高裁判決において、「評価基準が定める評価の方法によっては再建築費を適切に算定することができない特別の事情又は評価基準が定める減点補正を超える減価を要する特別の事情の存しない限り、その適正な時価であると推認するのが相当である」（最高裁平成15年7月18日判決・甲第9号証の1、2）と判示されている。

第2　評価基準における経過年数及び最終残価率の設定に一般的な合理性が認められること

　1　評価基準は適正な手続を経て定められていること

　　　地方税法388条2項は、「総務大臣は、前項の固定資産評価基準を定めようとするときは、地方財政審議会の意見を聴かなければならない。」と規定

しており、現行の評価基準は、改正の都度、同項に基づいて学識経験者等を委員とする地方財政審議会固定資産評価分科会において審議、了承されており、適正な手続を経て定められている。

2　再建築価格を基準とする評価方法が妥当であること

　評価基準は、新築時の家屋評価の方法として、再建築価格を基準とした評価方法を採用している。

　評価基準の制定に当たっては、昭和34年4月から2年間にわたり設置された総理大臣の諮問機関である固定資産評価制度調査会において、家屋の評価方法として、再建築価格を基準として評価する方法を含む4つの方法が検討された。この4つの方法のうち、「取得価格を基準として評価する方法」については、現実の取得価格は、その取得の際の個別的な事情による偏差があること、「賃貸料等の収益を基準として評価する方法」については、実際の賃貸料等は種々の事情により甚だしい格差があること、「売買実例価格を基準として評価する方法」については、取得価格と同様に、個別的な事情による偏差があるほか、家屋の取引が一般的に宅地とともに行われている現状からして、そのうち家屋の部分を分離することが困難である等の事情があることがデメリットとして挙げられた。他方、再建築価格は、当該家屋と同一の家屋を新築するものと仮定した場合における新築に要する費用の総額をいい、家屋の価格の構成要素として基本的なものであり、その評価の方式化も比較的容易であることから、家屋の評価は、「再建築価格を基準として評価する方法」によることが適当である旨の答申がされた（甲第18号証687、688ページ）。

　このように、固定資産評価制度調査会の答申においては、税負担の公平性の観点から、取得時等に見られるような個別的な事情による偏差を含まない方法が適当とされ、このような考え方は、同答申を受けて制定された評価基準において引き継がれている。そして、この考え方は、制定後既に約半世紀を経過して社会に定着しているということができる。

　これに対し、原告が適正な時価であると主張する根拠としている不動産鑑定額は、収益還元法という個別的な事情に左右されやすい収益を要因にしており、また、原価法による場合であっても、再調達原価による建築費の算定や、減価修正における耐用年数や観察減価の査定については、不動産鑑定士によって相当程度の差異が生じ得る（丙第1号証42ページ、乙第7号証12ページ、乙第9号証65ページ）。

　したがって、課税の公平性の観点から、特別の事情がある場合を除き、

【添付資料】参加行政庁（総務大臣）第1準備書面　　219

再建築価格方式によって固定資産税の家屋の評価をすべきであり、評価基準はこの点で合理的である。

3　経過年数の設定及び最終残価率の設定が合理的であること
(1)　改正経緯
　　評価基準において経年減点補正率の基礎となる経過年数及び経過年数以降の最終残価率については、地方財政審議会固定資産評価分科会（当時は中央固定資産評価審議会）の審議を経て、合理的な理由に基づき、適時かつ適正に設定及び改正がされてきた。
　　すなわち、昭和39年度に評価基準を制定した際には、非木造家屋について、国税の法人税における耐用年数を基礎として、資本的支出とみられるべき主体構造部以外の改良、取り替え等をも考慮しつつ、最終残価率20パーセントに達するまでの期間を定めた（丙第2号証122、123ページ）。
　　それ以降、3度にわたり経過年数を改正しているが、昭和48年度改正及び昭和54年度改正は、国税の耐用年数が建物の使用実態に即するよう改正されたことに伴い、また、平成6年度改正は、建物の使用実態を調査しそれを参考にして原則として耐用年数に合わせるよう、それぞれ改正されたものである（昭和48年度改正につき、丙第3号証及び丙第4号証、昭和54年度改正につき、丙第5号証、平成6年度改正につき、丙第6号証参照）。
　　その後も、経過年数及び最終残価率以外については、必要に応じて、評価基準は改正されており、その都度、地方財政審議会固定資産評価分科会が開催され、改正の是非について審議されている。
(2)　経過年数の設定が合理的であること
　　ア　平成6年度改正の合理性
　　平成6年度改正に際しては、社団法人日本建築学会に委託して、部位別による算定方法と家屋の滅失状況による算定方法により経過年数の短縮が検討された。
　　この点については、「滅失状況調査は、全国…合計48市の固定資産課税台帳を基に、残存棟数と除却棟数から平均的な建物の残存年数を推計したもので、建築年次別に半数（50%）が滅失する年数を寿命値と考えるものである。状況としては、相当の年数短縮が認められたが、滅失状況調査による年数短縮は物理的には十分使用可能であるのに、所有者の事情（土地絡み、使用収益、利用効率等）で取り壊され、寿命が短縮されているものがあって、税の立場からは課題が残ることから、これを参考とし、かつて国税で検討されたといわれる部位別による算定方法（当時の部位別は4〜5

の大きな区分であった。）により理論上の年数を検討することとされたものである。」（乙第5号証26ページ）とされているように、社団法人日本建築学会に委託して行った調査の結果については、飽くまでも改正の参考にされたにすぎず、現実の実情と専門家による知見に基づく検討の結果を踏まえ、非木造家屋について、ほとんどの用途及び構造で、おおむね減価償却資産の耐用年数等に関する省令（昭和40年大蔵省令15号）と一致するように短縮されたものである。したがって、同省令との比較においても、平成6年度改正における経過年数の設定が不合理とはいえない。

　なお、国税の耐用年数は、その後、平成10年度に短縮する改正が行われているが、その理由は、「建物の使用実態はともかく、投下資本の費用配分の期間としては従前の最長65年というのは長すぎる」というものであり、税務会計上、投下資本の回収期間をより短縮するべきであるとの政策的観点から行われたものであって、使用実態に着目する経過年数の改正とは別の観点から行われたものである（丙第7号証99ページ）。したがって、平成10年度に国税の耐用年数に関する改正がされたことをもって、平成6年度改正における経過年数の設定が不合理とはいえない。

　イ　原告の主張は理由がないこと

　これに対し、原告は、「『使用価値』とされる『建物を使用する、または使用しうる最低限の効用をいう最小使用価値である』というものは、『交換価値』とは異質なものであり、家屋の価格の問題に別次元の概念等を持ち込んでいることになる」のであって、「特別の『使用価値』『何らかの効用が期待され価値が生じている』などという概念を持ち出すことは『交換価値』を『適正な時価』とする地方税法に違反する。」と主張する（原告第4準備書面19、20ページ）。

　しかしながら、この点については、仙台高等裁判所平成17年1月26日判決（乙第7号証）が、「被控訴人は、経過年数を過ぎた家屋の適正な時価を使用価値に基づき算定することは、正常な条件の下における取引価格を求めるべきことと整合しない旨主張するが、残価率について物的価値を上回る使用価値に基づくとする評価基準の考え方は、経過年数経過後の資産も、現実に維持管理がされ利用されているのであれば、所有者にとって廃材としての処分価値以上の資産価値があるので、これを担税力の指標と捉えるべきであり、このことを使用価値と呼称して説明していると理解することができるから、固定資産税が、資産価値に着目し、その所有という事実に担税力を認めて課する一種の財産税であり、個々の資産の収益性の有無にかかわらず、その所有者に対して課すものであることと矛盾するものでは

ない（なお、…評価基準も、一般的、普遍的事情により資産の収益性が低下し、それが資産価値に影響することがあることを排除すべきものではないと解される。）。さらに、前記大蔵省令は、鉄骨鉄筋コンクリート造又は鉄筋コンクリート造の事務所用建物の耐用年数を50年とし（平成10年改正後）、また、家屋の耐用年数経過後の残存割合を10％（引用者注：平成19年改正により残存割合は廃止）とするが、平成10年の大蔵省令改正の理由にも現れているように、税務上の減価償却は、政策的観点を踏まえ、減価償却資産の取得した費用を取得時から法定耐用年数までの間に配分し、これによる収益と対応させることによって、各事業年度の損益を適切に算定することを目的とするものであり、各年度の固定資産の適正な時価を算定することを目的とする評価基準における家屋の損耗に関する考え方と直ちに同一視することはできない。」（同号証10、11ページ）と判示するとおりであり、原告の主張は理由がない。

　ウ　平成20年度に実施された調査研究において妥当と評価されていること

　　また、財団法人資産評価システム研究センター（以下「研究センター」という。）が平成20年度に実施した「家屋に関する調査研究─再建築費評点基準表と経年減点補正率基準表の区分に関する調査研究」（乙第2号証の第1章）において、「Ⅳ．─1の研究（引用者注：定期的な修繕をした場合の家屋の残価率の推移）について、残価率曲線の平均線と経年減点補正率曲線とを比較すると、概ね平均線の方が高くなる傾向にあり、また最終残価率に達するまでの期間についても、各構造・用途において平均線の方が長くなることが分かった。」、「Ⅳ．─2の研究（引用者注：最終残価率まで到達している家屋の推移）を見ると、各構造・用途で、最終残価率に達している家屋が一定数あり、その総数が逓増していることが分かった。特に、木造専用住宅は、60％近くが最終残価率に到達している家屋と推計することができ、現行の経年表における最終残価率到達年数が長すぎると言う意見や、実態と合わないという批判には当たらないと考えられる。」（乙第2号証29、30ページ）とされている。

　　このように、平成6年度に改正された評価基準において設定された経過年数は、平成20年度に実施された専門家による検証においても、妥当と評価されているのである。

　エ　小括

　　以上によれば、評価基準において経年減点補正率の基礎となる経過年数の設定には、合理性が認められるというべきである。

(3) 最終残価率の設定が合理的であること

　　ア　最終残価率の設定の根拠及び合理性

　　最終残価率については、固定資産税が、資産の保有と市町村の行政サービスとの間に存在する受益関係に着目し、資産価値に応じて課税するものであり、家屋の資産価値については、家屋が居住又は使用のための効用を発揮している限り、最低限度の価値を保持し続けるものと考えることが合理的であることから、その最低限度の価値を最終残価（再建築価格の20％）として設定しているものである。この最終残価率（20％）は、現行の評価基準が制定される以前の昭和29年度から現在まで変更されることなく、行政サービスに対する応益課税における水準として定着しているものと考えられる。

　　この点、上記大蔵省令では、減価償却の際の残存価額が、平成6年当時、10％（償却可能限度額5％）とされていたが、評価基準における最終残価率との相違については、「これによって、両者の最終到達価額は勿論、それに達するまでの償却率（減価率）も異なってくる。この差については、減価償却における償却可能限度額の5％は、その資産が本来の用役を果たした後においてこれを処分した場合において回収できる金額に相当するものと考えられているのに対し、固定資産税の残価率の20％は、通常考えられる維持補修を加えた状態において、家屋としての効用を発揮し得る最低限の状態を捉えるものであることから生じるものと思われる。」（甲第26号証107、108ページ）と解説されている。

　　そして、最終残価率が20％である根拠については、「一定年数に達してなお使用されている古い家屋の残存価格の考え方については通常考えられる維持補修を加えた状態において、家屋の効用を発揮し得る最低限を捉えるものとした場合には、経過年数による損耗度合からみて家屋としての残価は20％程度が限度と判断され、固定資産の評価に当たっては昭和38年度以前の旧評価基準当時から20％の率が採用され、昭和39年度の改正時においても、この考え方が適当とされました。」（乙第6号証90ページ）などと説明されている。

　　さらに、最終残価率については。昭和48年度改正に際し、「経年減点補正率の限度（いわゆる残価率）については、通常の状態において家屋の効用を発揮し得る最低限度をとらえるとした場合には、家屋の価額の20％程度が適当であると一般的にいわれており、昭和38年度まで適用されていた固定資産評価基準においても採用されていた経緯もあり、最近の家屋の状況から判断してこの取り扱いを今直ちに改正する必要はないものと考えられ、

今回は特に変更しないこととされたものである。」（丙第4号証14ページ）
とされ、平成6年度改正に際しても、「経過年数の短縮に伴って、経年減点
補正率基準表の経年減点補正率が改正になるが、残価率20％を引き下げる
べきとの意見があった。昭和48年度の前回の年数短縮時にも同様の意見が
あったが、残価率20％の引き下げは予定されていない。」、「経年減点補正率
基準表の適用に当たって、減点補正率の0.20に対応する年数を経過してい
る場合には、全て0.20に止めることとされている理由は、次のとおりと考
えられている。すなわち、一定年数に達してもなお使用されている家屋の
残存価額の考え方については、通常の維持補修を加えた状態において、家
屋の効用を発揮し得る最低限の状態を捉えるとした場合に、建物が劣化し
ていても、人が所有し使用している限り何らかの効用が期待され、価値が
生じていると考えられる。建物の価値基準を永く住み続けるという視点か
ら家屋の機能をみると、老朽化に係わらず資産価値は減少していないこと
が多いというわけである。通常考えられる維持補修について、国の施設や
民間の営繕費（計画）の状況から、建物の性能や建築設備の水準、安全性
に関する法規制の強化等を反映した修繕費を考慮すると、建物の残価は意
外と高いと思われる。」、「いずれにしても家屋の残存価値は、部分別消耗減
点補正率や修繕費との関係、通常家屋として使用に耐えられる状態である
ためには、少なくとも建築費の20％程度が限度であると判断されたもので
ある。国税における減価償却資産の償却率（取得価額の適正な期間配分と
いう趣旨）とは性格を異にしているものである。」（丙第6号証377、378ペ
ージ、甲第25号証141、142ページ）とされているところである。

　イ　平成19年度及び平成20年度に実施された調査研究によって合理性が
　　裏付けられていること

　また、研究センターが平成19年度に実施した「家屋評価における経年減
点補正率表の見直しに関する調査研究」（乙第4号証）において、「評価額
が最終残存価格に達したものとして扱われる家屋の現実の資産価値は幅広
く分布し、その中で残価率20％に対応するのは、物的な劣化が効用をかろ
うじて保持できているものであると考えられる。一方、評価額が最終残存
価格に達した家屋の資産価値の評価方法には、現状適切なものがない中で、
納税者に不利にならないという観点からみれば、評価額が最終残存価格に
達したものとして扱われる家屋の現実の資産価値は、ほとんどの家屋で
20％を大きく上回ると考えてよいことから、現時点における妥当性を有す
るものだといえる。」（乙第4号証161ページ）とされた。

　さらに、研究センターが平成20年度に実施した「家屋に関する調査研究

―再建築費評点基準表と経年減点補正率基準表の区分に関する調査研究」
（乙第2号証の第1章）においても、「Ⅳ．－1の研究（引用者注：定期的
な修繕をした場合の家屋の残価率の推移）のうち、最終残価率に達した後
の推移のグラフを見ると、すべての構造・用途で残価率の平均線は、
20～40％程度で推移しており、現行評価基準における最終残価率20％を上
回る結果が出ている。このことから、現行評価基準の考え方の前提である
『固定資産税の制度において、年数の経過に伴って家屋の価値は減少してい
くが、通常の維持補修を行い家屋として効用を発揮している家屋であれば、
家屋の持つ使用価値はゼロにはならず、最低限の価値は保たれる。』ことが
裏付けられたと考えられる。」（乙第2号証30ページ）とされている。

　このように、平成19年度及び平成20年度に実施された調査研究によって
も、最終残価率の合理性が裏付けられる。

　ウ　原告の主張は理由がないこと

　これに対し、原告は、20％という数値が「科学的根拠」に基づくもので
はないことを強調するが、原告のいう「科学的根拠」の趣旨は必ずしも判
然としない。

　仮に、原告が、自然科学における一点の疑義も許さない証明を想定して
いるのであれば、原告の主張は、最終残価率の性格や位置づけ等を正解し
ないものといわざるを得ず、その合理性については、最終残価率を設定す
る趣旨や家屋の寿命の実態等を踏まえ、総合的に判断されるべきである。
この点、仙台高等裁判所平成17年1月26日判決、（乙第7号証）は、「平成
5年の評価基準改正に際しての社団法人日本建築学会に委託された検討の
結果に基づき、近年の高度成長経済を背景とした生活の変化、生活水準の
向上等があり、家屋もこのような生活水準を維持するために機能及び質の
維持をする必要があり、従来に比べ日常の修繕等の維持管理の水準も大幅
に引き上げられ、これに伴い必要最小価値の値は大きくなる傾向にあると
言われているが、このような現象を科学的な手法で捉えることは困難であ
ることから、その値は、固定資産評価制度に定着した値である20％が維持
されている。」（同号証9ページ）と判示した上で、「なお、被控訴人は、評
価基準の定める残価率等には科学的根拠がない旨主張するが、残価率等は、
そもそも家屋の適正な時価自体が現実にはある程度幅をもった概念である
のと同様に、一義的には決し得ない性質を有するものであるところ、平成
5年の評価基準改正において従前の残価率が維持された趣旨は、固定資産
税実務上それまで特段の問題を指摘されず運用されてきた残価率について、
本来、これを増加する方向で改正することも考えられるが、増加させるべ

き値を科学的な手法で捉えることが困難なため、謙抑的な見地から従前の値を維持したものと理解することができるから、評価基準が定める残価率等を根拠がないということはできない。」（同号証10ページ）と判示するところである。

エ　小括

以上によれば、評価基準において最終残価率が20％と設定されていることには合理性が認められるというべきである。

(4) 過去の最高裁判決及び下級審裁判例においても、評価基準における経過年数及び最終残価率の一般的合理性が認められてきたこと

評価基準における経年減点補正率の基礎となる経過年数及び最終残価率の設定が一般的に合理性を有することは、過去の最高裁判決及び多くの下級審裁判例において認められている。

ア　最高裁判所平成15年7月18日第二小法廷判決（甲第9号証の1、2）

同判決は、家屋評価で用いられている総合比準評価及び評点1点当たりの価額について、一般的な合理性を認めたほか、「鉄骨造り（骨格材の肉厚が4mmを超えるもの）の店舗及び病院用建物について評価基準が定める経年減点補正率は、この種の家屋についての通常の維持管理がされた場合の減価の手法として一般的な合理性を肯定することができる。」と判示し、事例判断ではあるが、鉄骨造（骨格材の肉厚が4mmを超えるもの）の店舗及び病院用建物に係る経過年数や最終残価率の設定も含めた経年減点補正率の一般的合理性を肯定した。

同判決で一般的合理性が肯定された非木造家屋経年減点補正率基準表は、本件とは異なる表であるが、「店舗及び病院用建物」よりも、「百貨店、ホテル、劇場及び娯楽場用建物」の方が経過年数が同じであるか短く、最終残価率も20％で同じであるから（甲第3号証131、132ページ）、経年減点補正率に関する同判決の判示は、本件においても参考にされるべきである。

イ　仙台高等裁判所平成17年1月26日判決（乙第7号証）

同判決は、上記(3)ウで引用したとおり判示するほか、「評価基準が再建築価格方式を採用していることには合理的な理由があり、かつ、本件建物に適用された評価基準は、再建築価格の算定方法として一般的な合理性があるということができ、…事務所、銀行用建物等について評価基準が定める経年減点補正率も、この種の家屋について通常の維持管理がされた場合の減価の手法として一般的な合理性を肯定することができる。」（乙第7号証10ページ）として、非木造家屋経年減点補正率基準表のうち、「事務所、銀行用建物及び2〜7以外の建物」の表（甲第3号証129ページ）が定める

経年減点補正率の一般的合理性を認めた。

　ウ　名古屋地方裁判所平成17年１月27日判決（乙第１号証の１）

　同判決（なお、乙第１号証の１には、「平成16年11月22日判決」と記載されているが、「平成17年１月27日」が正しい。）は、鉄骨造（骨格材の肉厚が４mmを超えるもの。）の「百貨店、ホテル、劇場及び娯楽場用建物」の経年減点補正率について、「上記の減価率は、建築の専門家から成る社団法人日本建築学会による調査、検討を経て定められたものであると認められるから、それが実態と乖離していることを疑う根拠はなく、また、原告の主張する本件建物の特殊性を考慮しても、上記経年減点補正率基準表の適用が不適切であると認めることはできない。」（乙第１号証の１・142ページ）と判示し、経過年数と最終残価率から求められる１年当たりの平均減価率について合理性を認めている。

　エ　仙台高等裁判所平成17年８月25日判決（乙第８号証の１）

　同判決は、「店舗及び病院用建物」の「鉄骨鉄筋コンクリート造、鉄筋コンクリート造」の経年減点補正率の一般的合理性について、「税法上の減価償却制度は、企業の資産償却を損金として処理することを認めるためのものである。他方、評価基準は、一定の経過年数を超えた後の家屋の最終残価率を20％としているが、これは家屋の財産的価値の評価をその物的価値と使用価値の両者に着目して行い、家屋が家屋として所有されている以上、最小使用価値として20％は存するとの考えに基づくものであって、税法上の減価償却制度とは異なる観点から家屋の価値を評価するものであり、減価償却における法定耐用年数と異なることをもって、評価基準の経過年数に応ずる減点補正が不合理であるということはできない。なお、乙第26号証によれば、社団法人日本建築学会建築経済委員会固定資産評価小委員会は、平成４年９月、自治省からの依頼に基づき家屋評価に係る経年減点補正率等の見直しに係る調査研究を行い、その結果、従来に比べ日常の修繕等の維持管理の水準が大幅に引き上げられ、これによって最小使用価値の値も大きくなる傾向にあるといわれるが、これを科学的な手法で捉えることは困難であるので残価率（最小使用価値）は現行のままとする旨の報告を行っている。」（乙第８号証の１・12ページ）と判示し、その一般的合理性を認めた。

　オ　松山地方裁判所平成18年11月29日判決（乙第９号証）

　同判決は、「店舗及び病院用建物」の「鉄骨造（骨格材の肉厚が４mmを超えるもの。）」の経年減点補正率について、「原告は、固定資産評価基準が、経年減点補正率の適用において、あらゆる建物について最終的な残価率を

【添付資料】参加行政庁（総務大臣）第1準備書面　227

20％としているところ、不動産鑑定評価、裁判所における競売での評価では、最終的な残価率は０％であるのが通常であり、家屋が建築直後から減価を始め、最終的には取壊し費用や公租公課の負担等から、実質的にはマイナスの価値となることも考慮すれば、20％に設定する合理的根拠はなく、市場性を無視した数値であって、結局、家屋の課税標準が０になることを回避しているにすぎないと主張する。しかしながら、一定年数に達してなお使用されている古い家屋の残存価格については、通常考えられる維持補修を加えた状態において、家屋の効用を発揮しうる最低限を捉え、経過年数による損耗度合いからみて家屋としての残価は20％程度が限度であると判断されて、20％の率が採用されたものであり、経年減点補正率は、物理的耐用年数を基礎としながら、機能的耐用年数、経済的耐用年数についても一定の考慮を行って、一般的な効用持続年数を設定し、時の経過に応じた損耗分の減価を図っているものであるから、合理性があるということができる。」（乙第９号証62、63ページ）と判示し、その一般的合理性を認めた。

　　カ　小括
　　以上に見た最高裁判決及び下級審裁判例は、いずれも、評価基準別表第13の非木造家屋経年減点補正率基準表に定められた、最終残価率及び経過年数から算定される経年減点補正率の一般的な合理性を認めており、本件においても、同じ非木造家屋経年減点補正率基準表の経年減点補正率が問題とされているから、上記最高裁判決及び下級審裁判例に照らしても、本件で適用される「百貨店、ホテル劇場及び娯楽場用建物」の経年減点補正率は一般的な合理性を有していることが肯定される。

　4　まとめ
　　以上に述べたとおり、評価基準における経過年数及び最終残価率の設定には、一般的な合理性が認められるというべきである。

第3　評価基準の一般的な合理性については、その欠如を主張する原告が主張立証責任を負うこと（最高裁判所平成25年判決の評価について）
　1　原告の主張
　　なお、原告は、「最高裁第２小法廷平成25年７月12日判決で明らかなように、基準の一般的合理性につき、『適正な時価を算定する方法として一般的な合理性を有する』ことの立証責任は被告側、『その評価方法によっては適正な時価を適切に算定することのできない特別の事情の存在』の立証責任

が原告側にある」ところ、「評価基準を構成する②耐用年数と③残価率についての一般的合理性についての立証は不十分であって、それができない以上、そもそも同基準には一般的合理性がない。」と主張する（原告第5準備書面13ページ）。

2 　主張立証責任は原告が負うこと

　　しかしながら、被告が、被告第5準備書面1ページで述べているとおり、評価基準の一般的な合理性の有無の問題については、原告がその合理性の欠如を主張立証する責任を負うのであって、被告がその存在を主張立証する責任を負うのではない。すなわち、最高裁平成25年判決は、「地方税法は固定資産税の課税標準に係る適正な時価を算定するための技術的かつ細目的な基準の定めを総務大臣の告示に係る評価基準に委任したものであること等からすると、評価対象の土地に適用される評価基準の定める評価方法が適正な時価を算定する方法として一般的な合理性を有するものであり、かつ、当該土地の基準年度に係る賦課期日における登録価格がその評価方法に従って決定された価格を上回るものでない場合には、その登録価格は、その評価方法によっては適正な時価を適切に算定することのできない特別の事情の存しない限り、同期日における当該土地の客観的な交換価値としての適正な時価を上回るものではないと推認するのが相当である（最高裁平成11年（行ヒ）第182号同15年7月18日第二小法廷判決・裁判集民事210号283頁、最高裁平成18年（行ヒ）第179号同21年6月5日第二小法廷判決・裁判集民事231号57頁参照）。」と判示した上で、「以上に鑑みると、土地の基準年度に係る賦課期日における登録価格の決定が違法となるのは、当該登録価格が、①当該土地に適用される評価基準の定める評価方法に従って決定される価格を上回るとき…であるか、あるいは、②これを上回るものではないが、その評価方法が適正な時価を算定する方法として一般的な合理性を有するものではなく、又はその評価方法によっては適正な時価を適切に算定することのできない特別の事情が存する場合…であって、同期日における当該土地の客観的な交換価値としての適正な時価を上回るとき…であるということができる。」と判示しているのであって、登録価格の決定の違法を主張する者が評価基準の一般的合理性の欠如の主張立証責任を負うことは明らかである。このことは、千葉勝美裁判官が、補足意見として、「土地の所有名義人が、独自の鑑定意見書等の提出により適正な時価を直接主張立証し登録価格の決定を違法とするためには、やはり、その前提として、評価基準の定める評価方法によることができない特別の事情（又はそ

の評価方法自体の一般的な合理性の欠如）を主張立証すべきであり、前掲最高裁平成15年7月18日第二小法廷判決もこの考えを前提にしているものと解される。」と述べているとおりである。

第4　結語

　以上のとおり、評価基準における経過年数及び最終残価率の設定には一般的な合理性が認められるから、これを前提に審理されるべきである。

[2]

固定資産税と固定資産評価をめぐる
法律家のかかわりについて

第1 はじめに

　固定資産税は、住民にとって極めて身近な存在である。その課税の基礎となるのが固定資産評価であり、それは登録免許税の算定基準となり、また訴訟提起の訴訟物の算定基準ともなる。しかし固定資産評価がどのようになされ、それが適正か、どのような不服申立ができ、我々法律家がどのように関与できるかということはあまり論じられていない。ここでは私の体験をもふまえ述べていきたい。

第2 固定資産評価制度の評価と手続の問題点

1 固定資産評価の問題点

　固定資産税は、毎年1月1日に、固定資産のある市町村が、その価格を課税基準として所有者に課す地方税である。固定資産の価格は固定資産の「適正な時価」とされ（地方税法〔以下法という〕341条5項）、固定資産評価員の評価に基づき市町村が決定し（法410条）、固定資産課税台帳（以下台帳という）に登録した価格である（法349条、345条の2）。固定資産のうち土地家屋の価格は、原則として1回決定したものを3年間据え置くものとしている（法349条）。つまり土地家屋については3年に1回しか評価されない。それが「評価替え」であり、1988年（昭和63年）3月がそれにあたる。市町村が価格を決定した場合は、台帳に登録し、これを原則として、3月1日から3月20日まで*1あらかじめ公示した場所で関係者の「縦覧*2」に供する（法

416条）。

　さて市町村の土地家屋の評価（適正な時価）は、自治省の定める固定資産評価基準（自治省告示158号）に基づきなされる。基準では、例えば土地の評価は、市町村の全地域をいくつかの用途地区（市街地の場合）、状況類似地区（その他の土地の場合）に別け、その中で標準宅地を選びその時価（路線価など）を算出し、標準宅地との対比（比準という）で当該土地の価格を決めていく方法をとっている。その場合に問題となるのは、はたして評価が適正になされているかどうかということである。

　残念ながら評価は適正になされていないというのが実態である。評価額そのものに問題があるばかりか、同じ市町村の内部で著しい不均衡のある場合（後述の大和郡山市のケース）、他の市町村と比較して著しい不均衡のある場合（後述の富山県砺波市のケース）が見受けられる。それは所有者などの限られた者が、自己の所有の土地家屋の価格だけしか見ることができないという行政運用に原因がある。本来であれば関係者（所有者・賃借人など）は、自ら関係する土地の評価が適正になされたかどうかを検討するために、関連する範囲の価格を知ることができなければならない。国税庁が行なう相続税評価については、各土地の路線価はすべて住民に公開されているのに、自治省が指導して市町村の行う固定資産評価が、まったく秘密のベールに包まれていることこそがまさしく問題なのである。これが明らかとなれば不合理な箇所は是正される。情報公開が必要とされる所以である。

2　手続の問題点（改正前）

(1)　不服申立手続と問題点

　不服申立にも問題がある。固定資産税は、台帳に登録された価格についての不服申立については、市町村の固定資産評価委員会（以下委員会という）への審査申立によってのみすることができ、賦課決定に対する不服申立事由にはできないことになっている（法432条1、3項）。しかも、従前は不服申

＊1　ただし大都市では4月にずれこむこともある。市町村により区々に公告される。
＊2　「閲覧」でないことに注意されたい。これは注＊9に述べる標準地や周辺土地の価格の開示の根拠となる。

立期間は、縦覧期間の初日から末日後10日間（計30日間）にすぎなかった（改正前の法432条1項）。しかも土地家屋の価額についての不服申立は、3年に1回価額が据え置かれて、2、3年度については、原則として不服申立が許されない（法432条1項但書）。

当時は縦覧期間とその後10日間という限られた期間内に、しかも関係者がその価格をわざわざ縦覧に行かなければ（価格は知らせてくれない）できないことになっていたのである。一般の人にとっては価格自体がわからないし、不服申立が少ない[*3]のは当然のことであった[*4]。

土地の投機的な時価高騰により1988年（昭和63年）度の評価替えが一層クローズアップされ、住民の関心をよんだ。縦覧や不服申立も後記のとおり2000年（平成12年）に改正された。

(2) 委員会について

価格に関する不服申立の場は固定資産評価委員会である。

委員会は市町村に設けられているが、市町村から独立した機関とされ、委員は市町村の住民で市町村税の納税義務者から議会の同意を得て選任され（法423条3項）、罷免事由も限定されている（法427条）。つまり委員会は第3者的機関なのである[*5]。

委員会の審理には、書面審理と口頭審理があり、申立人が口頭審理の申出をしたときは、特別の事情がある場合[*6]を除き、公開の口頭審理の手続によらなければならないとされていた（改正前　法433条2項、6項）。

口頭審理手続は裁判に似た準司法的手続とされている[*7]。しかし行政委員会である以上、厳密な訴訟と同様の手続は必要とされず、職権による証拠の

[*3] 木村弘之亮「税の不服はどうすればよいか」ジュリスト増刊総合特集33号『日本の税金』（有斐閣、1983年）230頁
[*4] 伊藤悟「固定資産税訴訟の基本問題」税理30巻10号157頁
[*5] 委員会が1950年（昭和25年）シャウプ勧告の影響をうけて設立されたことについては、石島弘「固定資産評価審査委員会の機能と審理方式」税法400号100頁参照。
[*6] 審査申出人の数の多いことは「特別事情」にあたらないことについて、青森地判昭和50年3月31日行集26巻3号469頁参照。
[*7] 伊藤悟「固定資産評価審査委員会制度」北野弘久編『日本税法体系4』（学陽書房、1980年）269頁

収集などが認められている（法433条7項、行政不服審査法28乃至29条）。

審理期間は申出の日から30日以内とされているが（法433条1項）、一般に訓示規定とされている[8]。

そして、委員会の義務として裁判例[9]は、

① 申出人に対し不服事由を明らかにして、不服事由となった評価に関する反論の主張立証をするための合理的に必要な範囲内で、評価の根拠や計算方法等価格決定の理由を了知させる措置をとるべきこと[10]、

② 職権による証拠を口頭審理外で収集したときは、一旦これを口頭審理に上呈し、申出人に反論の主張立証の機会を与えるべきであること、

としている。そしてこのような措置がとられない場合には、委員会の手続は違法であり、決定の取消事由となる。そして、委員会の決定に対しては、ただちに行政訴訟を提起することができる（法434条1項）。

このように法によって極めて重要な役割を与えられた委員会であるが、その実態はまことにおそまつなものとなっている。現実の審査申出の件数が少ないこともあって、一種の名誉職的な存在となっている自治体もあり、能力の欠如した委員も多く、一方当事者である市町村の税務課に偏した手続が進められていた[11]。実態は「単に審査請求者の陳情を聴く手続に等しい実質をもつに過ぎなかったもの[12]」が大半である。

3 2000年（平成12年）改正後の手続の問題点

口頭審理には重要な役割があったが、自治省は2000年（平成12年）度の評価替えに際し、審査制度の大幅な変更を内容とする地方税法の改正をなした。

---

[8] 伊藤・前掲注[7]・269頁、名古屋地判昭和54年10月8日判例時報955号42頁参照。

[9] 代表的なものとして、東京高判昭和48年10月31日判例時報726号35頁、札幌高判昭和60年3月27日判例タイムズ557号132頁、大阪高判昭和61年6月26日判例タイムズ626号136頁がある。

[10] これが公務員の守秘義務に反しないことは、千葉地判昭和57年6月4日判例時報1050号37頁、前掲札幌高判、大阪高判を参照。自治省はこれらの判決にもかかわらず、かたくなに標準宅地や周辺土地等の評価額の縦覧を拒否している。

[11] 北野弘久「固定資産評価審査委員会の構成等をめぐる問題」税理30巻14号151頁

[12] 前掲注[9]・東京高判（判例時報726号38頁）参照。

(1) 不服申立の期限の延長（法423条1項）

縦覧期間の初日から納税通知書の交付を受けた日後30日まで審査の申出ができるとし、これまでの縦覧期間から10日以内であった期間を延長した。

(2) 不服申立理由の限定（法423条1項）

これまでは「台帳に記載された事項」に対し不服申立ができたが、改正では不服申立は台帳に登録された「価格」に限定された。状況類似地区の設定、路線価、地積、地目等については、「価格」に関係するので不服申立ができる。

(3) 書面審理の原則

不服申立は書面審理が原則となった。ただし、審査を申し出た者の求めがあった場合には、委員会は、口頭で意見を述べる機会を与えなければならないとした（意見陳述権——法433条2項）。委員会は、職権、または関係人の請求によって審査を申し出た者及びその者の固定資産の評価に必要な資料を所持する者に対し、審査に必要な資料の提出を求めることができ（同条3項）、固定資産評価員に対し、評価調書に関する事項についての説明を求めることができる（同条4項）。また、住民の行政に関する書面照会の制度を設けた。審査を申し出た者は市町村長に対し、申出に関する主張を明らかにするために、必要な事項を相当の期間を定め、書面で回答するよう、書面で照会をすることができる。ただし、照会が次のいずれかに該当するときは、行政の回答義務はない（同条5項）。

①具体的または個別的でない照会
②既にした照会と重複する照会
③意見を求める照会
④回答するために不相当な費用または時間を要する照会
⑤当該審査を申し出た者以外の者が所有者である固定資産に関する事項についての照会

以上のとおり、委員会の審理は書面審理を原則とし、口頭審理については、委員会の裁量とした（法423条6項）。

総務省は、地方税法の改正にあたり、不服申立の手続是正に紛れて、口頭

審理制度を骨抜きにしたのである。

　住民側にとっては大きな権利制限であり、大きな打撃であった。

4　固定資産評価問題と法律家のかかわり

　このように法が用意したすぐれた制度がまったく「死に体」になってしまっていた。あまり知られなかったとはいえ、我々法律家にもその責任の一端があるといえよう。

　以下は、改正前であるが、私が担当した2つの事件を通じて問題の本質に関する報告をしていくことにする。

(1)　奈良県大和郡山市事件

　これは判例タイムズ626号（136頁）に紹介された大阪高裁昭和61年6月26日判決の事案である。

　大和郡山市九条町居住の団体役員が大和郡山市固定資産評価委員会を被告として提起した行政訴訟である。九条町では住民33名が審査申出をしたが、すべて理由がないとの理由で棄却決定がされ、1人が訴訟を提起した。私は相談をうけ、訴訟の段階から関与したが、その中で大和郡山市の標準地の評価がある程度明らかとなった。私たちがこれを地図に書き入れてみると、大和郡山市の評価の実態が明らかとなった。それは新たに造成された新興住宅地の評価が極めて高く、旧地区の評価が比較的安いという結果で、不均衡が一目瞭然であった。これについては北野弘久日大教授（故人）にお願いして、鑑定意見書として提出したので詳細はこれを参照されたい（北野『サラリーマン税金訴訟』〔税務経理協会、1985年〕298頁）。

　ひどい例を紹介しよう。原告の土地は、近鉄の九条駅（各駅しか止まらない）から徒歩15分もかかる金魚池を埋め立てた建売住宅であり、住居地域にあたる。固定資産評価委員会委員長の自宅は、近鉄の大和郡山駅（急行も止まる）から同じく徒歩15分の第一種住専地域で、大和郡山城のすぐ横で閑静な住宅地、春は桜のみごとなところである。ところが本件土地の評価が㎡当り1万7,100円なのに、委員長宅は㎡当り1万1,200円と、約65％の評価であった。行政は税金をとりやすいところからとろうとして土地の評価をするの

236

である。私はこの事件で評価の実態を知ることができたことが収穫であった。

　大阪高裁は、委員会の棄却決定を取り消したが、それは委員会の手続上の違法を理由とするものであり、残念ながら実体上の違法は判断されずに終わった。

　（本件は、最高裁第1小法廷が平成2年1月18日の判決で高裁判決を破棄差戻したものである〔民集44巻1号253頁〕。この最高裁判決は審査委員会の手続として代表的な初めての判例となった。）

(2)　富山県砺波市事件

　大和郡山市の事件が縁で、私の故郷の富山県にある砺波市の住民から依頼がきたのが砺波市事件である。砺波市は、チューリップで有名なところで、北陸線の高岡駅から車で30分、北陸自動車道の高岡インターで下りたところにある人口約3万6,000人（当時）の小さな市である。

　砺波市（当時は川辺俊雄市長）では、1985年（昭和60年）度の評価替えで市の評価が、近隣の市町村と比較して極めて高いのではないかという疑問が多くの住民から出され、大騒動となった。

　住民側は岩川毅砺波商工会議所会頭（故人）が先頭にたって「砺波市固定資産税勉強会」を結成し、会員は約1,000名をこえる規模となった。しかし十分な知識もないまま縦覧期間もすぎ、北野弘久日大教授に相談してようやく審査申出制度を知り、審査申出となった。しかし審査申出に行くと砺波市には審査申出書の書類すら存在せず（大多数の市町村がそうであるように）、東京からファックスで送ってもらい、急遽残り数日間で審査申出をなしたが、それでも砺波市固定資産評価審査委員会（高島芳雄委員長）に164名が審査申出をした。

　私は北野教授からの依頼でこの件を知った。地元では、私に一人で本件をやってくれとのことである。1985年（昭和60年）3月末に雪が残る砺波市に岩川氏を訪れた。岩川氏は実業家であり、自民党の有力者である。私にとっても片道4時間以上の遠隔地で、このような住民運動をたった一人の弁護士で支えることはしんどいと思いながらの砺波行きであったが、結果的に引受けることになった。同年7月に私は破産会社豊田商事常置代理人となったが（本書第4部［2］）、もしそれが先であれば本件は受けられなかったと思う。

[2] 固定資産税と固定資産評価をめぐる法律家のかかわりについて　237

　私は地元で工藤進氏（岩川氏の会社の部長である）という有能な方をみつけ、二人でこの大事件に取り組むことにした。住民側は勉強会を何度も開き、北野教授や地元出身の高畠通敏立教大学法学部長（当時・故人）を招いたりして理論武装をした。

　砺波市の市街地の評価は富山市や高岡市などと比較して2倍弱となっていた。また相続税評価の80から90％となっており、他の都市がせいぜい50％止まりであることからも高いことがよくわかった。この詳細については北野教授の富山県砺波市固定資産税訴訟（前掲『サラリーマン税金訴訟』303頁）を参照されたい。

　私たちは住民監視の口頭審理を戦いの場とすることにした。口頭審理は、私と工藤氏が代理人となり、市役所の講堂で、1985年（昭和60年）4月26日、5月29日、7月24日、9月6日、10月11日と5回に亘り開催された。講堂は住民で満員となり、その中で私たちはいかに砺波市の評価が高いかを実証していった。工藤氏は極めて優秀な方でこつこつと資料を集め、私が市側を口頭審理で追及するという形をとった。遠隔地のためファックスと電話による打合せを何度も重ね審理にのぞんだ。7月からは豊田商事の管財業務も加わり、口頭審理の前日の午後3時か4時に汽車に飛びのり、夜に現地について遅くまで打合せをして当日の口頭審理にのぞみ、終るとその夜の汽車に飛び乗り大阪へ帰るという、綱わたり的生活が続いた。しんどかったが逃げるわけにもいかなかった。私たちは、住民監視の口頭審理の中で行政の評価の矛盾点を追及すれば委員会も理解するものと考えていたが、結果的には甘かった。委員会、特に高島委員長は、口頭審理の中で明らかに市側擁護の立場にたち、不公正な審理を強行し、早期に終結しようとした。そのため私たちは高島委員長の忌避まで申し立てて抵抗した。審理は両者のかけ引きの下で延々と続いた。

　そして委員会は1985年（昭和60年）10月11日、私たちの反対を押し切って、怒号の中で審理を一方的に打ち切り、私たちの再開の申立を蹴って同年10月29日、本件審理申出のほとんどを棄却した。しかし住民側も敗けてはいない。同年11月22日、150名の原告が私を代理人として、富山地裁に委員会の決定の取消を求める訴を提起し、戦いの舞台を裁判所に移した。

238

　このような住民運動の高まりの中で2つの成果が得られた。

　第1は、1985年（昭和60年）11月に砺波市長選挙が行われたが、それまで税務行政を推進してきた川辺市長が立候補を断念したことである。

　第2は、新たに就任した岡部昇栄市長と住民との間で話合いの気運が出てきたことである。

　そして富山県のあっせんもあって両者の間でねばり強い話合いが行われ、1986年（昭和61年）7月27日に県の総務部長の立会いのもと、勉強会会長岩川氏と岡部市長との間で「砺波市の固定資産税については、県の協力を得て、近隣市町村の現状を調査し、これらとの均衡をとることに配慮し、次回評価替え時（1988年〔昭和63年〕）に、より適正かつ公正な課税に努める」との覚書が交された。また同時に岡部市長より、「①昭和60年度固定資産評価額が近隣市町村との間で均衡がとれていないとの主張を了解する、②市街地の評価については相続税財産評価基準の路線価と時価との到達率を考慮して県や市町村との均衡を図る」等を定めた念書が岩川会長に差し入れられた。和解が成立したのである。まさしく住民側の勝訴であった。

　地元のマスコミは「市が原告の主張を全面的に認める」と大々的に報道した[13]。そして翌7月28日に私たちは訴を取り下げた。

　この事件は北野教授の「固定資産税行政を見直させた市民の『勉強会』」（住民と自治1986年10月号18頁）に詳しく述べられている。

(3)　両事件から考えたこと

　私はこの事件に携わって、住民運動の底力というものを如実に知ることができた。それは思想信条などよりもっと根源的なところにあったと思われる[14]。その中で私も精一ぱい頑張ったつもりであるし、本当に勉強させていただいた。今から思えば私が住民の方々に教えてもらった方が多かった。

　どんなささいなことでもいい。私たち法律家も住民運動や種々の分野にとびこんで、もっともっと勉強しなければ、というのが私の実感である。

---

[13] 1986年（昭和61年）7月26日地元各紙朝刊、同年8月14日から16日までのサンケイ新聞全国版「地方税」の連載で高く評価された。

[14] 後におこった売上税反対運動とも共通するところである。

[3]

規制緩和における裁判の役割
エムケイタクシー値下申請却下決定取消訴訟

第1　はじめに

　御紹介いただきました金子です。今日は、「規制緩和における裁判の役割」ということでエムケイタクシー値下げ申請却下決定取消し事件についてお話しさせていただきます。本日、このような機会を持っていただいて本当にありがとうございました。

　関戸一考委員長（大阪弁護士会行政問題委員会委員長）からこのエムケイタクシー事件についてしゃべってほしいという依頼がありましたのは、2003年（平成15年）の11月ごろでしたでしょうか。もう「骨とう品」になっているような事件なのにと言ったのですけど、準備のために、記録をはたいてもう一度読み直してみました。そうしますと、だんだん面白くなってきました。これからお話しすることになりますけれども、やはり事件というのは10年、20年のスパンでしか評価できないのかなという感じがしております。

　さて、皆さん、大阪では、今やタクシーというのは初乗りで680円、660円、600円、500円など、また5,000円を超えましたら5割引など様々な運賃制度があります。夜間割増もあり、夜間割増をしないというタクシーもある。いろいろの車が様々な運賃で平然と混乱なく走っております。こういうことは10年前までは考えられなかったことです。どうしてこういう状態になったのかということも含めてお話をしていくことになります。

第2 タクシーの規制について

1 道路運送法の規制

　まずタクシーの規制というのはどうなっていたのかをお話しします。タクシーの規制は、道路運送法（以下「法」という）という法律で定められています。タクシーというのは、一般乗用自動車運送事業で規制されておりました。事業をするには免許が要ったのです。「参入規制」ですが、これは法6条の規定です。また、台数を増やしたいということになりますと「総量規制」で、法の118条があります。本件で問題となっております運賃は「価格規制」で、法の8条で規制されていました。それぞれ相当厳しい要件がついております。

2 タクシー運賃の規制

　タクシー運賃、つまり「価格規制」がどういうふうに定まっていたのか。まず、運輸大臣の認可を受けなければなりません。変更のときも同様です。法8条2項に、運輸大臣は前項の認可をしようとするときには左の基準によってこれをしなければならないということで、1号から5号までの規定がございます。

　最初に、1号で能率的な運営のもとにおいて適正な減価を償い、かつ適正な利潤を含むものであること。2号は不当差別の禁止、3号は旅客、貨物の運賃及び料金を負担する能力にかんがみ、旅客又は荷主が当該事業を利用することを困難にするおそれがないこと、4号は他の一般自動車運送事業者との間で不当な競争を起こすおそれがないものであることです。本件で問題となってきましたのは1号と4号です。

3 確定額について

　また、法8条の3項で、タクシー運賃は「確定額」が定められるという定めになっております。

　ここで、タクシー運賃の歴史を若干紹介いたします。1951年（昭和26年）

６月に道路運送法が施行される前は、物価統制令の適用を受けておりました。物価統制令では「最高運賃」だけが法定されており、それ以下であれば事業者により自由に運賃が決められました。「最高運賃制度」だったということです。1951年（昭和26年）にこの道路運送法が施行されまして、「確定額」ということになりました。

4　同一地域・同一運賃の原則について

　ここで問題となってきましたのは、「同一地域・同一運賃の原則」です。運輸省は、1952年（昭和27年）、東京地区を手始めとして、同一地域・同一運賃の原則で運用を始めました。同一地域・同一運賃の原則とはどういうものかといいますと、同一地域では同一運賃でなければならないというものです。法８条１号は適正原価・適正利潤で、４号は不当な競争を起こすことにならないものであるということですから、この１号と４号から同一地域・同一運賃でなければならないという運用をしてきたわけです。

　運輸省は、1955年（昭和30年）７月23日の自動車局長通達、1973年（昭和48年）７月26日の自動車局長あての依命通達で、２つの基準をつくりました。「運賃変更要否の検討基準」というものと、「運賃原価算定基準」というものの２つです。

　ある地域の、例えば大阪なら大阪市域、本件で問題になりました京都であれば京都市域（京都市、向日市、長岡京市、乙訓郡が京都市域地域でした）事業者から不適当なものを除外して標準能率事業者というものを選定します。その業者で運賃の変更要否を検討します。

　次に、標準能率事業者の中から原価計算対象事業者というものを選定し、適正利潤を含む様々な分類で算定しまして、平均値を基に運賃の値上げ率を算定します。その場合に、事業者の２年間の運賃査定を行って、原価に見合う適正運賃額が算定されてきました。

　そして、例えば京都なら京都、大阪なら大阪という各市域で単一の運賃だけを認めまして、複数の運賃を認めませんでした。これが問題でした。挙句の果てには、タクシー事業者は、それぞれの市域で事業者団体を作っていることから、タクシー事業者団体が、その所属の事業者を一括して代理し、運

賃改定の申請をするようになります。事業者団体が事実上各事業者に代わって申請するという方法がずっと採られてきました。しかも、2年間の原価計算ですから、2年おきの運賃変更という結果になります。

この結果、タクシー運賃改定は相当ひどいものになりました。

5 6大都市一括認可について

1970年（昭和45年）、大阪が一番景気のよかった万博博覧会の頃ですが、この頃からどんどん運賃が上がりました。しかも、これが連動したのです。6大都市——東京、大阪、京都、神戸、あと幾つかあるのですが、その6大都市のタクシーの運賃が一括して認可されるということになりました。

6 値上げと消費者の意見

京都市域の中型の初乗り運賃を例にとると、1970年（昭和45年）に130円だったものが、72年（昭和47年）には160円、74年（昭和49年）には210円、77年（昭和52年）には330円、79年（昭和54年）には380円、81年（昭和56年）には430円、要するに10年で3.3倍になりました。消費者から見ますと、このような連続値上げは、当然不評ということになります。

私が弁護士になりましたのは1973年（昭和48年）です。ちょうどオイルショックのころでして、一番景気のよかった高度成長時代とはちょっと違うのですが、タクシー運賃が本当によく値上げされました。新人弁護士のころ、タクシーで動くこともあり、本当に痛いなと思いながら乗っていたことを思い出します。

値上げがあると、「またか」という感じがしました。

7 同一地域・同一運賃の問題点について

同一地域・同一運賃の問題点は何でしょうか。皆さんよく考えていただければわかるのですが、これは、同一地域において、各タクシー業者のタクシー運賃をすべて同一にする、というものです。事業者の経営内容に格差があっても、経営内容の悪い事業者の運賃値上げを認可すれば、経営内容がよくて必ずしも運賃の値上げをする必要がない事業者の運賃値上げも認めること

になります。これはおかしいですよね。これでは競争というものがなくなります。道路運送法はタクシー運賃について、適正原価と適正利潤を確保するものとしており、このように適正原価と適正利潤を保障される仕事というのはなかなかない。本当に「いい仕事」ではないかと思います。それだけでなく、運賃値上げをする必要のない事業者の運賃値上げも認可されることになる。つまり「超過利潤」も確保されることになるので、こういうことを考えてみますと、同一地域・同一運賃の原則の実態は、行政主導によるカルテル以外の何物でもない。タクシー業界の保護だけを果たすもので、被害を被るのは私たちのような一般消費者ではないか。また、事業者の運賃による競争原理を排除することによって、逆に言いますと、事業者の経営意欲すらなくなってしまう。

8 同一地域・同一運賃の弊害是正の動き

　1970年（昭和45年）の大阪万博の景気のいい時代はそれでよかったかもしれませんけれども、それがずっと続き10年が経ちました昭和50年代には、こういうふうな3点セット、①同一地域・同一運賃、②2年置きローテーションによる値上げ、③6大都市一括認可値上げ方式は、徐々に行き詰まってきます。

　まず、1976年（昭和51年）10月に公正取引委員会が動き始めました。北海道ブロックの運賃値上げ申請の機会に、事業者団体が運賃変更の申請を一括代理申請するというのは独禁法3条、8条1項1号、4号に抵触するおそれがあると言い出し、運輸省にこれを申入れました。公正取引委員会は、運輸省との協議をして調整を始めます。運輸省はどうしたかといいますと、同一地域・同一運賃の原則については金科玉条としましたが、いろいろ考えたあげく、1977年（昭和52年）6月21日、今後は事業者団体による一括代理申請は認めないものとし、各事業者から個別に申請を行わせます。また、事業者団体が申請内容を決定してこれに基づいて申請するよう構成事業者に強制する等、事業者団体の機能、活動を不当に制限することのないように事業者団体を指導することを約束しました。ただし、これは建前だけでした。後でまた申し上げます。

9 その後の動き

　確かに、事業者団体による一括代理申請はなくなり、各事業者による個別申請となりました。しかしながら、実態は従来とまったく変わりませんでした。行政というのはしたたかなものです。どんなふうになったかと言いますと、事業者に個別申請はさせるのです。だけど、業者の申請がすべてそろわなければ、同一地域・同一運賃の原則を理由に運輸局長はその市域の事業者を全体的に認可しないのです。業者の申請がすべてそろうまで待ちましょう、それまで認可しませんということになりました。そうしますと、どうなるかといいますと、早く申請し認可してほしい業者には認可が留保になるわけですから、申請したくない業者、なかなか申請しない業者に対し圧力がかかる。事業者団体や他の事業者からの圧力、そして認可申請を待っている行政からの圧力がすさまじいものになりました。こういうふうな状況の中でエムケイ事件が起こったということを認識してください。事件の背景というのはおもしろいものです。

第3　エムケイ値下げ申請まで

1　エムケイ値下げ申請まで

　裁判の話までなかなかいかないのですが、エムケイ株式会社について御紹介します。

　1960年（昭和35年）の創業です。昭和50年代で京都には約5,000台のタクシーがあり、うち450台ぐらいを持っておりました。代表者は青木定雄さん（注：2017年〔平成29年〕6月8日死亡、享年88）という人です。規制緩和の旗手としてもてはやされておりましたけれども、当時は本当に小さな会社の代表でした。1928年（昭和3年）生まれで、1956年（昭和31年）に永井石油というガソリンスタンドの経営を始め、1960年（昭和35年）にタクシー会社を10台で立ち上げたという人物です。個性の強い人、信念の人です。本当に好き嫌いがありますが、ユニークな経営方針を考案しました。例えば「エムケイシステム」、「あいさつ運動」、お客さんに運転手が挨拶をしなければ料金を取らないとか、「福祉タクシー」などがあります。ユニークな経営者で、

私は好きで尊敬しておりますけれども、何せ「ワンマン」ですから、私と意見とか方針がまったく合わないときもありますが、そういうときには事件をお断りすることもあります。

当時は「エムケイグループ」といって、エムケイタクシー(株)・駒タクシー(株)・三和タクシー(株)いう3社のグループでした。

2　京都市域の状況

なお、当時、京都市域では約5,000台余り、47事業者で2,700の個人事業者がありました。事業者団体として社団法人京都乗用自動車協会（京乗協といいます）というところがありました。

3　事件までの経過

事件までの経過ですけれども、1981年（昭和56年）8月に中型車を2キロ380円から430円に値上げするという動きがありました。1981年（昭和56年）というのは、2年ローテーションに従った値上げの年でした。同年4月までに他の5大都市の業者はもう申請していました。全部そろいました。京都でも京乗協の他の業者はすべて申請しました。ところが、エムケイグループ3社のみが申請しなかったのです。このエムケイの青木さんの考え方ですが、タクシーというのは「実車率」が問題である。実車率というのはタクシーがお客さんを乗せて走っている確率です。これが重要である。運賃を値上げすると実車率が下がる。それはそうですよね。私でも運賃が上がると乗るのは嫌だ、乗るのはどうしようかなと思います。値上げ自体がタクシー業者の自殺行為ではないかという考え方です。

行政からいろいろな働きかけもありましたし、他の業者からもいろいろな働きかけがありました。青木さんはこれにまったく応じなかったのです。それだけではなく、消費者にも呼びかけて、1981年（昭和56年）8月8日に値上げに反対する民間公聴会を開催しました。本当は行政において公聴会をやってくれと言ったのですけれども、それができずに自分のところで開催しました。

そうしますと、どうなったでしょうか。先ほど言いましたように、京都市

域で、他の業者が認可されません。それだけではありませんでした。6大都市一括値上げであったことから、他の5大都市も認可されませんでした。その結果、エムケイや青木さんへの値上げ圧力がかかる。それはすごいものだったのです。

　それでどうなったか。1981年（昭和56年）8月8日の2日後、エムケイグループ3社は8月10日に、急転直下、値上げ申請を決定して、8月14日に値上げ申請をしました。そして6大都市一括認可で、他の5大都市は同年9月実施、京都のみが10月実施となり、実質的には6大都市一括認可の方針が崩れました。一応そういうことに外形的にはなりました。

4　行政の圧力について

　ここで何があったのかということですが、もう時効になった話なのでざっくばらんに申し上げます。民間公聴会のあった8月8日に、京乗協の粂田会長と大阪の西村さんという大阪陸運局長（当時）が青木さんと会食をしました。それが終わってその夜に西村さんが青木さんの自宅まで乗り込みました。そこで何があったのかは、私は知りません。

　皆さんが思っておられる以上に、陸運局長のタクシー業者に対する権限というのはすさまじいものです。僕はよく言うのですが、「箸の上げ下げまで」陸運局の許認可が要りました。大阪の陸運局長とすれば必死だったんでしょうね。京都の1グループのたった3社が嫌だといっているので、全国のタクシー認可ができない。これは大阪の陸運局長としては大変でした。8月8日の夜中の出来事が値上げ申請の大きなきっかけとなりました。

　このエムケイの1981年（昭和56年）10月の値上げ申請について、その半年後、1982年（昭和57年）5月6日に、公正取引委員会は独禁法違反のおそれがあるということで京乗協へ警告を発しました。それはそれとして正しいのでしょうけれども、その裏に違う側面もあったということです。

5　値上げ申請後の動き

　さて、値上げした後のことをお話しします。エムケイの青木さんに対しては消費者からの批判が集中いたしました。それはそうですよね。前の日まで

民間公聴会をやって、一転、その翌日になって値上げしますという話ですから、「おまえは一体何をしてるんだ、消費者を利用しただけなのか。」という話になりました。当然消費者は怒ります。

そしてやはり実車率は低下していきました。青木さんは深く後悔したんでしょうね。1982年（昭和57年）3月11日になって、エムケイ1社のみが430円から380円の値下げを申請をしました。この場合でも一番業績の良かったエムケイ1社だけで申請しました。運賃を旧に戻したいという目的だったのでしょう。しかし、1年間は「店ざらし」になりました。1983年（昭和58年）5月31日、当時の大阪陸運局長（判決のときにはもう近畿運輸局長に変わりました）は、値下げ申請を却下するという決定をしました。理由は同一地域・同一運賃の原則に反するからということでした。そしてようやく裁判提起の話になっていくのです。

6　裁判担当するきっかけ

私が相談を受けたのは1983年（昭和58年）5月頃でした。値下げが却下になるという少し前です。私は弁護士11年目でした。私がこの事件を担当したのも偶然のことです。私がもといた事務所は大阪共同法律事務所といって、山下潔さんが所長で、山下さんと青木さんが友達だったのです。ちょうどそのとき山下さんが大阪弁護士会の副会長になりまして、事件を担当する人がいなかった。たまたま私が事務所の2番目だったことから私が担当することになりました。本当に偶然のことです。

7　相談時のこと

私自身は、ちょうど弁護士11年目で事件処理がおもしろくなっていた時期でした。

この事件は行政事件です。これは大変だなと思いながらいろいろなことを考えました。京都弁護士会の所属で、エムケイの顧問をされていた23期の松浦正弘弁護士と2人でやることになりました。

8 争点としたのは同一地域・同一運賃の原則

そのときの依頼者、青木さんの訴えはどんなことだったのかということですが、1981年（昭和56年）8月に運賃値上げをしたのが失敗だった、自分としては旧の運賃に戻したいんだという訴えでした。相談時はもう1983年（昭和58年）5月で、値上げ申請については不服審査期間切れですし、依頼者の意向はそのままではできないということになり、結局、問題としたのが「運賃値下げ申請」ということになりました。

そこで争点としたのは何かということですが、青木さんにとっては、当初、同一地域・同一運賃というものは事件の背景にすぎず、争点としての明確な問題意識はありませんでした。裁判提起の相談の段階で、この同一地域・同一運賃の原則というのがすべての元凶ではないか、これを正面から問題にしようという認識で一致しました。といいましても、これは国の政策です。この政策に真っ向から対決する、これは行政に首根っこを押さえられている1タクシー事業の経営者にすぎない青木さんにとっては本当に勇気のいることで、大変なことです。だけど、これを事件の争点にしようということで一致しました。そしてこれを争点にしたことで、この事件が歴史的な意味を持つようになったのです。

　教訓1「何が問題なのか争点を定めるのが重要」

ということが、まずいえることではないかと思います。

9 真の敵は誰か

この裁判の直接の相手は、値下げ申請を却下した大阪陸運局長（後に近畿運輸局長）、官僚ですけれども、相手はそれだけではないのです。同一地域・同一運賃の原則に守られた既得権グループ、資本であるタクシー会社、その中にいる労働者・労働組合、それと、それを取り巻く学者でした。要するに、この三者が、私たちの本当の敵というか、争いの相手になってきました。

第 4　訴訟提起まで

1　訴訟提起の問題点──不服申立前置主義

　次に、裁判を提起するまでに準備をするわけですけれども、訴訟提起には何が問題点だったでしょうか。

　まず、最初に克服しなければならなかったのは、「不服申立て前置主義」の壁でした。

　これは当時の道路運送法121条を見ていただければわかるんですが、処分取消しの訴えは処分者である運輸大臣への審査請求に対する裁決を経た後でなければ提起できないという条文があるんです。青木さんは、裁判をすぐ起こしてほしい、今まで、値下げ申請から決定までに約2年寝かされて、このままだと運輸大臣のところでもう2年、3年は寝かされます。それでは困るのですぐに裁判をしたいという話でした。

　そこで行政事件訴訟法を検討しました。

教訓2「法律はよく調べなければならない」

　行政事件訴訟法8条1項には、取消しの訴えは審査請求ができる場合でも直ちに提起できるが、不服申立て前置の定めの場合にはこの限りではないと定めています。ただ、それにも例外がありまして、8条2項で、審査請求のあったときから3か月経過しても裁決がないとき（1号）、著しい損害を避けるための緊急の必要性があるとき（2号）、その他裁決を経ないことについて正当な理由があるとき（3号）、この3つの例外がありました。

　そして次に判例を調べました。

教訓3「判例は調べなければならない」

　3号の「正当な理由」については、審査庁の見解が客観的に明らかで救済の見込みに欠ける場合には、「正当な理由」に当たるというのが判例でした（東京地判昭和39年9月30日行裁例集15巻9号1732頁、同18巻7号1014頁）。これを見つけました。

同一地域・同一運賃の原則は行政の確固たる方針ですから、それは「その見解が客観的に明らかで救済の見込みに欠ける。」ことになります。これだと思いました。

私たちは、取消しの訴えの裁判を即時に起こしました。審査庁の見解では同一地域・同一運賃の原則により却下理由が客観的に明らかであると、救済の見込みが欠けることになるから「正当な理由」があると言いました。これだけではちょっと自信がないので、それと同時に、運輸大臣への不服申立、審査請求もしました。最悪でも、3か月過ぎれば1号の「審査請求のあったときから3か月経過しても裁決がないとき」の要件を満たしますし、瑕疵は治癒されるはずだと考えました。

そういう経過であることから、訴訟提起がすぐにでき、裁判の中で争点に入ることができました。被告も、昭和30年代から20年以上もやられている同一地域・同一運賃という原則に自信満々だったと思いますが、この裁判を受けて立ちました。第1審の大阪地方裁判所では大阪地裁第2民事部（後藤勇裁判長）に係属することになりました（大阪地裁昭和58年（行ウ）第49号事件）。

第5　第1審判決まで

1　道路運送法の立法経過の調査

まず裁判で私たちがしたのは何かということですけれども、値上げ申請は道路運送法という法律で規制されているわけですから、これを調べようということになりました。

教訓4　「法を知って立法経過を調べる」

道路運送法8条1項を見ていただければわかりますけれども、規定の仕方は、運賃値上げの申請をするというのは各事業者がする個別申請となっています。団体がするなんて一言も書いてないわけです。じゃあ、どういうことでこういうふうな法律ができたのか1回調べてみようじゃないかということで、衆議院の運輸委員会の審議（1951年〔昭和26年〕5月11日）、参議院の運輸委員会の審議（同年5月18日）の中で、おもしろいことが出てきたのです

ね。先ほども言いましたけれども、この法律が規定される前には最高運賃制度だったのです。それを確定運賃制度にしたときに、タクシー事業者の運賃の変更は各事業者もしくは各地域ごとにそれぞれ異なる申請を出されることが予定されるだとか、同一地域においても各事業者ごとに違う運賃の生ずることもあるし、運賃の競争ということもあり得る、ただダンピングで認可額を割って不当に競争することは許されないとするにすぎないんだ、と国会審議で政府委員が答弁の中で明確に言っていたのです。「道路運送法は、同一地域・同一運賃の原則を採用するものではないのだ。」ということを言っていた。要するに、立法者はその同一地域・同一運賃の原則と正反対の見解を示しておりました。

これは驚くべきことでした。ここら辺から裁判がおもしろくなってきました。

2　同一地域・同一運賃の原則の根拠

次に、同一地域・同一運賃の原則の検討を始めました。運輸局長の根拠は、運賃競争の原理を導入した場合には事業の不当な競争を誘発して、その結果、運転者の労働条件の低下を招き、事業の適正化と安全な運営が阻害され、タクシーサービスの低下を招くんだという理由が１つです。また、異なる複数のタクシー運賃の存在を認めると、利用者が街頭でタクシーを選択する際に混乱が生じたり、利用者の奪い合いなどの事態を生じかねないということが２つ目の理由です。また、タクシー運賃自由競争の原理を導入した場合には、運転者と利用者との間に無用な混乱を生じさせるのだということが３つ目の理由です。それと、これはちょっと理由があるのかなと思うのですが、ブロック内では労働運賃や燃料費等の原価の近似性があり、適正原価・適正利潤というのは同一地域・同一運賃の原則によるブロックの運賃であるという理由を４つ目に言い出しました。

これらは行政が言うとそうかなと思われるのですけれども、これらの主張は単なる理屈であり、現実性を持っていないことは、現在、皆さんが多くの運賃で平然と動いているタクシーの実態を見られていてよくわかることだと思います。

3 同一地域・同一運賃でなければ混乱が起こるのか

同一地域・同一運賃でなければ、二重運賃になれば、ほんとに混乱が起こるのでしょうか。それを立証しようと調査し、考えました。現実の二重運賃の事例がいいのではないかと、全国各地の現実の事例を調査しました。業者団体の一括申請から個別申請になって、申請しない事業者があったりして、二重運賃になったというケースが全国でけっこうありました。徳島、山口、和歌山、福岡、岡山、新潟等があることが解ってきました。これらのケースについて、現実にどんな混乱があるのかを、調査しました。そうしますと、利用客の混乱とか、タクシー運転手による客の奪い合い等の事態なんて一切発生していないということがわかりました。

4 国の切り札──有田交通事件

しかし、被告国側が唯一の切り札として出してきたのが和歌山の有田交通の事件でした。これは新聞記事に出ていたものです。これはどんなケースかを紹介します。

和歌山市域では、1974年（昭和49年）1月に有田交通3社が値上げ申請をしなかったので、同年1月23日から二重運賃となりました。有田交通の3社の運賃が安くなったのです。それから1年半ぐらい経った1975年（昭和50年）7月8日、有田交通系タクシーの専用乗り合い場に他のタクシー会社が乗り入れようとして、双方の運転手50人が5分間入り乱れての乱闘となりました。同駅前は麻痺状態となって、タクシーを待っていた利用客が足止めを食らいました。

被告の国側は、この事件の新聞記事を二重運賃による混乱ということで立証の切り札としてきました。これはやっぱりインパクトがありましたね。というのは、新聞につかみ合いの写真も出ておりまして迫力があった。

私たちは、この資料を見て、おかしいなと思いました。ほかのところで起こってないのにどうして和歌山だけかな、和歌山というのはやっぱり気が荒いのか、そんなこともないでしょうということで、事実をもう少し調べてみようということになりました。

そして、その「乱闘事件」の後の和歌山市域のことを追いかけて調べてみ

[3] 規制緩和における裁判の役割　253

たんです。そうしましたら、おもしろいことがわかりました。1976年（昭和51年）12月に有田交通の3社も運賃を値上げして同一運賃となったんです。有田交通3社の運賃が、他社と同じになりました。ところが、それから8か月後の1977年（昭和52年）8月1日にもまた同じような運転手のつかみ合いの事件が発生した。国鉄の和歌山駅構内で有田交通系のタクシー運転手さんと他のタクシー運転手さんとの暴力事件が発生したという事実が出てきたんです。

　つまり、有田交通関連の乱闘事件の原因は、運賃問題とはまったく関係なくて、駅構内の乗り場の取り合いだったのです。運賃とは無関係であることが立証されました。

　そうすると、国の「切り札」が「切り札」でなくなりました。

　教訓5「おかしいと思った事実は徹底的に調査せよ」

5　真の相手が出てきた

　証人尋問になりました。いうまでもなく行政訴訟ですから相手は国、近畿運輸局長でした。ところが、被告側の証人としまして、近畿運輸局の職員のみならず、次の方々が出てこられました。大西章さん、近畿運輸局の職員の方です。岡田清さんという学者、高木正延さんという全乗連（業者の全国組織）の副会長、金良清一さんは全自交の組合書記長で、これらはすべて全国でも有名な方々です。これらの方々が証人として国側から出てこられました。私はびっくりしました。同一地域・同一運賃の維持は大変なものなんだと、この事件の重大性を再確認しました。

　学者の人に対しては、その人が書かれた論文をすべて集めました。集めましたら、あっちこっちでいいことをいっている人だったので、いろいろな事実が出てきておもしろかった。それを分析して矛盾したところを選び出して尋問をしました。公害事件などでも同じことをしていますが、これと同じことをやりました。全乗連の高木さんや全自交の金良さんには、「二重運賃では混乱は生じない」という具体的事実を突きつけて尋問しました。

**教訓6 「学者証人には論文を集めて徹底的に分析し、証人には事実を突き
　　　　つけて尋問する」**

　この証人尋問は、東京地裁での出張尋問で、朝10時から4時までの集中審
理ということでやりました。そういう意味では1日で証人尋問は片づいたん
ですけれども、おもしろかったというのを覚えております。

6　道路運送法8条の解釈論の検討
　最後に何をしたかというと、道路運送法を勉強されている学者っていらっ
しゃるのかなと、いろいろな論文を見て調べました。そうしましたら、有名
な独禁法等の先生ですけれども、当時、神戸大学の法学部教授になられたば
かりだった根岸哲さんの論文が見つかりました。「政府規制産業における規
制と競争機能との交錯」（神戸法学19巻3・4号合併号）という難しい論文で
すが、これはアメリカの規制緩和の歴史の考察がずっと書いてあって、我が
国の道路運送法の解釈についても書いてありました（根岸哲『規制産業の経
済法研究　第1巻』〔成文堂、1984年〕所収）。

　この論文を見つけたときには、やっぱり本物の学者の人はすごいなと思い
ました。根岸先生のところに行きまして鑑定意見書を書いてもらい裁判所に
提出しました。やはり私は本当の学者というのは目先のことを考えずに研究
する人ではないかと思いました。

　教訓7 「理論武装は必要である」

第6　大阪地裁の判決について

1　判決について
　私たちは、審理の結果をまとめ、膨大な最終準備書面を提出しました。
　1985年（昭和60年）1月31日午前10時に大阪地裁第2部の後藤裁判長によ
り判決が言い渡されました（昭和60年1月31日判決、判例時報1143号46頁、判
例タイムズ545号85頁）。

[3] 規制緩和における裁判の役割 255

主文として、「被告が原告に対し、昭和58年5月31日付でした一般乗用旅客運送事業の運賃及び料金の変更の認可を求める原告の昭和57年3月11日付申請に対する却下処分はこれを取り消す。」というもので、原告つまりエムケイ側の完勝ということになりました。

2 判決予測について

判決予測はどうであったか。青木さんといろいろ予測したんですけれども、正直言いまして勝てるとは思わなかった。もうまったくそんなことは予想していなかったので、コメントの用意も何にもしていませんでした。

私個人としては、同一地域・同一運賃の原則は違法ではないかという理由中の判断はあるのではないかと思っておりましたが、主文まで勝てるとは思っていませんでした。この判決について、青木さんが、後でどうコメントされているかを知りませんが、私たちはそう思っていました。判決後、青木さんたちと記者会見に行くときに、「どうしようか、行き当たりばったりで行こうやないか。」ということで行きました。勝ったこちらがそうですから、マスコミへのまともなコメントにはなりませんでした。

3 マスコミの反応

判決を聞いたマスコミも混乱しました。マスコミというのは予定原稿を書いているんですね。原告敗訴の原稿しか書いていなかったと思うんですけれども、その日の記事は、本当に「ごちゃごちゃ」でしたね。夕刊の締め切りの少し前の午前11時ぐらいに記者会見をしたんですけれども、「同一地域・同一賃金は独禁法違反」という判決が出たという記事も出たりして、もう笑いました。夕刊でも一面トップで、いろんな意味で反響は多大だったということです。

この判決は、同一地域・同一運賃の原則に反することになったとしても、適正利潤・適正原価の原則に合致すれば認可すべきだという意味の判決です。それを審査せずに、特段の事由もないのに同一地域・同一運賃を理由として却下するのは違法であるというのが判決の結論でした。今からみればしごく当然の判決でした。当時とすればそこまでの予測がなかなかつかなかったと

いうのは本当の話です。

4　判決の評価

　判決の評価ですが、次の評釈があります。

　　　原田尚彦「京都エムケイタクシー運賃値下申請却下事件」（ジュリスト
　　　　　重要判例解説昭和60年度52頁

　　　根岸　哲「タクシー運賃認可制と『同一地域同一運賃』の原則」ジュリ
　　　　　スト833号84頁

　　　来生　新「同一地域同一運賃の原則によるタクシー運賃値下げ申請却
　　　　　下」判例タイムズ553号70頁

　　　丹宗昭信「京都エムケイタクシー運賃値下申請却下訴訟」判例評論319
　　　　　号（判例時報1157号197頁）

　　　山内一夫「同一地域・同一運賃の原則違反を理由とするタクシー運賃値
　　　　　下げ申請の拒否」公正取引414号29頁

　論文はすべて好意的な評価でした。

第7　控訴審（大阪高裁第6民事部昭和60年（行コ）第9号）

1　控訴審での争点

　当然、被告側は控訴しました。大阪高裁の第6民事部に係属しました。ここで国側は方針を少し転換してきました。国は同一地域・同一運賃には本当に自信満々だったんですけれども、それを前面には余り出さなくなりました。これの評判が悪いと分かってきたんだろうと思います。争点をエムケイの値下げ申請が適正原価・適正利潤を確保できるかどうかという個別の論点に変えてきました。初乗り2キロの運賃430円を380円に値下げしてくれという申請ですが、それが適正原価・適正利潤を確保できるのかというところに争点を持ってきたわけです。そうすると、380円という前提ですと、需要の増加といいますか、実車率の増加というものがないと、やはりそこら辺の立証がなかなかしにくい。これはあくまでも統計的、概算的な予測そのものです。その立証が必要でして、「実車率が上がる」ということが確定的でないわけ

[3]　規制緩和における裁判の役割　　257

ですから、その立証が難しかったんですね。

2　結審後の和解について

　私たちは、控訴審の一応立証を終え、結審となりました。

　1989年（平成元年）1月21日になりまして、急転直下、裁判上の和解ということになりました。これは1988年（昭和63年）から1989年（平成元年）にかけて、エムケイと運輸省との話し合いがありました。私はその場には立ち会っておりませんけれども、話合いは成立しました。エムケイからの報告では、これはぎりぎりの選択ということでした。判決言い渡しの少し前でしたけれども、裁判所にお願いしまして1989年（平成元年）1月21日に裁判上の和解にしていただきました。主任は大石貢二裁判官でした。

　控訴審の判決は、「幻の判決」に終わりました。私とすれば判決はもらいたかったんです。控訴審で、主文はどうかわかりませんけれども、少なくとも理由中の判断で、同一地域・同一運賃の原則は違法だという判断は出るものという自信はありました。しかしながら、事件というのは私たち弁護士のものではありません。依頼者のものです。やはり事件の勝ち負けにこだわってはいけないなと後になって思いますけれども、決着というのは裁判外でつくこともあります。

　　教訓8　「事件の勝敗にこだわってはいけない。決着は裁判外でつくことも
　　　　　　ある」

3　行政事件の和解について

　ここで行政事件の和解についてお話します。「行政事件で和解ができるんですか。」と聞かれますが、できるんです。行政事件訴訟法の7条があります。「この法律に定めのない事項については民事訴訟の例による。」とされ、行政事件の特質に反しない限り和解はできます。行政事件で和解をされているケースは結構多いのです。事実の確認ということや訴訟費用についての和解はできるんです（富澤達「行政事件における和解」鈴木忠一・三ケ月章監修『実務民事訴訟法講座8行政訴訟Ⅰ』〔日本評論社、1970年〕）。

　1985年（昭和60年）1月21日に大阪高裁で和解をしました。和解条項は次

のとおりです。

1　運輸省当局と被控訴人との間で、左記のとおり確認されたことにかんがみ、被控訴人は本件訴えを取り下げ、控訴人はこれに同意する。

運輸省は被控訴人がタクシー事業の活性化及びこれによる利用者の利便向上に対して果たしてきた役割を評価する（1号）。

今回の一連の訴訟も双方の間に考え方の違いはあるものの、被控訴人側にこのような趣旨で提起したものであることを認め、訴えの取り下げ後においても、運輸省及び被控訴人は関係事業者と連帯してタクシー事業の健全な発達と利用者の利便向上のために相互に一層の努力をすることとする（2号）。

2　被控訴人と控訴人とは前項の確認の趣旨にのっとり、今後、関係事業者と連帯して利用者の利便向上とタクシー事業の健全な発達のために一層の努力をすることとする。

3　訴訟費用は第1、2審とも各自の負担とする。

これが、和解条項です。

この和解に類した行政事件での和解は、いろいろとやられています。私も税金に関わる取消事件で和解をしました。だから和解というものを選択肢として行政事件をおやりになるときにお考えになったらいいこともあります。ただ、行政庁の側からはなかなか乗ってきてくれませんが。

第8　その後の同一地域・同一運賃の原則について

1　通達内容の変更について

その後の同一地域・同一運賃の原則についての顛末について説明します。私の担当した事件はここで終わりました。けれども、本当の意味で、この事件は終わりませんでした。

どんなふうになったのか、またいろいろな裁判がありましたので、御説明します。

まず、評判の悪い「一般乗用旅客運送事業の運賃料金について」という通達は、1993年（平成5年）10月6日と1998年（平成10年）3月31日に二度改定されました。そして、同じく「運賃料金の多様化、需給調整の運用の緩和

その他タクシー事業についての今後の行政方針について」ですが、これも1993年（平成5年）10月6日に改正されました。この通達によりますと、同一地域・同一運賃の原則による原価計算の方式は踏襲されましたけれども、認可の基準になる運賃額については幅を持たせました。さらに、その金額の幅に入らなくても、個別立証でこれを認めることもできるということになりました。要するに同一地域・同一運賃の原則の硬直した適用をやめたということになります。同原則の内容の実質的変化です。

2 個別値下げ認可について

この通達で、現実に値下げ認可もされることになりました。これは1993年（平成5年）11月18日ですが、エムケイが、「平成5年12月1日から平成6年12月1日までの期間限定で運賃の1割値下げしたい」という申請を出しました。この申請が認可されました。

これは初めての単独、しかも値下げの認可でありました。この認可がどうして認められたのかということですが、後に述べる大阪地裁の三菱5社の消費税損害賠償事件に関する大阪地裁の平成5年3月2日判決（第8.5）が出されまして、この1993年（平成5年）10月6日に通達が改正されたことから可能になったということです。

3 三菱タクシー株式会社関係5社の消費税損害賠償事件について

三菱5社の消費税損害賠償事件について若干説明をさせていただきます。

この事件は、1989年（平成元年）4月1日に消費税が実施されましたが、その実施に向けて、同年の2月から3月にかけまして大阪市域の事業者が消費税を転嫁するための値上げの申請をしました。近畿運輸局長は、申請した業者に3月17日までに消費税を転嫁するための値上げを認可しました。三菱5社だけが値上げ申請をせずにそのままの運賃となりました。三菱5社だけは安く、ここで二重運賃となりました。その後、他の事業者はさらに運賃の値上げ申請をしまして、近畿運輸局長は1991年（平成3年）3月に平均で11.1％の値上げの認可をしました。そうしますと、二重運賃は、その運賃差が14.2％に増えて継続したことになります。そして、事態はまたさらなる展開

を見せることになります。

4　三菱5社の消費税転嫁分の値上げ申請

　三菱5社は、今度は消費税転嫁分の運賃値上げをしようという方針を決めました。1991年（平成3年）3月29日に消費税の転嫁をするための申請をしました。これも近畿運輸局はなかなか正式受理をしてくれず、1か月後の同3年4月30日に申請を受理し審理を始めました。原価計算書とかいろいろな書類を出せ・出さない、とのやりとりがあった後で、同年6月1日に申請についての事案の公示をし、6月27日と7月5日の2回にわたって三菱5社の意見を聴取しました。そのときに三菱の社長さんが、原価計算書に記載された原価計算の算定根拠について説明を求められたけれども、「運賃変更の理由は消費税の転嫁である。」という陳述をしただけでした。後で最高裁になってこの辺がちょっと響いてくるのですけれども、そういうことでありました。

　近畿運輸局長は、三菱5社の申請については、法9条2項1号の運賃変更の基準に適合しているか否かを判断するに足りるだけの資料の提出がないということで、1991年（平成3年）9月12日に消費税転嫁の値上げ申請を却下するとの決定をしました。

5　訴訟の推移について

　三菱5社は国家賠償請求を起こしました。エムケイのような取消訴訟ではなく、損害賠償請求でした。

　2つの裁判がありました。

　1991年（平成3年）6月から8月分の営業収入の3％に相当する金額の損害賠償を求めた事件（大阪地裁平成5年3月2日判決（平成3年（ワ）第5327号）判例タイムズ809号244頁、判例時報1454号61頁）と、

　1991年（平成3年）5月、そして同年8月から1992年（平成4年）12月分の営業収入の3％に相当する金額、消費税の転嫁分の損害賠償を求めた事件（大阪地裁平成7年5月19日判決（平成5年（ワ）第890号）、判例タイムズ890号101頁、判例時報1541号113頁）です。

[3] 規制緩和における裁判の役割　261

大阪地裁の平成５年３月２日の判決では、1991年（平成３年）７月、８月分の営業収入の３％に相当する額の損害賠償を認めました。消費税を転嫁するためのタクシー運賃値上げの場合であっても、道路運送法による認可が必要だということと、消費税の転嫁を理由とする値上げ申請に対する運輸局長の審査というのは、審査の内容が不当とか違法な目的による値上げなど、円滑かつ適正に転嫁することを目的とするものであると認められる場合には認可すべきであるということから、これを遅らせたことが違法であるという判決でした。この判決は大阪高裁でも維持され、国の控訴を棄却しました。（大阪高判平成６年12月13日（平成５年（ネ）第730号、平成５年（ネ）第1423号、平成５年（ネ）第2197号）判例時報1532号69号）。これに対して国は上告しました。

　もう１つの流れで、大阪地裁の平成７年５月19日の判決も、損害賠償を認めております。しかしこの事件の高裁の判決は国の控訴を認めて、原判決を取り消して原告の請求を棄却しました（大阪高判平成９年９月25日（平成７年（ネ）第1425号）判例タイムズ973号157頁、判例時報1632号26頁）。

6　最高裁第１小法廷の平成11年７月19日の判決（最高裁裁判例集民事193号571頁）

　最高裁第１小法廷は、損害賠償を認めた高裁判決を破棄して、三菱５社の請求を棄却しました。まず、前提判断のわくぐみを次のとおり認定しました。当時の同一地域・同一運賃の原則による自動車局長の依命通達で定める平均原価方式というのは、同一地域内ではタクシー事業の能率的な経営のもとにおける適正な原価は各事業者にとってほぼ同じようなものになるとの考えによる。したがって、平均原価方式に従って算定された額をもって当該同一地域内のタクシー業者に対する運賃の設定、変更の認可の基準とすることは、法９条２項１号の基準の具体的判断基準として合理性を有する。特段の事情がない限り、これに基づき判断することも裁量権の行使として是認できる。

　しかしながら、タクシー事業者が平均原価方式の額と異なる運賃額を内容とする運賃の変更申請をして、原価計算書その他の運賃の額の算出の基礎を記載した書類を提出した場合には、地方運輸局長は個別に審査、判断すべき

であるとして、最高裁は、改正された通達に沿った解釈をしました。同一地域・同一運賃の原則の硬直的運用自体が違法であることを、最高裁も間接的にこれを認めたことになるのでしょう。エムケイの大阪地裁の判決を是認した判断をしました。

しかし、最高裁は三菱の消費税転嫁の損害賠償を認めず、国を勝たせました。国の方が原価計算書の算定根拠について説明を求めたにもかかわらず、原価計算の算定根拠等を明らかにしなかったので、要するに法の定める基準に該当するか否かを判断するだけの資料の提出がなく、却下決定をした同局長の判断に裁量権の逸脱ないし乱用をした違法はない、ということで損害賠償を認めなかったということになります。

この判決については、様々な意見があると思います。しかし、この事件は決着を見ました。

7 エムケイ値下げ認可執行停止申立事件

三菱5社の損害賠償の1審、2審の判決があったことによって、一時的ではありましたけれども、1993年（平成5年）11月18日にエムケイが期間を同年12月1日から1994年（平成6年）12月1日までとした運賃の1割値下げ申請は認可されました。ちょうど時期がよかったんだろうと思います。

このエムケイの値下げ認可に対して他の業者や労働組合からの裁判が起こりました。これもおもしろいので見ていただければと思います。

大阪地決平成5年12月20日（判例タイムズ841号126頁）でこれは他の業者が値下げについての執行停止を求めた事件です。

大阪地決平成5年12月20日（判例タイムズ841号130頁）でこれは全自交の京都地連が執行停止を求めた事件です。

これらについて執行停止が却下された決定が出ておりますけれども、その中の判断として、この申請自体が、適正原価・適正利潤を配慮した認可なんだということで、運輸局長の判断を是認しているということになります。個別認可が司法の場でも是認されたということになるのでしょう。

[3] 規制緩和における裁判の役割 263

第9 規制緩和におけるエムケイ判決のもつ意味

1 道路運送法の改正

　個別認可が認められ落ちついたわけですけれども、その後の規制緩和の動きがあります。2000年（平成12年）に道路運送法が改正され、2002年（平成14年）2月1日から施行されました。どうなったかという話です。

　まず、参入規制、総量規制の緩和がなされました。これも2001年（平成13年）8月29日の自動車局長の処理方針の通達です。まず、参入規制の緩和は「免許」から「許可」へということになりました。考えてみますと、要するに「免許」というのはお上から与えられるというものなんですよね。自分には権利がないけれども、お上が特別に与えるものが免許です。「許可」というのは資格があれば認められる。そういうものに変わりました。

　それと、事業計画の変更ということです。これは「認可」の部分も前からありましたけれども、認可要件の緩和ということと、一部「届出」になりました。これはタクシー業者にとっては本当にありがたいことでして、従前は、「箸の上げ下げ」といいますか、こういう書類を備えつけろ、こういうものでなければならない、こういうものを書いておけ、書いておく書式はこうなんだと規定されて、それが整ってなければ違反だということになっていたわけですけれども、そういうものが緩和されました。ただし、それは状況にもよりますから、2001年（平成13年）10月26日の自動車交通局長の「緊急調整措置の発動条件について」ということで、著しい供給過剰となったり、運輸の安全と旅客の利便を確保するのが困難なおそれがある場合の非常手段として、新規参入とか増車を停止する緊急措置ができるというものです。

　運賃の認可要件の緩和ということで、これは法の9条の3で決まっております。2001年（平成13年）10月26日の局長通達で、運賃適用地域ごとに当初の申請から3か月の間申請を受け付けて、申請法人の事業者の車両数がその地域の法人事業者の全体の車両数の7割を超えたときには運賃改定を開始するんだと、要するに申請したところからどんどん下ろしていくんだということになりました。

運輸局長は、運賃改定の要否の判定、原価及び収入の算定の基準によって上限と下限を定めた自動認可運賃というものを設定して事前に公示するのだと。自動認可運賃の幅に該当すれば速やかに認可する。自動認可運賃に該当しない場合はどうなるのかといいますと、個別に審査するということになりました。あと、原則5,000円を超える部分についての適用とか、遠距離割引とか、その他の割引運賃の申請は、改定時の時期を決めてありますけれども、随時申請できるんだということとか、タクシー事業の情報提供ガイドラインによる情報提供を確実に実施するということで、タクシー事業において規制緩和がなされることになりました。それで、今はいろいろな競争ができるようになったのです。

2　訴訟の意味

こういうふうに見ていきますと、規制緩和におけるエムケイ裁判の意味は、エムケイ判決だけではありませんけれども、ある程度分かってくるのではないかと思います。判決から時間がたちました。判決の客観的な評価というのもある程度できるようになってきました。まず、それをまとめて若干お話ししたいと思います。

訴訟の意味というのは、やっぱり大きかったのではないかということになります。判決は、同一地域・同一運賃の原則——これは中身がちょっと変わってきてるのですけれども、正確に言いますと「硬直的適用による規制行政の不合理性」を初めて明らかにしました。あの当時は、運輸省は自信満々だったと言いましたけれども、それが常識的だと思っていたのでしょう。だけど、おかしかった。私は、規制緩和はいいことばかりではないと思います。しかしながら、タクシー料金を中心とする過度な規制を見ておりますと、これはちょっと行き過ぎだなというふうに思いました。「箸の上げ下げ」までの規制はおかしいのではないかということで、やはり訴訟の意味は大きかった。

3　規制緩和——ヤマト運輸の場合

クロネコヤマトのヤマト運輸という会社があります。この元会長で小倉昌

男（故人）さんという経営学の神様になっている人の、『経営はロマンだ——私の履歴書』（日経ビジネス人文庫、2003年、日本経済新聞の「私の履歴書」に連載されたものをまとめた本）という本があります。この中に書いてあるのですが、宅急便のネットワークを全国につないでいくときに、その場合はエムケイの運賃認可よりももっと厳しい「路線」の「免許」が必要なのですね。そうすると、ヤマト運輸が免許申請をしますと、それを行政は店ざらしにするらしいのです。宅急便で全国展開するためには路線免許が必要です。昭和50年代の中ごろから昭和60年代にかけて免許申請をしても、4～5年は店ざらしにされたということです。ひどい話です。1986年（昭和61年）に行政上の不作為の違法確認の裁判をやってようやく免許を取得した。私らから見たら便利と思う宅急便の全国的ネットワークですけれども、やはりそこに至るまでには相当の努力があったのです。

　それと、この中にもう1つ紹介してあったのは、宅急便のMサイズとSサイズ以外にPサイズ（2kgまで）を作ろうと申請した。運輸省は認可をしてくれなかった。それで何をしたかというと、これは裁判じゃないのですけれども、「Pサイズをやります。」という宣伝を新聞に出した。そうすると、消費者の側から運輸省に抗議がわっと行った。消費者からみますと、需要があります。そういうことで、その後すぐに認可されたというエピソードが書いてありました。この時期に被規制産業である宅急便業界も本当に苦労した。それを裁判などで突破していった経験が述べてありました。やっぱり訴訟の意味は大きいのではないかと思います。

4　規制緩和の主体は消費者である

　次に、規制緩和の主体は消費者である。私自身もそうですけれども、消費者的感覚は重要です。私は、消費者は賢明だと思っています。先ほど国の二重運賃の場合の弊害についての主張でいろいろ出てきたでしょう。利用者が混乱する、運転者と消費者がもめるというようなことです。私に言わせたら、「そんなのは放っといてください、利用者は賢明ですからそんな事態にはならない。」ということを準備書面でも書いたんです。要するに、行政の「いらんお節介」はやめてくれと思いました。規制緩和の主体というのはやっぱ

り消費者ではないでしょうか。既得権益を有するのは、資本家とか労働者とか官僚達です。弁護士は基本的には消費者の感覚を持っています。その感覚というのはやっぱり重要なのではないかと思います。

判決をする裁判官も消費者なのです。その感性に訴えることがやはり重要ではないか。意外と裁判官もここら辺の感覚というのは結構心得ているなと思います。

5　行政訴訟で歴史を変えることができる

京都の小さなタクシー業者が国家権力を相手に一石を投じた。それが運輸事業の規制緩和への道を開くようになった。やはりそういう意味では歴史を動かしたんだろう。たまたま11年目の若手であった私がこの事件にかかわり合って、おもしろかったですね。やっていて楽しかったし、おもしろかったのです。そして、その時代には流れというものがあります。弁護士としてそういう基本的な流れをどうやってつかむのかが大事なんです。私はこれを「時代の精神」といってるんですが、時代の中に流れてる「考え」なり、「時代の精神」というものをどうやって敏感に感じ、それを訴訟という場に持ち出せるのかということが今問われている。これからの弁護士というのは、そういう感覚を研ぎ澄ましていくことが重要なのではないかなとつくづく感じました。

第10　行政事件の専門家になるために

本日の講演の趣旨は行政訴訟の専門家になるためにということのようです。

そこで、エムケイ事件を通して「行政訴訟の専門家になるということはどう考えたらいいだろうか」ということの、「おさらい」をさせてもらいます。教訓は

1番目として「何が問題なのか争点を定めるのが重要」

2番目として「法律はよく調べなければならない」

3番目として「判例は調べなければならない」

4番目として「法を知って立法経過を調べる」
　　5番目として「おかしいと思った事実は徹底的に調査せよ」
　　6番目として「学者証人には論文を集めて徹底的に分析し、証人には事実
　　　を突きつけて尋問する」
　　7番目として「理論武装は必要である」
　　8番目として「事件の勝敗にこだわってはいけない。決着は裁判外でつく
　　　こともある」
と整理しています。

　私がここで言っていることは、皆さんが、日常の事件処理で当たり前にや
っておられることばかりです。要するに、特別なことは何もない。行政事件
には特別に適用される法の仕組みというのはあります。確かに、行政の法の
仕組みもありますし、道路運送法という法律もちゃんとあります。その理解
も必要です。しかし、行政をめぐる裁判の中でやっていくことは、皆さんが
日常の裁判の中で、日常的にやっておられることばかりなんです。そういう
意味で特別なことは何にもありません。

　ということは、誰でも行政事件の専門家になれます。

　行政事件というのはそういう意味では怖くありません。行政事件というの
は、やっていればおもしろくなります。そして、行政事件は、行政ばかりか、
政治、そして大きく言えば歴史も変えることができる。極めておもしろいと
いうことになります。

第11　おわりに

　関戸委員長にエムケイ事件を講演してほしいと言われました。私とすれば
こんな「骨とう品」みたいな事件をどうしようかと思ったんですけれども、
こういうふうにまとめてみると1つの完結したストーリーになりました。関
戸委員長のご炯眼に感服しております。

　これをもって私の行政事件の話を終わりたいと思います。

第 4 部

民事事件と私

ま え が き

　第 4 部は、各分野の民事事件に関係した論攷をとりあげている。これもすべて、私が関わった事件に関係するものである。

　[1]「森永ミルク中毒事件と私」は、2017年（平成29年） 7 月 9 日に森永ヒ素ミルク中毒の被害者を守る会大阪府本部の第50回大会での講演を基礎にまとめたものである。森永ミルク中毒事件の被害児とその家族（被害者）は、1955年（昭和30年）に一度抹殺されたが、その後14年たって1969年（昭和44年）に再び不死鳥のように甦った。裁判・不買運動など森永や国を巻き込んだ大きな運動によって、1973年（昭和48年）の被害者救済機関である財団法人ひかり協会（現・公益財団法人ひかり協会）に結実する。その中で、時代というもの、被害者団体「守る会」、これを支援してきた学者、医師、保健師、養護教諭などの人たち、そして弁護団の活動と葛藤を述べている。

　私にとっても、弁護士になった1973年（昭和48年）に、初めて弁護団に参加した公害事件であり、その後の自分の生き方を決定づけた運命的な事件であった。

　[2]「豊田商事管財事件と私」は、青年法律家協会大阪支部40周年記念誌（1998年 4 月刊行）に寄せた論攷である。

　豊田商事事件は、戦後最大の消費者（特に高齢者）詐欺事件である。全国各地で大量の被害（約1,470億円、被害数約 3 万5,000人）を生み出した詐欺会社を、破産手続で清算するという前代未聞の大作業が行われた。1985年（昭和60年） 7 月 1 日に大阪地裁で豊田商事に破産宣告がなされ、私は、常置代理人として、1991年（平成 3 年） 7 月 1 日の終結まで約 6 年間管財業務に従事した。破産管財人は、中坊公平（故人）、鬼追明夫、児玉憲夫の 3 弁護士（以上、大阪弁護士会）、大阪の常置代理人に、高階叙男、出水順、木村澤東、松井忠義、各地の常置代理人に宇都宮健児（東京弁護士会）、藤本昭夫（札幌弁護士会）、石神均（仙台弁護士会）、東富士男（福岡県弁護士会）の各弁護士

がいた。また管財業務民事訴訟の代理人は、河合伸一弁護士（元最高裁判事）。被害者弁護団（代表・北野弘久〔東京弁護士会、故人〕）は、兵藤俊一（愛知県弁護士会）、三橋完太郎（大阪弁護士会）、事務局長は山口健一（大阪弁護士会）をはじめとする全国で46弁護団996名の弁護士参加があった。

　強力な管財人団は、これらの方々の全面的な協力を得て、全国各地で財産・債権の回収活動をした。1985年（昭和60年）４月当時、全国の弁護士の数が１万2,604名で、約８％の弁護士が救済活動に参加したことになる。その中で、様々な管財事件では、関連会社への破産申立、国税返還など様々な法的な工夫とドラマがあり、約129億9,000万円を回収した。

　本稿は豊田商事管財事件についての終了４年目の回顧である。

　[3]「損害保険契約における保険会社の誠実調査・誠実審査義務の帰趨」は、保険会社（特に損害保険害会社）の調査と審査のあり方を論述したものである。これは私が具体的に受任した火災保険請求事件について、その中から、感じた保険会社のあるべき姿を追求したものである。アメリカではこの義務が認められ、特別の類型になっている。日本でも同様の解釈がなされるべきということを説いたものである。

　この論文は、植木哲先生古稀記念論文集『民事法学の基礎的課題』（勁草書房、2017年）に寄稿したものであり、これを転載させていただいた。

　ちなみに、私の担当した事件で、保険会社の誠実調査・審査義務を一貫して主張したが、地裁、高裁はこれを特別の義務としては認めず（判断せず）、一般的範疇の不法行為の義務に留めて、不法行為責任を追及しない判断をした。最高裁も判断を避け、上告不受理となった。

　なかなか、日本の司法では「保険会社の誠実調査・審査義務」は、アメリカの域には届かないが、これも将来必ず認められるものと信じている。

[1]

森永ミルク中毒事件と私

第1 自己紹介

　私は、1948年（昭和23年）の2月生まれです。富山県で生まれました。団塊の世代でして、高校までは富山におりまして、1967年（昭和42年）4月に東京へ行きまして、早稲田大学に入りました。

　1970年（昭和45年）に司法試験に合格し、1971年（昭和46年）4月に25期司法修習生となり、裁判官とか、検察官とか、弁護士の卵になりました。当時は、修習期間は2年間でして、全体で500名ぐらいです。4月から3カ月間、東京の司法研修所というところに500人が集められまして講義形式の研修、8月から翌年の10月まで1年3カ月ぐらい各地の裁判所・検察庁・弁護士会に配属されます。私は、京都修習で、大体25人ぐらいが配属されました。1972年（昭和47年）11月まで京都におりまして、それで、11月から東京でまた司法研修所に戻り二回試験があって、1973年（昭和48年）3月に卒業し、同年4月に大阪弁護士会に登録しました。

　森永の被害者の皆さんとの関係では、彼等が1952年（昭和27年）・1953年（昭和28年）ぐらいのお生まれとすれば、大体3つから4つぐらいの兄貴分という感じです。ほとんど同世代ですから、たぶん、価値観は共有する世代だろうと思っております。

第2 法律家になろうと思ったこと

　私が法律家になろうと思ったのは、私の田舎の富山でイタイイタイ病裁判

というのがあったからです。これは、公害事件でして、私の田舎の富山に神通川という大きな川がありまして、そこの流域で、大体35歳を過ぎた女性の人が、骨がもろくなって、「痛い痛い」といって死んでいかれるという「イタイイタイ病」（当時は奇病とされた）が発生していました。

それは戦前から存在したんですけれども、戦後、献身的な、萩野昇さんという地元のお医者さんたちの調査研究で、原因がわかりました。神通川の150キロぐらい上流の岐阜県の神岡に三井金属の神岡鉱業所というのがあります。これは、今はもう廃業し、現在は坑道の跡に科学的なトンネルを掘りまして、ニュートリノなどの研究をやっているところ（スーパーカミオカンデ）になっています。

1960年（昭和35年）ごろから、この病気の原因は神岡鉱山から排出される鉱毒ではないかと疑われてきました。今はもうカドミウム中毒とわかっているんですけれども、当時は様々な鉱毒説が出されまして、富山県とか、三井の側からは、栄養説ではないかという反論が出て、大変な状況でした。

原因を法的にも追及しなければならないということで、1968年（昭和43年）、私が大学生のころですけれども、イタイイタイ病の被害者が原告となりまして、富山地裁に裁判が提起されました。これが「イタイイタイ病裁判」という、後生、有名な四大公害裁判の走りとなりました。

その中で、私が知ったのは、地元出身で東京におられた島林樹（たつる）さんという登録2年目の若手弁護士さんが帰省したとき、婦中町（おわら踊りで有名な八尾というところですけれども）、そこに帰省したときに被害者の方と出会って、これは社会的にも救済すべきではないかという使命感をもたれました。そして、地元の若手弁護士の松波淳一さんや全国の若手の弁護士（大阪の山下潔さんなど）に呼びかけまして、弁護団を結成しました。それだけではなくて、島林さんと近藤忠孝さんなど何人かの人は、東京などの各地から富山へ移り住んで、裁判に取り組まれたことを知りました。

私は、宗教を信じてるわけじゃないですけど、時代を切り開くとき、「神の啓示」というか、何かそういうなにかがあるのではないかというふうに思うことがあります。島林さんという若手の弁護士さんがこの事件と出会わなかったら、イタイイタイ病裁判、被害者の救済というのはなかったと思いま

す。当時、学生だった私は、自分とそんなに年の違わない若手の弁護士が、そんな事件を掘り起こして、裁判のために富山まで帰って頑張っている、という事実を知り感激しました。そういうことで、自分もぜひ弁護士になろうというように思うようになったのです。

正直言いまして、昭和40年代、皆さんの子どものころですけれども、富山の田舎で裁判を起こすというのはとっても大変なことでした。しかも、相手は天下の三井鉱山で、明治以来の大財閥です。農民が一揆を起こすようなもので、並々ならぬ決意が必要でした。

小松みよさんという重篤な被害者の妻をもつ小松義久さん（イタイイタイ病対策協議会会長）が言われた印象的な言葉がありまして、「私たちは戸籍をかけて裁判を起こすんだ。」と、悲壮な決意を述べています。若手の弁護士中心で、言ったら悪いけど、頼りない、しかもやってみないとわからない訴訟です。そこにかけた。要するに、「この裁判に負けたらもう地元にはおられない」という悲壮な覚悟で裁判を起こすということは、それぐらい大変な時代だったということです。

第3　イタイイタイの裁判の帰趨

イタイイタイ弁護団というのは、団長に正力松太郎さんの甥の正力喜之助さんという長老の弁護士が高岡市にいらっしゃるんですけれども、その方を担ぎまして、若手が中心となって結成されたものです。

1968年（昭和43年）に裁判を起こして、1969年（昭和44年）6月に富山地裁で全面的な勝訴の判決がありました。それから1年後に、名古屋高裁の金沢支部で、三井が不当に控訴したからということで、その倍額の賠償が認められて被害者の完全勝訴で確定したのです。

この裁判の記録は、イタイイタイ病訴訟弁護団編『イタイイタイ病裁判全6巻』（総合図書、1971-74年）、島林樹『公害裁判——イタイイタイ病訴訟を回想して』（紅書房、2010年）、松波淳一『定本カドミウム被害百年——回顧と展望』（桂書房、2008年）に詳しく述べられています。

それから以降も、患者団体と三井との間で、イタイイタイ病被害者の方の

救済とか、土壌汚染の問題とか、公害防止協定とか、そういう形でずっと後始末が続いています。

私が学生の時代、1967年（昭和42年）から1971年（昭和46年）ですが、公害訴訟として、水俣病裁判、これは、熊本のチッソと新潟の昭和電工と2つあるのですけれども、それと四日市の大気汚染の裁判が起こっておりました。当時四大公害訴訟というふうに言われておりました。これをやったのが大体20代から30代の若手の弁護士たちで、頑張ってやったのです。

私は、このような時代に司法試験に合格して、京都で司法修習したことになります。

ところで私と森永事件とのかかわりは、1971年（昭和46年）の京都修習の時代に出会いました。本当に偶然です。私、生まれは富山ですし、東京で勉強していましたから、事件についてはまったく知らなかったのです。

第4　私が出会う1971年（昭和46年）までの森永事件

私が出会う1971年（昭和46年）までの森永事件を若干振り返ってみようと思います。ちょっと整理させてもらって、この点を先に話しさせてもらいます。

1　原因がわかるまで

1955年（昭和30年）6月ごろから、西日本を中心に、乳幼児に原因不明の奇病が発生した。元気がなくなって、機嫌が悪くなって、下痢、または便秘が続く、乳を吐く、そして38度以上の高熱、おなかが膨れる、皮膚が黒くなる。

1955年（昭和30年）というのは、私が7つぐらいのときの話です。岡山大学医学部の病院に小さな乳幼児の患者さんが入院するようになり、同年8月には、森永乳業の徳島工場のミルクではないかという話がされていましたけれども、ようやく、8月23日に岡大の医学部の法医学教室で森永のミルク缶からヒ素が検出され、8月24日に公表されました。原因については、8月28日、森永の粉ミルクの第二リン酸ソーダにヒ素が混入していたことを森永が

発表したということになります。

2　原因

　この第二リン酸ソーダは、要するに、原料乳の鮮度が落ちて、酸度が高くなると品質が低下するので、安定剤として使用していたものです。森永が使用した第二リン酸ソーダに、日本軽金属から産出されたヒ素化合物にリン酸を含む無機物質が混入していた。

　1955年（昭和30年）という時期を振り返りますと、戦争に負けて10年。そういう時期に、安定剤を使用して商品の品質低下を防いでいたということで、添加剤が本当に問題となった時期ということです。

　厚生省の発表では、1万2,131名が被害者、うち130名が死亡者ということですけれども、不十分な統計だっただろうなと思います。

3　被害者の運動

　ここで、はじめの被害者の運動、当時、皆さんのお父さん、お母さんたちの運動というものを若干しゃべってみたい。ここに、様々な被害者運動といいますか、様々な問題が出てきたときの相手方の対応というのが明確に出ております。本件は被害者対策の「はしり」ではないかと思われるので、その本質を認識していただきたいと思います。

　1955年（昭和30年）8月27日に、岡山の日赤病院で被災者家族中毒対策同盟というのが結成されました。

　同年8月31日に全岡山の被災者同盟ができました。各地にどんどん被災者同盟ができていきます。

　同年9月18日には、第1回の協議会ということで、これは「全協」と言いますけれども、被災者同盟の全国連絡協議会ができます。

　それから後も、同年9月22日、26日、事件が発表されてから1カ月の間に、全国的に大きな被災者同盟の運動ができます。10月5日には、全協と森永との第1回交渉があります。大体40日ぐらいでこれだけの運動になったというのは、よほどすごいことです。本当にエネルギーのあった人たちだったということです。

10月5日に第1回の交渉。第2回目の交渉が同年10月23日の予定だった。その間に森永が厚生省に陳情をしました。ここからが運動の転回点になります。

4　森永の陳情と厚生省の被害者対策

1955年（昭和30年）10月6日、陳情をうけた厚生省が日本医師会に、森永ミルク中毒の被害の「診断基準・治癒判定基準」の作成を依頼します。厚生省の依頼を受けた日本医師会が、小児保健学会の6人の委員、これは、悪名高い「西沢委員会（六人委員会）」に依頼をします。

それと、厚生省がもう1つやったことは、同年10月21日に、補償の問題について「五人委員会」を結成したことです。

森永が厚生省に泣きついて二つの委員会を作ってもらった。

法律的には、1つは因果関係の問題、「被害者が誰か」という認定の問題と、もう1つは「補償の範囲（程度・額）をどうするか」という損害の問題、これらの解決を目指したものです。

その2つの問題を厚生省に頼んで、解決してもらおうとしたことになります。

5　交渉決裂と委員会の意見

1955年（昭和30年）10月22日に委員会の結成が報道され、同月23日、第2回目の全協との交渉が予定されたのですが、そのときは、森永は後ろに隠れてしまい、五人委員会の意見に従うという一点ばりでしたから、交渉は決裂してしまいました。

同年11月には、「西沢委員会」の治癒判定基準ができ、12月15日には「五人委員会」の補償に関する意見書がまとまる。この意見書は、要するに、死者が25万円、患者が1万円、入院患者の上限が2,000円、後遺症は心配する必要がない、という意見書が出てきた。引き続き治療を受けているのは「原病の継続」だ、要するに後遺症ではないというものです。

恥ずかしい話ですけれども、弁護士もその中に入っていますし、意見書がそういう形で公のものとして出され、全協の前に、五人委員会、そして西沢

委員会が立ちはだかったことになります。

　同年12月18日に、大阪の堂島ビル、当時とすれば大阪の大きいビルに森永の事務所がありまして、そこで交渉をやったという話は後で聞いたことがあります。委員会の意見の後は、森永が拒否をしまして、膠着状態になりました。要するに、交渉ができなくなったということになります。

6　交渉の結末と運動の終焉

　結局、どうなったかといいますと、その翌年昭和31年3月、ゆきずまった状況のもと被害者は全協の会議で要求をまとめて、森永と厚生省が協議をします。

　そして、1956年（昭和31年）3月に全国一斉検診というのがあって、同年4月に全協は覚書を交わすことになります。要するに、運動はやめて、精密検査を実施してもらうという形を採り、結局、精密検査を実施し、将来、後遺症が確認された場合には補償をするとしました。全協と各地の同盟は解散し、森永は解散後にその費用を支払う。世話人を設置する。治療票を交付する。死者には3万円。研究機関として公益財団法人を設立するという覚書を結んで、同年4月13日、覚書を採択して、全協は解散し、運動は終焉をむかえます。

　要するに、被害者運動は、矢尽き刀折れ、悲惨な結末を迎えました。

　1955年（昭和30年）の8月から、1年もたたない間に運動は盛り上がり、そして、結局は、森永が厚生省に泣きついたことによって運動は「終熄」しました。

　この反省が、14年目の訪問の後の、皆さんのお父さんやお母さんたちに、大きな経験になっているのではないかと思います。

7　被害の切り捨てのモデル

　全国の一斉検診というのは、1956年（昭和31年）5月から、皆さんが受けられたと思うのですけども、11月までには終了し、西沢委員会の基準ですから、後遺症はないというふうに結論されました。

　これを見ますと、東日本大震災の原発事故の後で、福島を中心に、子ども

たちに甲状腺のガンなどの異常な被害が出ておりますけれども、今でも森永の最初の頃を彷彿とさせるような感じがします。何か問題が出てきたときに、まず因果関係で切っていく、それに合わせて補償の範囲を制限していく。今の福島の事件を見ているとつくづくそう思います。結局、この森永事件のやり方というのは被害の切り方としては「普遍的なモデル」ではないかと思います。

8　その後の岡山の運動と民事・刑事裁判

　1956年（昭和31年）4月に全協は解散したけれども、このときに、分かれた人たち、岡山の被害者同盟が一部分裂したもので、被害者55人が裁判を提起することになりました。同年4月23日に岡山地裁に損害賠償の民事訴訟を提起したのです。

　また、同年6月に「岡山県森永ミルク中毒のこどもを守る会」ができました。この守る会が、その後、細々と運動を続けていくことになります。

　他方、1955年（昭和30年）、これだけ社会的に問題となりましたので、事件の後の同年9月20日に、徳島工場の小山さんという製造課長と工場長が徳島地裁に業務上過失致死等で起訴され、刑事事件になっていました。

　その2つの裁判を軸にして、運動は続いていきました。

　刑事事件を申し上げますと、1955年（昭和30年）9月20日に、これは、死者3名、障害を受けた人が11名ということで、まず起訴されまして、それから後、11月17日に訴因が追加され、死者の数がふえまして、また、障害を受けた人たちの数もふえまして、大型の刑事訴訟という形で裁判が続きました。ところが1963年（昭和38年）10月25日に徳島地裁で判決があり、二人とも無罪という判決が出ました。

　民事裁判は、刑事事件を頼りにやっていたので、刑事が無罪判決となりまして、1964年（昭和39年）4月1日に民事訴訟は取り下げになりました。民事紛争も、1名3万円の示談金で訴訟取下げという形になりました。要するに、民事裁判も、刑事裁判の帰趨によって、そうなったという形になりました。

[1] 森永ミルク中毒事件と私　281

9　刑事裁判の展開

　ところが、刑事事件はその後も続きまして、1966年（昭和41年）3月31日に、高松高裁で原判決（無罪判決）が破棄されました。もう一度責任についてきっちりと審理すべきではないかということで、徳島地裁に差し戻しになりました。それが被告側の上告で最高裁に行きまして、1969年（昭和44年）2月27日に上告棄却となり、徳島地裁への差戻しの判決が確定しました。「14年目の訪問」のちょっと前です。

　最終的には、1973年（昭和48年）11月28日に、徳島地裁で、小山さんという方が禁錮3年、これはもう実刑判決です。もう一人の大岡さんは無罪ということで確定しました。

10　絶望的な状況下での守る会の運動

　このように皆さんのお父さん、お母さんたちの運動は、「矢尽き刀折れ」という状況下から、岡山の地で守る会だけが細々と運動を続けてきたということになります。守る会は1957年（昭和32年）9月に被害児11名の検診・治療（倉敷）、5名の検診・治療（岡山）で、1958年（昭和33年）10月に被害児10名の検診・治療、1960年（昭和35年）5～7月に被害児数名の治療をしてきました。

　1962年（昭和37年）には、「森永ミルク中毒のこどもを守る会」ということで、全国単一組織となりました。全協時代の経験があり単一組織が必要だという認識だったのです。

　1963年（昭和38年）の無罪の刑事判決による1964年（昭和39年）の民事裁判の取下げは、よほど無念だったと思うのです。運動史なんかを見ておりますと、守る会を続けておられたのですけれども、1965年（昭和40年）8月、ちょうど事件から10年の総会で解散も考えたということです。それぐらい、誰も助けてくれない絶望的な状況だったということです。それでも運動を続けようと決意してやってきた。

11　どうして運動が続いたのか

　1967年（昭和42年）に、守る会の要請を受けた岡山県の薬害対策協議会と

いうところが初めて実態調査をし、遠迫克巳医師の斡旋により、水島協同病院で、民医連の医師など様々な方がかかわって集団検診が行われ、後遺症が発見されました。

14年目の訪問の後に問題が社会的に大きくなるわけですが、14年間どうしてこの組織がもったんだろうかということです。1965年（昭和40年）にはもう解散も考えていた。もう誰も助けてくれないし、どうしようかという「岐路」があったんです。でも、お父さん、お母さんたちは、被害者が我が子ということもありますが、やっぱり自分もミルクを飲ませたという原罪意識があったんじゃないか。そのためには何が何でも頑張ろうではないかという、そういうものがやはり14年間こういう形で運動を維持できたのではないかなという感じがしました。

第5　14年目の訪問と守る会の声明

1　14年目の訪問

1968年（昭和43年）に、大阪府の堺養護学校の教諭の大塚睦子さんが、自分の受け持った大阪市生野区のＮ君という男の子なんですけれども、その被害者に注目して、その後、保健士さん、養護教諭、学生さん、お医者さんと、「森永ヒ素ミルク中毒事後調査の会」を結成し、被害調査を始めます。ここで登場するのが丸山博先生という大阪大学医学部衛生学教室の教授です。丸山先生の指導のもとに調査を始めた。被害児67人の調査です。

1969年（昭和44年）10月30日、岡山の公衆衛生学会で、丸山先生が調査結果を、「14年前の森永ヒ素ミルクの中毒患者はその後どうなってるのか」で報告をされた。これは、『14年目の訪問』という冊子にまとめられて、同年10月18日に大阪大学の学内に配布されたんですが、それに目をつけたのが朝日新聞の記者の方でして、朝日新聞に大々的に報道された。

私は、森永の事件で、いい文章だなというものがあります。『14年目の訪問』の序文です。いつ見ても、これはいいなと思います。

「歩くことはおろか、１人では立つことも座ることもできない13歳の重度

障害児が、乳児期に森永のヒ素ミルクを飲んでいることがわかったとき、ひょっとしたらほかにもと思って歩き始めたのは去年の秋のことでした。これがこの訪問の発端です。

14年前の夏、森永はこともあろうに、乳幼児のミルクにヒ素の入った製品を売り出したために、1万何千人もの乳児が中毒し、100人以上の子どもたちが死亡したということは、世間一般の人から、もう済んだことのように忘れ去られようとしています。

しかし、果たしてそれはもう済んだことなんでしょうか。とんでもありません。この事実をここに報告します。

そして、またこの事実をよそに、14年間、森永も関係官庁も、この子たちのために何一つ、音沙汰さえもしなかったということ。

それで、このたびの訪問は、文字どおり14年目の訪問となったのですが、この訪問が、それぞれの職務を持つ私たちの自主的な行動としてしか行えなかったのもそのゆえです。

私たちは、そのすべてが企業の利益優先と無関係ではないと思います。でなければ、同じ種類の非道なことが、第一、第二の水俣病で、農薬で、そしてカネミライスオイルで、こうまで繰り返されるのは一体なぜでしょうか。

力といっても、めいめいぺちゃんこの財布と足しかない私たちが訪ね得たのは、ごらんのとおり、わずか67名の方々にすぎません。でも、何かの理由で、特に選んだわけでもない、この67人の方々が身を持って示している事実。そして、性懲りもなく今も繰り返されている事件。この事実は、誰が私たちの命を損ない、誰が守るのか、を如実に示していると思います。それは、被害者だけの問題ではなく、私たちみんなの問題であり、私たち一人一人の問題ではないでしょうか。」

これは、何回見てもとてもすばらしい文章だと思います。

2　14年目の訪問と守る会の声明

14年目の訪問が報道されて、1969年（昭和44年）10月29日、守る会の声明文が出されます。これもまた、私はすばらしい文章だなと思います。

「私たちは、きょうまで14年間、救世主の出現を待ち望んでいた。

（中略）

　私たちは、病気に苦しむ子どもたちを抱えながら、まったく孤立無援の中に、苦悩の14年間を耐えてきたのであります。社会から見捨てられた被災の子どもたちのため、献身的に取り組んでくださるお医者さえ見つけ出せたら、それが、私たち被害者の、苦しくも長い夢でありました。それ以外には、もはや私たちは、将来を期待し、信頼してすがりつくものは、この世にはなくなってしまっていたのです。

　今、私たちの前途に二つの光明が差し始めている。一つは、高松高等裁判所、最高裁判所においてなされた森永無罪の第一審判決の破棄差戻しであります。光明のもう一つは、大阪大学医学部衛生学教室の丸山博先生を中心とする方々の力による被害児の後遺症等の追跡調査の進行であります。

　この世に神様があるとしたら、それは、これらの先生方、及び、これらの先生方をして、このような崇高な熱意をならしめた深い啓示以外にほかにあるでしょうか。

　私たちは、心からの感動と敬意を持ってお礼を申し上げ、そして、今後長期にわたる先生方の援助とご健闘をお願いするのみであります。」

　これもまたすばらしい文章で、お父さん、お母さんたちの気持ちが本当に分かるものです。

　ここにもありますように、私がちょうど学生時代から修習生を過ごしました昭和40年代というのは、本当に公害、薬害の時代でありました。古くは、サリドマイド事件というのがありました。先ほど言いましたように、四大公害訴訟の水俣、新潟水俣、四日市公害訴訟ですね。それと、大阪空港訴訟とか、スモン訴訟とか、本当に、公害、薬害の時代だった。戦争が終わって10年、20年たったそのころというのは、今の中国を彷彿とさせるような感じがするんですけれども、そういう時代だったなとつくづく思います。

[1] 森永ミルク中毒事件と私　285

第6　14年目の訪問から1973年（昭和48年）の民事訴訟の提起まで

1　守る会の各県支部の結成と支援組織の形成

　14年目の訪問から、1973年（昭和48年）の訴えの提起までの間に、様々な動きがありました。

　まず丸山報告が1969年（昭和44年）10月30日です。大阪大学医学部に森永ヒ素ミルク中毒後遺症調査会というのができます。日本公衆衛生学会の中に委員会もできます。岡山の協力医療陣の中に、森永ヒ素ミルク中毒被災児後遺症調査研究班というのができます。

　こういう形で、協力医療陣ができてきまして、1カ月後に、同年11月30日、お父さん、お母さんが、待ってましたとばかりに全国から駆けつけ、守る会の第1回全国総会が開かれました。全国の単一組織として個人加盟としました。これは全協の様々な運動の経験があったと思いますけれども、そういう形にします。岡山、徳島、大阪、奈良、広島、香川、兵庫にもありますけど、京都など、それぞれの各県支部ができます。

　雑誌『ひかり』というのが、このときから発行されていきます。

　岡山では、協立病院と水島協同病院が精密検査を始めます。京都では、京都ヒ素ミルク中毒追跡調査委員会というのができ、各地に対策会議というものもできます。これは、行政がものすごく力になってくれたという感じのところがそれぞれにあります。

　それと、これは、京大医学部の若手の学者、これも後でひかり協会の理事になった方々ですけれども、山下節義先生、北条博厚先生、田中昌人先生たちで、京都森永ヒ素ミルク中毒調査委員会というのができました。

　大阪府では対策会議というのができまして、大阪府・守る会・対策会議の三者懇談会というのが結成されました。

　それと、弁護士の中にも、若手弁護士が、これは後に弁護団になっていくのですけれども、青年法律家協会大阪支部というのがありまして、その弁護士が現地交渉に参加していく。

　また守る会が、青年法律家協会の公害研究集会に参加していくという形で、

1969年（昭和44年）10月以来、支援組織が1年かかってできていきます。守る会も組織化されていく。

2　森永との交渉開始

　そして、1970年（昭和45年）を迎えるということになります。この年から森永との交渉が始まりまして、これはそれぞれが本部交渉というので、ほぼ1カ月おきに、岡山、大阪、広島、徳島、京都と、こういう形で交渉が進んでいきます。

1970年（昭和45年）	12月12日	第1回本部交渉（岡山）
1971年（昭和46年）	1月6日	第2回本部交渉（岡山）
同　　年	2月21日	第3回本部交渉（岡山）
同　　年	3月14日	第4回本部交渉（大阪）
同　　年	4月29日	第5回本部交渉（広島）
同　　年	5月13日	第6回本部交渉（徳島）
同　　年	6月20日	第7回本部交渉（京都）

　1971年（昭和46年）6月が第7回の京都の本部交渉で、1つの転機を迎えます。第8回の本部交渉。これは奈良の橿原でやる予定だったのですけれども、森永の通告で交渉が中止になりました。ただ、各支部の地域で現地交渉というのがなされているわけですけれども、現地交渉はするのですが、私も見ましたけれども、担当者に権限がないために決められないということで、各地の運動は盛り上がっていくんですけれども、なかなか全体の交渉ができないという状況になっていきました。

　交渉は一旦中止したんですけど、やはり様々な運動があり、森永のほうも交渉を再開せざるを得なくなった。そして、1971年（昭和46年）11月28日、岡山での第9回本部交渉で、森永のほうから、「恒久措置案」というのが提案されます。とても不十分な案でした。

　その間にも、1971年（昭和46年）12月に京都市の追跡調査委員会の報告書とか、1972年（昭和47年）1月には大阪府の森永ミルク中毒被害児精密検査委員会による検診が開始され、運動は盛り上がっていきます。

3 被害者の恒久救済対策案

　森永の「恒久措置案」を見まして、守る会とすれば、やはり自分たちの恒久救済対策案をつくらなければどうしようもないということになります。運動が始まって約2年ちょっとです。

　1972年（昭和47年）2月の拡大常任理事会で、8月に全国総会があるわけですけれども、それまでに被災者の恒久救済対策案を決定することになりました。

　守る会も、社会的に力を持ってきました。被害者の名簿は森永が持っていたんですが、守る会は厚生大臣と交渉しまして、同年6月27日に、森永が所持している被害者名簿を厚生省に移管し、各府県に移管させました。

　これをうけて、大阪では、三者懇談会で、大阪府は、未登録被害者の認定のための認定委員会を発足させました。これは、後で大きな出来事になっていきます。未認定の方々がたくさんいたので、大阪府が独自の認定という意味で認定委員会を発足させたというのは大きな意味を持ちました。

　同年8月20日に、守る会の第4回全国総会で恒久救済対策案が決定されました。被害児の皆さんが結集した「被害者の会」もこのとき結成されました。被害児自身が百数十人来られた、そういう運びになりました。

　同年8月27日に守る会は森永に交渉の申入れをしました。ここでは、因果関係と責任と未認定被害者の認定が問題となり、この時期には、なかなか森永が法的因果関係とか法的責任を認めなかったことから、守る会は民事訴訟を提起しようと同年9月5日に決めまして、森永ミルク中毒の被害者弁護団というのを結成しました。このときに、伊多波重義弁護士（故人）、中村康彦弁護士（故人）を主体として、若手の弁護士で、辻公雄さんとか大深忠延先生とか、若林正伸さんとか、それまで現地交渉に参加してた私よりも3期ぐらい上の若手の弁護士たちが駆けつけ集まった。大体2年目から5年目ぐらいの若手の弁護士が駆けつけて、弁護団が結成されました。

4 第14回本部交渉と運動方針の決定

　1972年（昭和47年）9月24日、これが第14回本部交渉です。森永から大野勇社長が初めて出席せざるを得なくなりました。

同年11月4日に、森永から、被害者救済のために15億円提示というのがありました。森永のほうも譲歩せざるを得なくなったのです。

同年12月3日に本部交渉があり、森永がなかなか法的因果関係、法的責任を認めないということで、同年12月10日、守る会の全国理事会で、民事訴訟、それと、不買運動の全国展開を決定しました。

1973年（昭和48年）1月に、全国理事会で、①恒久救済対策案の確立のために、各府県に救済センターをつくる、②森永製品不買運動、③民事訴訟を提起することを決定しました。民事訴訟というのは、極めて特異な形をとりました。恒久救済対策案早期実施のため、要するに、責任や因果関係、未認定の被害者がいるということを認めさせるための代表訴訟を提起するということです。あくまで個人の損害賠償を請求するものではないという位置づけでした。

5 民事訴訟の提起

1973年（昭和48年）4月8日、被害者の完全救済を目指すということで全国決起集会をやり、このときに3,000人が集まりました。守る会は、同年4月10日に大阪地裁に原告36名、1972年（昭和47年）8月24日に岡山で第2波訴訟原告が8名、同年11月に高松地裁へ第3波訴訟と、順次裁判を起こしていきました。

その間に、1973年（昭和48年）11月28日に、刑事事件の判決が出まして、工場長については無罪でしたけれども、責任者については禁錮3年という実刑判決が出ました。

6 私のかかわり

ここで、ようやく私とのかかわりが出てくるんです。ようやく本題に入るわけですが、こういう形の運動がずっと続いていたということを認識していただいて、その中に私が参加することになりました。

司法修習生として、私は1971年（昭和46年）8月に京都に住んでいました。森永事件で現地交渉をやっているぞということで、弁護士さん等にくっついて行ったりしていました。被害の実態というのを知りまして、私は、現地交

渉で、聞いているだけでも、森永の担当者の態度にいらいらしたんですけれども、権限がなくて交渉が進まずに、森永には誠意がないなということを感じておりました。

京都支部の交渉でしたので、現地事務所の内田順一（故人）さんとか大槻高（故人）さんとか、宮田真紗子さん、そういう方々と親しくさせてもらっていました。それと、先ほど出ましたように、京都の森永ヒ素ミルク中毒調査委員会、若かりし頃の山下先生、北条先生、田中先生、それぞれ違う分野の先生方ですけれども、本当に親しくさせていただきました。

9月24日、わけもわからずに有名な岡山での第14回本部交渉に弁護士の方々とご一緒させていただいて貴重な経験をさせていただきました。

第7　私と森永事件との関わり──民事裁判の開始から終焉まで

1973年（昭和48年）4月、私が大阪弁護士会に登録した時期に裁判が起こっていますけれども、ちょうどそういう時期だったのです。

1　弁護団への参加

第1波の大阪の弁護団というのは、1972年（昭和47年）6月5日に結成されたということになっています。対策会議というのは若手だけで、手薄ということで、先ほどイタイイタイ病のときに言いましたように、弁護団長に相応しい人の選任が大事ではないかということで、同年1月に中坊公平団長（故人）に就任していただき、伊多波先生が副団長、中村先生が事務局長に就任しました。弁護団の拡充により、大阪、京都、兵庫、奈良、和歌山、滋賀の若手弁護士で、近畿全体の弁護士の弁護団ができました。

1973年（昭和48年）4月10日、私が登録して10日目ぐらいのときに訴訟が提起されました。私は、訴え提起後に弁護団に入れてもらいましたけれども、最後の最後、この事件、後で申し上げますけれども、そんなに長くなかったものですから、最後の弁護団員ということになりました。

2 民事裁判で問われたもの

　この裁判をご説明しますと、原告、これは、近畿一円の代表訴訟ということだったもんですから、大阪19名、京都7名、和歌山2名、滋賀2名ということです。請求額は各1,000万円です。恒久救済案の実現、体制の構築が目的でありますから、国と森永の法的責任、因果関係、未認定被害者の認定を獲得目標としたことになります。

3 中坊団長の被害者訪問に随行して

　中坊公平先生のことは皆さんご存じだと思いますけれども、彼は1928年（昭和3年）生まれですから、当時45歳、弁護士16年目で中堅のホープでした。彼が目指したのは、現場主義ということで、現場へ行かなければわかるものもわからないということで、そこで何をやり始めたかというと、原告訪問を始めました。ずっと4月から5月の土日をかけまして被害者のお宅を訪問されました。伊多波先生が一緒に行こうということで同行されました。

　私は、なりたてほやほやですので、時間もあったせいもありますけれども、「弁当持ちます、荷物を持ちます、記録を持ちます。」と言って、連れていってもらいました。中坊先生の本によりますと、私のことを、弁護士ではなく、司法修習生ということを書いてあるのもあるので、中坊先生にしたら、「半人前の私を荷物持ちで連れていってやるわ」という感じだったんだろうと思います。

　北は京都の丹後半島の加悦町という大江山の麓から、南は和歌山県の熊野の龍神村というところまで廻りました。龍神村というのは、今は高野山から容易に車で行けるんですけれども、当時は紀伊田辺市まで電車で3時間ぐらいかけて行って、そこからまた2時間ぐらいかけてバスに乗って行くという、そういう「秘境」です。そんなふうに36名の原告のお宅を訪問しました。

　私にとっては関西は初めてで、しかも初めての場所ばっかりで新鮮な経験だったんです。今の時代と違って、被害者の方はその場所にずうっと生活されていたので、その場所へ行くと本当に事件の意味がよくわかりました。

　被害者のお宅で、お母さんから、被害者の方が生まれたときからミルクを飲んで、被害を受けて、裁判に至るまでの状況をひたすら聞いていきました。

1回、短くても3時間以上かかりますし、それと、何を私が思ったかと言いますと、お母さんたちはよくしゃべってくれました。やっぱりしゃべりたかった、誰かに聞いてほしかったんだろうと思います。

40年たってまだ覚えておりますけれども、龍神村なんかへ行きますと、紀伊田辺から3時間、そこからバスで2時間。日高川の釣り橋を渡っていきますと、お家なんですよね。入り口へ行きますと、18歳とは思えないような子どもさんが出てきて、というのをまだ覚えております。

京都の加悦町へ行きましたら、京都から5時間ぐらいでしたかね、宮津から加悦鉄道というところに乗りかえて1時間ぐらいかかったんでしょうかね。そこへ行って何を見せてもらったかというと、森永のミルク缶。もう本当にさびついたやつを見せてもらいました。

そこで何を感じたかという話になるんですが、原告の方々、皆さん、子どもさんたちは、一人ひとりは地域も違うし、育った環境も違うし、一つひとつの点が被害という線になって、最後はミルク被害という塊というんですか、そういうものになって、何ぼ鈍い私でもそういうことを感じることができました。弁護士になりたての私にとっては本当に貴重な体験でした。

4 中坊団長の意見陳述

その結果の集大成として中坊団長が意見陳述をされています

私は40年以上弁護士をして、いろんな弁論を聞かせていただきましたけれども、日本の弁護士の法廷弁論の中でも白眉ではないか、すばらしい名弁論ではないかと思います。

紹介します。一番最初のところが一番すばらしいなと思いました。

「私は、原告弁護団長を引き受けて以来、数多くの被害者のお宅を一軒一軒訪問してめぐりました。そして、そこで多くの母親たちに面会しました。

その母親たちが、私に一番強く訴えたことは、それは、意外にも被告森永に対する怒りではありませんでした。その怒りよりも前に、我が手で自分の子に毒物を飲ませたという自責の叫びでございました。」

「生後8カ月にもなりますと、赤ちゃんは、既にその意思で、舌を巻いた

り、手で払いのけたりして、この毒入りミルクを避けようとしたそうであります。しかし、母親は、それを何とかあやして、無理にミルクを飲ませ続けたんです。その結果、ますますヒ素中毒がひどくなり、現在の悲惨な状況が続いてきたのであります。

　この18年間、被害者が毎日苦しむありさまを見た母親が、自責の念に駆られたのは当然でございます。母親たちは言いました。私たちの人生は、この子どもに毒入りミルクを飲ませたときにもう終わりました。それから後は暗黒の世界に入ったみたいなものです。私たちは、終生、この負い目の十字架を背負って生き続けねばならない、かように叫んだのであります。

　この母親たちの、この自責の念というものは一旦どこから出てきているんでしょう。この母親が何ゆえこういう叫びをするのか。これは、自分の子どもが自分に寄せている絶対的な信頼を裏切ったことに対する自責の念なんです。安らかに眠っている子どもを見て、母親だけを信じているその子どもを裏切ったことに対する自責の念です。

　しかし、この自責の念は、一人、母親だけのものなんでしょうか。私たち人間が赤ちゃんとしてこの中に生を受けたときに、私たちは、すべて、私たちよりも先に生まれてきた人間を信じて生きていきます。また、そうでなければ生きていけないんです。

　したがって、逆にこの世に生を受けている人間というものは、生まれてきた赤ちゃんに対して、絶対的に保護し、育成しなければならないのです。これは、単なる義務ではありません。まさしく人間の本能なんです。しかも、この本能は、人間が地球上に生き続けていくための基本的な本能なんです。したがって、乳幼児に対する残虐行為ほど弁解の許されない行為はないはずであります。また、これほど社会的に非難を受ける行為もないのです。

　いわんや、乳幼児の唯一の生命の糧であるミルクに毒物を混入された本件事案において、その責任を曖昧にするということは、人類がみずから自己を抹殺することにもつながると私は考えるのであります。

　私は、本件の審理をしていただくに際しまして、まず第一番目にこのことを深く再認識すべきものだと信じています。」

[1] 森永ミルク中毒事件と私　293

　私は、法廷で中坊団長の弁論を横で聞いていて、涙が出そうになりました。そういうことで始まったこの裁判であります。皆さんのこと、そして、お母さんたちのことを40年前に述べておられます。ぜひゆっくりこれを読み返してほしいと思います。

　裁判というのは、こういう形で起こりましたけれども、私たちが直面する一番の問題は、20年という時効の問題でありまして、1955年（昭和30年）8月から20年後、要するに、1975年（昭和50年）までには勝たなければならない。しかも、これまでに解決しなければ全員訴訟ということにならざるを得ない。そうすると、第1波訴訟をしゃにむに進めることによって勝訴判決をもらって、森永、国に責任を認めさせるということになります。

　1973年（昭和48年）4月10日に訴え提起して、5月31日が第1回です。6月から8月にかけてずうっと弁論をやりまして、9月には証人調べ。裁判所は、なかなか期日を入れてくれないんですけど、月2回、連続開廷、朝から晩までやっていただく。これは本当に異例の話ですけど、裁判は、こういう形で、新幹線に乗って走っていくようなもので、準備も大変で、私たちも本当に追われました。

5　訴訟の進行と問題点

　訴訟は次のとおり進行しました。

1973年（昭和48年）　4月10日　大阪地裁へ第1波訴訟提起

　　　　　　　　　　5月31日　第1回口頭弁論

　　　　　　　　　　6月から8月にかけて弁論

　　　　　　　　　　9月には証人申請（月2日連続開廷…異例）

　　　　　　　　　　10月5日　証人丸山博、大塚睦子　松尾礼子主尋問

　　　　　　　　　　11月7日　証人丸山博、大塚睦子　松尾礼子反対尋問

　　　　　　　　　　12月20日　原告被害児（自宅）、父、母の尋問

　　　　　　　　　　　　　　　（弁護士半年目で担当）

　　　　　　　　　　12月21日　原告（遺族）尋問

1974年（昭和49年）

　　　　　　　　　　1月23日　証人中川米造主尋問

1月24日	証人岡野錦弥、日比逸郎主尋問
2月20日	証人岡野錦弥、日比逸郎反対尋問
3月13日	証人青山英康　北条博厚主尋問
3月14日	証人田中昌人主尋問（担当）
4月10日	証人青山英康　北条博厚反対尋問

　1975年（昭和48年）12月20日に私が尋問を担当したのですが、弁護士になり立てなのに、自宅へ行って、被害児の子どもさんと、先ほどのN君ですけれども、彼とずうっと一緒に寝泊まりしながら、どういうことをしゃべるかということを話しあったりして、尋問をしました。

6　運動と裁判との齟齬——三者会談開始

　ここで、運動と裁判との間で齟齬が出てきます。

　裁判は裁判で、1974年（昭和49年）1月、2月、3月、4月ということで突っ走っていきます。それ以外に、山下節義先生なり、様々な先生たちの証人尋問も予定され、裁判は裁判で走ってる。私らは私らで準備に追われて走ってるという状況の中で、そこで、突如起こってきたのが三者会談でありました。

　1973年（昭和48年）8月24日に、岡山地裁で第2波訴訟を提起します。ここで大きな転機が来まして、厚生省の山口政務次官から大阪の北村藤一さん（故人）と細川一眞さん（故人）に三者会談の打診がありました。それは、証人尋問に入るちょうどその時期で、第2波訴訟が起こされた時期でありました。

　三者会談の経過は次のとおりです。

　厚生省のほうから、1973年（昭和48年）9月27日に、森永が守る会の恒久対策委員会を包括的に認めたことから、三者による話し合いの要請がありました。同年9月30日、守る会は全国理事会で話し合いに応じることを決定しました。

　三者会談は次のとおりです。

| 1973年（昭和48年） | 10月12日 | 第1回三者会談 |
| 同　年 | 10月21日 | 第2回三者会談 |

| 同　年 | 11月17日 | 第 3 回三者会談 |
| 同　年 | 12月14日 | 第 4 回三者会談 |

　10月、ちょうどこの裁判の時期と重ね合わせていただくと分るんですけど、証人調べが始まった時期ぐらいから、三者会談が、第 1 回、第 2 回、3 回と開催されます。

　大阪の第 1 波訴訟では、1 月から因果関係の立証とか、法的問題を全部出してしまうということになっていた時期でした。

　さらに1973年（昭和48年）11月24日には、高松地裁へ第 3 波訴訟というのが提起されました。

　そして、森永にとっては間が悪いことになるんでしょうけども、同年11月28日に、徳島地裁で刑事事件の有罪判決が出ました。これはやっぱり大きい。

7　三者会談での確認書調印と財団法人ひかり協会の設立

　この中で、1973年（昭和48年）12月23日に、第 5 回目の三者会談で、「確認書」の調印がありました。それから後の動きというのは、1974年（昭和49年）にはいると、2 月25日に、第 6 回の救済対策委員会の準備会として、救対委を法人化して、財団法人として「ひかり協会」を設立。そして、理事会のもとに各種委員会を置く。現地の救対委もこれに従う。ひかり協会が被害者の救済事業を行ない、資金は森永が負担するという内容です。以上を理事会で検討するということになりまして、同年 4 月17日に「財団法人ひかり協会」が設立できるということになり、同年 4 月25日に認可されることになりました。

8　訴訟の終焉まで

　裁判との関係ですけれども、財団法人ひかり協会の認可を受けまして、守る会では訴訟での対応が検討されました。1974年（昭和49年）5 月 8 日に、第 1 波訴訟で、国と森永への釈明を裁判所の調書に残すことになり、弁論調書に記載された。そして同年 5 月24日に、第 1 波から第 3 波までの裁判はすべて取り下げとなりました。

　先に「裁判と運動の相克」と書きましたけれども、この収束の仕方という

のは本当に難しいなということを思いました。裁判に加わった若手の１人として裁判をやっている身から見ますと、これから本格的・実質的な審理をという段階で三者会談というのが始まりました。一方で時効完成の排除に向けて全力投球してるし、準備も大変だし、１年後、２年後を目指して裁判も一生懸命やっている。正直言いまして、裁判は原告側が押していたという状況。こちらも新幹線のように走ってるようなもので、月２回開廷ということでした。

9　裁判終焉に向けての思い

　突然の三者会談の合意で、中坊先生にも連絡があったかどうかわかりませんけれども、一兵卒である弁護団員の私にとっては、びっくりしたというのと同時に、正直言って腹が立ちました。個人的に言いますと、私は、12月21日、確認書が交わされる３日前に、原告の被害者本人を尋問しているわけです。３月には田中先生の証人尋問とその準備もやっている。

　弁護団の大勢は、もうちょっと責任論・因果関係論を詰めてからでもよかったんではないかという。若手は、守る会執行部に対して、正直言いまして不信感がありました。弁護団は、今だから申し上げますけれども、そういう態勢だった。

　守る会執行部は、弁護団をどういうふうに説得するのかなということで、その中で一番悩まれたのが中坊団長だったんだろうなと。若手からの突き上げもありますし、守る会の活動家の方々との調整もあるということで、最終的には、裁判の取り下げしかないと若手のほうも納得しました。

　私は、中坊団長の何が偉いかと言うと、４月以降、いろいろ話をされて、森永の代理人とか、国の代理人と協議しまして、歯どめが要るだろうということで、裁判所の口頭弁論調書に残すことにしたのです。それは、森永・国は責任を認めるんですね、ちゃんと救済をやるんですね、そういう形のものを裁判の中で、歯どめとして作成してもらった。それで、1974年（昭和49年）５月８日の口頭弁護調書にそれを記載して、同年５月24日に第１波から第３波までの裁判はすべて取り下げたということになります。

　森永の被害者弁護団は、１年半、２年足らずの弁護団だったんですけれど

も、中坊団長を中心に1年半とは思えないような濃密な時間を持つことができました。

第8　ひかり協会設立までの守る会の運動への私の感想

　ひかり協会設立までの守る会の運動について私の感想を幾つか述べたいと思います。

　守る会というのは、全協の敗北を本当に教訓とされていたんだなと思います。守る会の指導層というのは秀れていた。今となればの話かもしれませんが。これは、余り皆さんも認識されているかどうかはわかりませんけれども、私の思うところです。

　私は、層としての被害者家族ということを思っています。というのは、正直言って、森永の当時の粉ミルクは高かった。で、それを買えるだけの人たちが被害を受けたんです。やっぱり、購買層は、一定の層だったのではないかと思っているわけです（その中には母乳がでなかったので高くても買わざるをえなかったという方もいられると思いますが）。優れた指導者であった岩月祝一さん、北村藤一さん、岡崎哲夫さん、黒川克巳さん、細川一眞さん、内田順一さん、大槻高さんら、すべて故人となられましたが、個性の強い人たちばっかりなんです。

　私は、すぐれた指導者層が、皆さんのお父さん、お母さんには多かったんじゃないか。それを輩出してきた。私から見ても個性の強い人たちばっかりで、ある意味で鼻持ちならないと言ったら怒られるけど、それぐらい個性の強い人たちだった。だからこそ、14年間という孤立無援のどん底を経験しながらも、こういう人たちでなかったらもたなかったんじゃないかという感じがしています。

　それと、もう1つは、単一組織、運動体としての意思決定の迅速性と結束性の問題です。連合体としての全協のときの経験というのを本当に生かしておられるんだなということです。

　それと、もう1つは、やっぱりお金ではなくて、子どもたちの救済なんだというところに特化していたと思うんです。

協力医療機関の必要なこと。岡山の経験で、どこへ行っても断わられ、断わられているわけでしょう。そうすると、14年目の訪問の後の医療陣というのは、必要不可欠な存在であることが身にしみてわかるわけです。

後になってつくづく思う話ですけれども、対立的行動（運動）は、製品不買運動でも裁判の運動でもいいのですけれども、それだけでは長く続かないのです。守る会運動の主体的運動は、14年目の訪問の1969年（昭和44年）10月から三者会談確認書調印の1973年（昭和48年）12月までの約4年間です。そうすると、裁判を続けるのもいいのですけれども、それからはどの程度の結論になるのかという予測がつかなかったんだろう。行政と森永を取り込むことが恒久対策に必要だという意識は、指導をしていた人たちの中に切実にあったんではないか。訴訟と不買運動の一番盛り上がったところで、ちょうど行政からの申し入れがあった。

私は、今となりますと、三者会談での1973年（昭和48年）12月23日の合意というのは、優れた選択ではなかったのかなというふうに思います。

森永の裁判というのは、特殊な代表裁判。こういう裁判というのはとても珍しい。中坊団長も書いておられますけれども、これは被害者の恒久救済を実現するための手段なんだ。裁判でお金をもらうことではないということを明確に掲げていた。当時言われたのは、「1円訴訟」でもいいと言われた。それでは格好がつきませんが、裁判を起こす大義名分があればいい。

代表訴訟という手法。本件は責任と因果関係の解明、未認定者の認定が目的ですから、それで本当に時効期間が切れるとしたら、全員訴訟となる。それを避ける必要がある。

そういう意味では、こういう裁判ができたのは、中坊団長の先見性だったんではないかと。裁判を歯どめにして実をとるというところも偉いなというふうに思います。

第9　ひかり協会への感想

最後に、ひかり協会についての感想です。

私は、1974年（昭和49年）からひかり協会とはほとんど無縁の状態でした。

ある意味では、終結へのこだわりみたいなものがあったのかもしれません。皆さんが一生懸命おやりになってて恐縮なんですけれども、解決から25年以上たった2001年（平成13年）から本部の救済事業委員会委員となり、2005年（平成17年）から理事ということになった。

　その中で、すごいなと思ったことが幾つかあります。

　財団法人としたのはすごかったんではないか。救済資金の受け皿とすればいい。森永の資金を受け入れやすくする。森永にすれば経費計上できるわけですし。1974年（昭和49年）から2016年（平成28年）まで、ざっと計算しますと、約548億円です。平均しますと年間約12億円。最近でも17億円ぐらいのお金が出ています。

　理事長や理事に、厚生（厚労）省のOB関係者になってもらったということ。官僚社会では先輩を立てますし、やはりその影響力というのは大きいんだろう。また厚生（厚労）省と話ができて、各地の県市町村への指示が伝わることができる。その影響力は大きい。厚生（厚労）省が、被害者救済活動に関与しているのは、森永だけだと思います。様々な、薬害、公害の訴訟がありますけれども、なかなかこういう形でやってくれない。

　それと、協会の事業が多彩ということもあり、森永のヒ素ミルクを飲用した被害者と認められると、発生するすべての被害についての救済がなされる。相談活動、保健医療、それに生活保護にまで及びます。生活の保障とか援助活動とか、これからの問題で言いますと成年後見の問題も出てきますし、そういう事業が重要だなということ。時代によっての行政課題というのは本当に厚生（厚労）省マターですから、三者会談でこれを言ってほしいという様々な要求が出てきました。

　それと、森永からの信頼があります。理事、評議員に入ってもらう。森永も協会の運営がどうなるのか不安がある。それが、協会の中に入っていただくことによって、安心感というか、そういうところがある。そして森永推薦の理事として、会社を離れた客観的な意見も言うことができる。つまりすべての意味で信頼が高い。森永という会社も、被害者の救済活動をやっているという社会的なステータスも得ている。それが、協会への信頼にも連なってくる。

それと、私は一番大変だなと思いながら見てるのは、守る会から、理事長、専務理事、常務理事を出して、ずうっとこれだけ継続的に救済活動を運営されていることです。それは、守る会運動もそうですけれども、こういうことは本当に大変なことです。協会の守る会選出の役員の方の献身はすごいなというふうに思います。

　それと、守る会とひかり協会の連携を絶やさないことです。

　また、協会による被害者の認定権です。飲用したかどうかの認定申請は今でもありますからね。それを、ひかり協会ができるというのは大きなことです。例えば、様々な裁判の中では、今でも原爆訴訟は認定が困難。原爆被害者の認定を裁判所に申請している。1945年（昭和20年）からですから、80年経過してもそれでもまだ解決しない。水俣は、まだ裁判が続いています。カネミの問題は未解決。本当にうまくいってるのはイタイイタイ病ぐらいです。土壌復元、ただし、もう三井鉱山はなくなっていて、被害は出てこない感じになっています。森永の場合一々裁判所に申し立てなくてもいいし、そういう権限をひかり協会がちゃんと持っている。やはり、ひかり協会が被害者の認定権を持っているというのはすごいことです。

　専門委員会がある。新たな事業に対応できる。

　私は、各現地に救済委員会を置いて、すぐれた専門家に委嘱できること、各地の救済対策委員会と現地事務所との連携、そして守る会の連携のシステムはすごいことだと思います。他の公害裁判とか様々見ておりますけれども、そういうのは希有な例です。

第10　守る会運動への感想

　次に、守る会活動についての感想です。

　私は、やっぱりすごいと思いますのは、親から被害者といいますか、将来を見据えた活動の引き継ぎという、受け皿づくりをしたことです。

　1つの転機は、親の世代が60代を迎えて、将来の担い手を、被害者の皆さんにしたという、その賢明さです。1983年（昭和58年）の第15回全国総会で、こどもを守る会から被害者を守る会、つまり会員資格を変えたことです。現

実に、担い手として、現地で運動をやっておられて、こういう組織というのはないように思います。

それと、呼びかけ運動、協力員活動というものがあり、被害者が被害者のことを考えるという、すごい活動だなという感じがしています。

それと、救済のあり方というものを協会と一緒に考えておられる。

松山合宿・熱海合宿をふまえ「救済事業のありかた」（20歳代のありかた）、1985年（昭和60年）「30歳代をむかえての被害者救済事業のありかた」（30歳代のありかた）、2004年（平成16年）「40歳代をむかえての被害者救済事業のありかた」（40歳代のありかた）、第1次10カ年計画（2001年〔平成13年〕から）、第2次10カ年計画（2011年〔平成23年〕から）など一貫しています。

第11　被害者の皆さんへ

最後に、被害者の皆さんへということで、一言。

皆さんの救済体制を見てください。

まず、救済活動が多様であること、厚労省をはじめとして行政の協力体制があるということです。しかも単なる金銭賠償ではなくて、多彩なメニューがあるということと、事業が多様で、しかも、行政、自治体のほうが協力してくれる、というのがすごいことではないかなという感じがします。

それと、もう1つは長期的スパンの問題です。被害者の生涯の救済、被害者救済というのはどうあるべきなのか。これだけ時間的に長い救済、親から子どもへのバトンタッチ、そして、年齢と共に発生するがんとか糖尿病とか、様々な障害が出てきますけれども、それについてどういう形のことができるんだろうか。

長期的でそして広い救済、それはすばらしいことです。

何が強みかというと、専門家の強固な協力体制があって、これだけ各地で専門家の人たちが協力してくれている体制というのはないだろうと思います。

被害者の認定権は、ひかり協会が持っていること。

私が思うに、このような救済の体制に囲まれている被害者は、森永だけであり、世界でもまれです。やはり、ひかり協会・守る会の被害者救済活動は、

世界でもトップランナーとしての役割を担っていると思います。

　このトップランナーとしての救済活動は、歴史に残しておきたいし、残していただけることを期待しています。

［2］

豊田商事管財事件と私

1　事件との関わりには不思議なものがある。豊田商事事件については、1985年（昭和60年）当時、大阪弁護士会の大深忠延、三木俊博、山口健一、松葉知幸弁護士など被害者弁護団が被害救済に頑張っていることは知っていた。しかし事件と直接関係のなかった私が、同年6月18日家に帰ったところ、豊田商事グループの統帥永野一男が刺殺されたというニュースに出会った。何か予感がした。これが長くて短い6年にわたる常置代理人としての豊田商事事件との関わりであった。

2　大阪地裁（川口冨男裁判長）の破産宣告は1985年（昭和60年）7月1日であった。管財人は、中坊公平、鬼追明夫、児玉憲夫の3氏、常置代理人は、大阪では高階叙夫、出水順、木村澤東、松井忠義の各氏と私、札幌の藤本昭雄、仙台の石神均、東京の宇都宮健児、福岡の東富士男の各弁護士であった。管財人事務所は、大阪地裁の北門前の第5弁護士ビル3階（現在のプロボノセンター）におかれ、管財人グループが1991年（平成3年）7月破産終結まで常駐することになった。

3　管財業務は、まず豊田商事とその詐欺商法の解明にあてられた。

豊田商事は1977年（昭和52年）頃、名古屋で永野一男が個人で豊田商事として金地金の商品取引名下に金を集め、1978年（昭和53年）には会社組織となり、豊田商事株式会社（旧豊田商事）として東京に本店をおき、金の先物取引をしていた。

1981年（昭和56年）4月、永野は大阪市北区梅田に大阪豊田商事株式会社を設立し、旧豊田商事の人員、店舗、営業を引き継ぎ活動を始めた。1982年

（昭和57年）9月には豊田商事と商号変更した。豊田商事の商法、ファミリー契約証券の取引とは、純金の購入を顧客に勧め、顧客が買う気になったところで、金地金を自分で保管するのは大変だから会社に預けてくれれば有利に運用し、「賃借料」も前払いすると説明し、金地金代金名下の金員を「賃借料」を差し引いて会社が預かり、証券記載の契約期間満了期日に金地金を返還することを約し、その証拠として顧客に証券を渡す商法である。顧客は、金地金を現実に買ったと思っているから安心し、しかも「賃借料」も前払いしてくれるから易々とこれに応じるという仕組みである。

　豊田商事では、テレフォンレディーと呼ばれる電話係が、顧客の家族関係、資産状況、購入の意思の有無等も含めてできるだけ情報を収集し、その情報にもとづいて外交員が直ちに顧客の所に直行し、時によっては数時間以上も粘って契約を締結させるという強引なものであった。しかも、純金投資の利点として、①純金＝現金（いつでも、どこでも、その日の値で換金できる）、②無税（無記名、無申告）、③値上がり益が大きい（年平均約20%）等の「歌い文句」を並べて販売するのが常であった。

　しかし、顧客の注文に見合う金地金は購入されていなかった。顧客は老人、主婦等、純金投資に無知な層が狙われたため、右歌い文句に誤った部分があることや、右歌い文句はファミリー契約証券にはまったくあてはまらないことが理解されないまま、ファミリー契約が広がっていった。

　当初ファミリー契約証券は、賃借期間により、1年、2年、3年、の3種類があったが、大部分は1年もので、期限が来て客に金地金の返金のためにはさらに多くのファミリー契約を締結して、その受入れた金で客に金地金を返すということにならざるを得ず、いわゆる自転車操業的構造の上に成り立っていた。

　しかしこの方法では、契約が無限に広がらない限り、いずれ破綻が来ることは容易に認識できることであった。

　そこでこれを回避するために考えられたのが、ファミリー契約証券を、償還の要らない利用権のみのレジャー会員証券に切り替える商法であった。1984年（昭和59年）4月に銀河計画株式会社が設立され、レジャー会員証券取引が推進された。

レジャー会員証券の内容は、ゴルフ関係では、「メンバーズ契約」と呼ばれる株式会社豊田ゴルフクラブ傘下のすべてのゴルフ場を利用しうる共通会員証券と、「メンバーズ契約」の顧客の権利を豊田ゴルフクラブが賃借して（期間は10年）、年12％の「賃借料」を支払うという「オーナーズ契約」と呼ばれるファミリー契約類似の証券があった。

マリーン関係の契約等も同様の仕組みである。

しかし、これらゴルフ場などの実態は殆ど計画中又は造成中であり、営業予定のものも過去に倒産劇が繰り返され、造成の目途もなく放置されていたり、多額の債務と大量の預託会員が存在し、しかもその償還時期が到来しているため経営困難の状況にあった。これら会員証券の顧客の多くもゴルフとは無縁な老人や主婦であった。

まさしく、豊田商事の商法は、その内容そして手段からみて詐欺的商法であった。このような商法は、1986年（昭和61年）5月23日に公布された「特定商品等の預託等取引契約に関する法律」で規制されたが、それまでは野放しの状態にあった。いかに規制が重要かがよくわかる。

豊田商事は、1981年（昭和56年）4月の設立から1985年（昭和60年）7月1日まで損失を計上し続け、その総額は839億9,329万円にのぼる。導入資金は2,022億円であったが、顧客に対し、金地金の償還、解約金、賃借料名義で約550億円が返還され、1470億円が実被害となった。この中から破産会社の役員、営業社員などに対する法外な額の報酬、賞金に関して600億円が費消されており、右を含む販売費及び一般管理費の支出は860億円に達している。

このようにして、豊田商事は、販売費並びに一般管理費に対する支出金を除いた金額を、商品取引相場への投機資金若しくは関連事業に対する貸付金として費消してきた。その金額は約600億円である。そのうち、回収見込のない相場への投機資金として、約110億円乃至120億円が出捐されていた。

関連事業に対する貸付金はゴルフ関係、マリーン関係など約500億円であるが、何れも採算性が悪く、収益性について明るい見通しなど到底もちうるものではなかった。

以上の豊田商事の詐欺的商法の解明が、この破産管財業務の基本となり、

被害者救済のための管財業務を形づくるものとなった。管財人グループの実態解明の努力は、1987年（昭和62年）に豊田商事の役員の詐欺罪としての逮捕起訴として実り、1989年（平成元年）3月24日の有罪判決につながったものである。

4 第1の山場は、破産宣告の翌日にやってきた。豊田商事の残党は、豊田商事から銀河計画に資産を移し、逃げ切りを画策した。管財人グループで検討がなされ、銀河計画への破産が立案された。問題は保全処分であった。破産では当時として異例の銀河計画の保全管理の申立を1985年（昭和60年）7月3日にした。裁判所はこれを認め、保全管理人として中坊、鬼追、児玉の3名が選任された。これにより銀河計画グループが管財人グループの管理下におかれることになった。1985年（昭和60年）7月12日に銀河計画に破産宣告がなされ、鬼追、児玉の両氏が管財人に選任された。その結果、豊田商事グループ全体の被害者救済のための管財業務がスタートできた。

5 管財人グループのチームワークはよかった。豊田の管財人は中坊弁護士、銀河の管財人は鬼追、児玉弁護士であったが、中坊管財人は指導力とアイデアで全体を統率し、鬼追管財人は豊田商事関連の海千山千の債権者たちとうまく話をつけ回収業務を遂行され、児玉管財人は、中坊、鬼追の両管財人、常置代理人のまとめ役として、私としては、それぞれの管財人たちの違う事件処理の方法を身近に体験できたことは幸運であった。

6 豊田商事グループの従業員2,648名からも労働債権約13億円の届出がなされた。しかし、管財人グループは一切これを認めなかった。それは、歩合、報酬、賃金債権は、詐欺的行為の対価であり、客からの取得金の山分け的対価の一部であり、公序良俗に違反するからである。管財人グループは被害者弁護団（三橋完太郎代表）にも協力を願い、これを全額否定したが、被害者からの債権確定訴訟は1件もなかった。

　また特別に高額の歩合報酬を得ていた従業員と役員に対しては、二度にわたり歩合報酬の返還を求める訴を提起した。

[2] 豊田商事管財事件と私　　307

　第１次訴訟は被告20名であったが、第２次訴訟は全国の従業員395名、役員３名という集団訴訟となった。河合伸一弁護士（後に最高裁判事）が代理人となられ、理論的にも意味深い裁判となった（判例時報1246号36頁）。また所在不明の従業員も多く、全国各地に所在調査に赴いたことが思い出として残っている。判決はすべて勝訴となり、控訴もなく確定した。

　豊田商事には顧問弁護士がいたが、高額な顧問料をとっていた者には返還を求めた。

　裁判は、これらの関係者から返還を求める目的もあったが、国税等の還付をうけるための条件をつくるためであった。

7　管財人グループは、労働契約等が公序良俗に違反し無効であり、豊田商事には源泉徴収義務がないことに着目した。そして中坊管財人が国税当局と交渉した。「熊本ねずみ講」の破産事件では、国税当局との間では税務訴訟が係属しており、長期化していたが、本件では被害者が老齢のため早期被害回復が図られなければならなかった。

　そのため中坊管財人と国税当局との交渉、そして、被害者の方々の側面からの運動もあり、従業員訴訟の結果を尊重し、国税を返還することで合意し、11億8,117万円の還付を早期に得た。国税との交渉結果は、社会保険料、労働保険料の支払いにも影響を与え、一定の減額を得ることであった。

　この交渉方式は、その後の悪徳商法による従業員の源泉徴収還付の先例となった。

8　管財人グループは会社資産の換価に努力したが、それにも限界があった。それは会社資産には「キズ物」が多く、また造成中又は履行済みのものにも金融業者の担保がついていたりした。しかしこれらの関係業者は、豊田商事グループの実態をよく知り暴利を得ようとしたり、一方的に有利な契約をしようとしたものが多かった。そこでこれら関与者に対してその責任を追及し、少しでも有利な資産回収を得た。

9　管財業務の目的は被害者への早期の被害回復であった。管財人グループ

は早期の配当を実施する努力を重ねた。

　豊田商事の被害者にはファミリー契約証券の被害者２万7,668件（約1,093億6,202万円）、レジャー会員証券債権1,000件（約49億7,771万円）の届出があったが、管財人グループはこれらを平等に配当することにした。破産宣告から２年後の1987年（昭和62年）７月に８％の中間配当、平成２年７月に2.55％の最終配当ができた。過去にはこのような大量の債権届の処理がなかったため、コンピューターによる処理に委ねたが、これは初めての経験であったため、苦労の多い分野であり、種々のノウハウが蓄積できた。これについては管財人1991年（平成３年）６月28日付の最終調査報告書に詳しく記載されている。

10　管財業務は、1985年（昭和60年）７月１日の破産宣告から1991年（平成３年）７月１日の任務終了の債権者集会で完結した。この６年間で私たちがなし得たのは最終約10.557％の被害回復であった（1987年〔昭和62年〕７月に中間配当８％）。

　中坊管財人は、任務終了の債権者集会で裁判所、検察庁、被害者の方への感謝を述べた後、「私にとって一番うれしかったのは、1987年（昭和62年）７月１日の中間配当の債権者集会において、私がわずか被害額の８％しか配当できなくて申し訳ないと報告したところ、東北の１人の被害者が立ち上がって、『確かに返ってきた金は少ない。しかしこの金は濡れたタオルを絞って出てきた金ではない。乾いたタオルを絞るようにして出てきたお金です。同じ千円でも値打ちが違う』という言葉をおっしゃって頂いたことでした。私自身生涯これほどうれしい言葉に接することはないと思いました」と述べている。

　管財業務に関係した私たちの共通の感慨であった。

11　豊田商事の管財業務による被害者救済は、その後のオウム真理教等の大量被害者救済事件のモデルとなった。しかし、破産手続による救済は、どれだけ管財人が頑張ってみても限度がある。そしてこれで被害者救済が十分であるわけがない。被害者弁護団は、従業員に対する損害賠償を各地で提起し、

活発に活動された。

　また、破産手続だけでは今後の被害防止に十分であるわけがない。豊田商事を放置した国への損害賠償請求訴訟が1988年（昭和63年）4月23日（第1次）、同年11月4日（第2次）に大阪地裁に提起された（伊多波重義団長）。1,488名という被害者が原告となったものであり、検察庁、公取委、法務省、通産省、経企庁のいわば国全体としての豊田商法に対する責任を問うものであった。もう少し早く規制しておれば被害を被ることはなかったという切ない被害者の思いが込められた訴訟である。1993年（平成5年）10月6日に判決が言い渡されたが、残念ながら請求は棄却された（判例タイムズ837号58頁）。大阪高裁に控訴されたが、1998年（平成10年）1月29日の大阪高裁判決でも残念ながら控訴棄却となった。

　悪徳商法は、後をたたない。これらについて遅まきながら規制がなされる場合も出てきた。国の責任を問うたこの裁判は、その後の悪徳商法の被害防止とその大きな一定の役割を果したといえる。

＊本稿は1998年（平成10年）に、青年法律家大阪支部40周年記念「21世紀へのメッセージ」に掲載されたものであるが、その後2007年（平成19年）に、豊田商事株式会社破産管財人編『豊田商事事件とは何だったか――破産管財人調査報告書記録』（朝日新聞社、2007年）が刊行されている。詳細はこれを参照していただきたい。

[3]

損害保険契約における保険会社の
誠実調査・誠実審査義務の帰趨

第1　はじめに

　本稿は、保険者の保険金請求についての調査と審査のあり方を損害保険契約を中心に論じるものである。

　保険者の免責事由には、保険金請求者（事故発生後は、保険契約者又は被保険者が請求者となる）の「保険事故招致」がある。保険者は、「保険契約者又は被保険者の故意又は重大な過失」が認められた場合、保険金の支払を拒否できる[*1]。

　そのため、保険者である保険会社は、保険事故招致の有無について、調査し審査することになるが、調査の目的が「保険契約者又は被保険者の故意又は重大な過失」にあることから問題が生じる。保険会社の調査の実態は、かならずしも「公正」なものとはならない。保険会社が「疑惑」を抱くと、真相究明ではなく、請求者の疑問点や矛盾点に向けられがちである。そのため、保険者のありかたが問われることになる。

第2　問題の所在

1　損害保険

　民間の保険は、生命保険と損害保険に分類されている。損害保険の類型と

[*1] これはかならずしも保険契約者・被保険者だけでなく、第三者の故意による事故招致が認められる場合もある（山下友信・永沢徹編『論点体系保険法 1　総則、損害保険』〔第一法規、2014年〕71-175頁〔大野澄子担当〕）。

しては、①火災保険を典型として火災等の原因を限定して損害を塡補するもの、②自動車保険では車両保険を典型として、保険事故そのものについて限定がなく、保険の範囲が広く設定されているもの、③動産保険のように、保険事故を「すべて偶然の事故」として、包括的に規定しているものなどがある*2。

この②③は、オールリスク保険である。特に、交通事故防止の観点から自家用自動車を中心にして、総合的自動車保険（SPA など）が普及した。

また、「保険事故について、急激、外来の偶然の事故による身体障害の発生」と、約款に規定されていた「傷害保険」があり、生命保険の災害割増特約や傷害保険として認められていた（商法に規定されていなかった）。

2 保険法制定と保険会社の支払拒否事由について

保険法の制定まで保険契約は商法に定められていた。法務大臣の2006年（平成18年）9月6日の法制審議会への諮問をうけて、保険法部会（部会長・山下友信東大教授）で審議された。2008年（平成20年）2月13日に審議会の答申をうけ、保険法が制定された。保険法は同年6月6日に公布され、2010年（平成22年）4月1日にすべてが施行された。

保険会社が保険金支払拒否できる事由が「保険事故招致」である（保険法17条）。保険法17条は、第1項で、「保険者は、保険契約者又は被保険者の故意又は重大な過失によって生じた損害をてん補する責任を負わない。戦争その他の変乱によって生じた損害についても同様とする」と定めている。これは旧商法の641条後段と640条を合わせたものである。そして各種の保険約款では、同旨の規定をおいている。

判例は、保険法改正以前から、免責約款が定められる趣旨を、保険契約当事者間の信義則あるいは公序良俗に反するからとしている（最判第3小法廷平成5年3月30日民集47巻4号3262頁）。最判第2小法廷平成16年6月10日（民集58巻5号1178頁）も同様である。

---

*2 保険問題研究会編『保険被害救済ハンドブック』（民事法研究会、2007年）132頁［高橋正人担当］

保険事故招致の「故意」に請求を認めない基礎には、「信義則」「公序良俗」が存在する。

3　保険会社の公共性

保険会社は、保険業法により規制されている。保険業法1条は、保険業法の目的を、「この法律は、保険業の公共性にかんがみ、保険業を行う者の業務の健全かつ適切な運営及び保険募集の公正を確保することにより、保険契約者等の保護を図り、もって国民生活の安定及び国民経済の健全な発展に資すること」としている。そして、保険業を営む者は、総理大臣の免許を受けた一定規模以上の株式会社（保険業法3条、5条の2、6条）か相互会社（保険業法3条、5条の2、6条、51条）で、監査役会または監査等委員会を設置し、会計監査人をおくものでなければならない。免許基準を定める保険業法5条1項2号では、「保険会社の業務を的確、公正かつ効率的に遂行することができる知識及び経験を有し、かつ、十分な社会的信用を有する者であること」が前提とされている。

つまり、保険会社は営利企業であっても、保険業という公共的な事業を行うため、公共的存在であるものと位置づけられる。

このような公共的存在であるはずの保険会社も、営利企業として、できるだけ収入保険料を多く、支払保険金を少なくして差額を利益とする営利を追求する以上、法の矛盾が生ずることになる。

4　保険会社の調査権と危険性

保険会社は公共的な存在であるが、一方では営利企業である。

保険金請求があると、保険会社は、損害を填補する責任の有無、その範囲、損害額を調査する。そのため、保険約款で、保険会社の調査権と保険契約者・被保険者の協力義務を定めている。「当社は、事故の内容または損害額等に応じ、保険契約者または被保険者に対して、書類もしくは証拠の提出または当社が行う調査への協力を求めることがあります。この場合には、当社が求めた書類もしくは証拠を速やかに提出し、必要な協力をしなければなりません」などの条項が典型である。保険会社には調査する権限があり、保険

契約者・被保険者はこれに協力しなければならない。これは、保険会社が、保険金請求の可否、範囲、金額を公正に判断するための権利である。

　保険会社は調査網を組織的に完備している。損害保険会社では、全国規模で、多くの顧問弁護士や代理店、修理会社、示談代行の職員を抱え、提携する組織を擁している。事故調査の分野では、調査員を抱える多くの調査専門の会社と提携し、調査を組織的に行っている。調査の面では、保険請求者とは立場がまったく違う。

　保険会社は公共的存在であるが、他方で営利企業でもある。保険会社は、公益的存在として、誠実に調査し、支払うべきものは支払うのが当然であろう。ところが、営利企業としては、できるだけ保険金を支払いたくないとの心理が働く。そのため、保険会社の調査の実態は、かならずしも「公正」なものとはならない。保険会社が「疑念」をもつと、真相究明ではなく、請求者の疑問点や矛盾点に向けられがちとなる。いわば「あら探し」となって、いたずらに資料要求に終始する。そして請求者の正当な請求であっても、保険会社の疑念を晴らさない限りそれは認められないことになる。

　それが露呈したのが、2001年（平成13年）からの「偶然性」の立証責任をめぐる応酬であった。

第3　「故意」の立証責任をめぐる保険会社の問題対応

　2001年（平成13年）から2007年（平成19年）まで、保険者と保険金請求者（保険契約者・被保険者）との間で「立証責任」をめぐる大きな攻防があった。

1　「偶然の事故」について

　保険法2条6号では、損害保険の定義は、「保険契約のうち、保検者が一定の偶然の事故によって生ずることのある損害をてん補することを約するものをいう。」と規定されている。当時は商法629条に同旨の規定があった。

　商法629条の解釈では、偶然の事故とは、「保険契約締結時において事故発生と不発生もしくは発生時期が不確定である」という意味（不確実性）であり[*3]、商法641条（保険法17条となる）では、「保険契約者若シクハ被保険者

ノ悪意モシクハ重大ナル過失ニヨリテ生ジタル損害ハ保険者之ヲ塡補スル責ニ任ゼズ」と「保険事故招致」の免責を定め、「悪意（故意と同じ）」でないこと、「故意性」が支払拒絶事由として定められていた。

　商法では、「不確実性」は請求者が保険金を請求するための請求原因事実とされ、保険会社の請求を拒否できる請求者等の「故意性」は保険者の抗弁事実として位置づけられ、保険事故の偶然性の主張・立証責任が正面から問題とされることはなかった。

2　傷害保険の立証責任

　問題は、生命保険と損害保険の中間的な傷害保険から生じた。

　前記のとおり、傷害保険では、保険事故は「急激、外来の偶然の事故による身体障害の発生」と約款に規定され、この「偶発的事故」の立証責任が争われた。

　2001年（平成13年）4月20日、生命保険の付保されていた災害割増保険（傷害保険）につき、最高裁は、災害割増特約の災害死亡保険金や傷害保険金を請求する者に、発生した事故が「偶発的な事故」であることについて主張・立証責任があると判断した（最判第2小法廷　民集55巻3号682頁）。同時に、普通傷害保険についても同旨の判決を言い渡した（最判第2小法廷　判例時報1751号171頁）。これらの判決（あわせて「平成13年判決」という）が保険請求者に立証責任を負わせた大きな理由は、「保険金の不正請求が容易になり保険制度の健全性および誠実な保険契約者の利益が害されることになること」（モラルリスク）にあった[4]。

　ただ、平成13年最高裁判決の調査官解説では、これら判決は傷害保険の分野において認定されたものであり、保険事故に「偶然性」が取り込まれていない火災保険に及ぶものではないとされ、「偶然性」が取り込まれている車両保険であっても、その射程が及ぶものではないと指摘されていた[5]。

---

[3] 大森忠夫『保険法〔補訂版〕』（有斐閣、1985年）61頁、山下友信『保険法』（有斐閣、2005年）356頁、田辺康平『現代保険法』（文眞堂、1995年）85頁

[4] 2001年（平成13年）の最高裁判決は、モラルリスクの外に、約款の「不慮の事故」とされていることは、発生した事故が偶発的事故であるからということも理由としている。

3 保険会社の請求者への組織的対応

しかし、平成13年判決後、保険会社は、平成13年判決は損害保険の全体に適用されるとして、組織的な対応を展開した。

保険会社は、損害保険、火災保険や車両保険について、保険事故の「偶然性」の主張立証責任は保険金請求者側にあるとして、それまで抗弁事由であった「故意性」の立証責任を転嫁することを意図し、訴訟前の保険金請求の段階から、保険金請求者に「非故意」であることの立証を求めるようになった。

現実の実務では、保険会社の顧問弁護士から保険金請求者に対し以下のような「回答書」が送付された。

①平成13年4月20日の最高裁判例を引用して、「保険金を請求する者が発生した事故が偶然な事故であることについて主張・立証責任があるから、偶然な事故について疑問がある場合には保険金請求を棄却する判断をしている」

②保険会社の疑問点の指摘

③最後に支払うことができない旨の記載

「不確実性」と「非故意性」を敢えて混同して使用し、あたかも「非故意性」について、請求者に立証責任があるような記載がなされた*6。

具体的には、保険会社は、とりあえず疑問点を抽出し、弁護士名で回答する。保険金請求者が諦めればそれでいいし、裁判を起こすのであれば、それを待てばいい。何よりも、保険会社の調査が杜撰になった。自らの立証責任を尽くすための十分な調査と、単に疑問点を探し出せばよい程度の調査は違うからである。保険契約が予定した誠実な調査は行われなくなった。その結果、支払の可否の審査でも疑問点が払拭されない場合には、安易に支払拒否がなされるようになった。

保険金請求者にとり、保険会社に自らの請求の正当性を認めさせるための訴訟提起までのハードルが高くなるばかりか、保険会社から立証責任まで求

---

*5 『最高裁判例解説民事篇　平成13年度（上）』470頁［志田原信三解説］
*6 拙稿『『立証責任のせめぎあい』と『保険実務の退廃』」消費者法ニュース68号（2006年7月）88頁

316

められる。

　保険会社は、「モラルリスク」防止を金科玉条として、請求の入り口で、立証責任を盾に取り、誠実な請求者を含め多くの請求を門前払いしたのである。

　この保険会社の不正請求が多いというアピールが正しかったのかどうかは、本稿「第5」で検討するように大いに疑問のあるところである。しかし、この保険会社の組織的活動は、実務に大きな影響を与えた。

第4　主張立証責任をめぐる判例の展開

1　裁判実務はどうなったか

　この保険会社の対応は、裁判実務、特に下級審の裁判に大きな影響を与えた。保険会社は、裁判になっても、モラルリスク・不正請求が多いと主張し、請求者の疑問点を並べ立て、不払いの妥当性を裁判所に訴えた。裁判所も、保険会社から疑問点を示され、「モラルリスク対策」と主張されると、不正請求に加担したくないという心理に陥りがちである。保険者の「故意」が立証されないことから、請求者の請求を認めるという法的判断は心理的に出しにくくなった。平成13年判決の論理に寄りかかって、請求者の立証がないから請求を認めないという裁判の傾向になってきたのである。裁判実務は、「モラルリスク」対策の解決を「立証責任」問題に求めるようになってきた。

　その顕著な例が、裁判官等で構成された大阪民事実務研究会の「保険金請求訴訟の研究」（判例タイムズ1161号　特集　2004年12月10日発行）であった。裁判実務では、下級審で損害保険においても保険請求者に「非故意性」についての主張・立証責任を認めるとする判決が続き、請求者の敗訴が続くようになった*7。

2　商法・保険法学者からの厳しい批判

　このような下級審の傾向は、商法・保険法の学者から厳しい批判をあびた。

---

*7 火災保険については、『最高裁判例解説民事編　平成16年度（下）』777頁［松並重雄解説］、車両保険については、『最高裁判例解説民事編　平成19年度（上）』327-330頁［髙橋讓解説］参照。

代表的なものをあげると（肩書は当時のもの）、

　　山下友信　東京大学教授「オール・リスク損害保険と保険金請求訴訟における立証責任の分配」川井健・田尾桃二編『転換期の取引法――取引法判例10年の軌跡』（商事法務、2004年）

　　竹濱修　立命館大学教授「生命保険契約の災害割増特約に基づく災害保険金請求における偶発的事故の主張・立証責任」私法判例リマークス25号

　　遠山聡　白鷗大学専任講師「傷害保険契約および生命保険災害関係特約における偶発性の立証責任（一）」白鷗法学18号

　　木下孝治　大阪大学助教授「傷害保険契約における偶発性の要件と主張・立証責任」ジュリスト平成13年度重要判例解説

　　小林登　成蹊大学教授「不慮の事故の立証責任」保険事例研究会レポート176号

　　榊素寛　神戸大学助教授「傷害保険契約における偶然性の立証責任」商事法務1708号

　　甘利公人　上智大学教授「傷害保険契約における偶然性の立証責任」判例評論518号（判例時報1773号）

　これらはすべてではないが、多くの学者から、様々な観点から疑問と批判が提示された[*8]。

　山下教授は、上記論文において、「商法が、故意の立証責任を保険者に負わせているのは、故意の事故招致による不正請求であることはやはり異例であること、また故意によらない事故であることの立証は一般に困難であることをふまえた立法者の政策判断なのであり、現実の訴訟になる事案は故意の保険事故招致による不正請求事案が圧倒的に多いということに幻惑されて、なにが法律上の一般原則かを見失ってはならないのである」（531頁）とし、また『保険法』（有斐閣、2005年）で、「ここ十数年発展してきたモラルリスク対策法理は、故意の保険事故招致の疑惑が濃厚であるにもかかわらずその

[*8] 榊素寛「保険事故の偶然性の立証責任」民商法雑誌132巻6号213-215頁が詳しく論じている。学者が下級審の実務の法理論の歪みを正したと評価されるべきであろう。

証明が容易に認められないため新たな実体法的なルールを生み出してきたものであるが、保険契約法の法理をゆがめてきた側面もないではない。証明のレベルで解決を図ることは本来の筋に戻ることであり望ましいものというべきである。しかし、証明の問題として解決することを意識するあまり、近時は、傷害保険における偶然性の要件や、上記のオール・リスク型の保険における偶然性の要件に関するように、要件事実の主張・立証責任の配分につきいささか粗雑な判例が形成されつつあるように見受けられるところであり、これは誠に遺憾なことである」（382頁）と痛烈に批判している。

3 最高裁の軌道修正と保険会社の対応

最高裁は、これら下級審の傾向に歯止めをかけていった。火災保険については2004年（平成16年）12月13日、「火災発生が偶然なものであること」の主張・立証責任は保険会社にあるとして、保険請求者には主張・立証責任を負わせないと判示した（最判第2小法廷民集58巻9号2419頁、以下「平成16年判決」という）。これはそれまでの混乱に一定の方向性を示した事案であった[*9]。

しかし、保険会社は、火災保険以外の車両保険については、その主張を変更しなかった。

平成16年判決について、これは「火災保険」に限定されるもので、オールリスク保険では、請求者に「非故意性」の主張・立証責任があるとして、保険会社のこれまでの実務の攻勢が止むことはなかった。

4 最高裁の再度の軌道修正と保険会社の対応

その攻勢を止めたのが、また最高裁であった。車両保険（SAP）の水没と車両の傷について、SAPの保険約款での「偶然」は商法629条の「偶然」（不確実性）と同義であり、偶発性（非故意性）を意味せず、「故意性」の立証責任は保険者にあるとした。

車両の水没事案につき、車両保険では、請求者は、事故発生が保険契約者・被保険者の意思に基づかないものであること（故意性）についての主

[*9] 『最高裁判例解説民事編平成16年度（下）』784頁［松並重雄解説］

[3] 損害保険契約における保険会社の誠実調査・誠実審査義務の帰趨　319

張・立証責任を負わないものとされた（最判第1小法廷平成18年6月1日民集60巻5号1887頁）。

車両の傷つけ事案について、請求者は、事故発生が保険契約者・被保険者の意思に基づかないものであること（故意性）についての主張・立証責任を負わないものとされた（最判第3小法廷平成18年6月6日判例時報1943号13頁）。

これら2つの最高裁判例（以下「平成18年判決」という）で、車両保険についても、「故意性」の主張・立証責任は保険者にあることの決着がついたように思われた。

5　保険会社の「盗難」についての対応と最高裁判例による決着

しかし、これでも「盗難」については、問題が残った。

SAPでは、支払事由が「衝突、接触、墜落、転覆、物の飛来、物の落下、火災、爆発、盗難、台風、こう水、高潮その他偶然な事故」による損害について、との約款であった。

保険会社は、まず「盗難」については特別であり、平成18年判決の範囲外であるという主張を行った。車両盗難の増大と不正請求防止のため、盗難について保険者の立証の困難性、「盗難」という概念は「保険請求者の意思によらない」ということから、保険請求者の請求原因理由となるというものであった。

また、保険会社は新たな約款を作成した。

①保険事故を「衝突」「接触」「墜落」「転覆」など走行の危険の関係の事実を除いた約款に列挙したものに限定したもの、

②「被保険自動車の盗難による損害」が独立して記載されているもの、が登場することになった。

これら新約款は、傷害保険の約款に似せて、平成18年判決の、「故意性」の立証責任の射程外にすることを考えたものである[10]。

しかし、最高裁は、最判第3小法廷平成19年4月17日（民集61巻3号1026頁）で、SPAの「盗難」については、請求者が「被保険者以外の者が被保

---

[10] 保険問題研究会編『保険被害救済ハンドブック』（民事法研究会、2007年）137頁［高橋正人担当］

険者の占有に係る被保険自動車をその所在場所から持ち去ったこと」という外形的事実を主張・立証すれば足り、被保険自動車の持ち去りが被保険者の意思に基づかないものであること（故意性）の立証責任を負わないと判断した。「故意」の立証責任は保険者にあることを明らかにした。

なお、最判第1小法廷平成19年4月23日（判例時報1970号106頁）は、前記②に関する事案で、請求者は、被保険自動車の持ち去りが被保険者の意思に基づかないものであること（故意性）の立証責任を負わないが、間接事実である「被保険者の占有に係る被保険自動車を保険金請求者の主張する所在場所におかれていたこと」及び「被保険者以外の者がその場所から被保険自動車を持ち去ったこと」という盗難の外形的事実の立証責任を負うとした。

いずれにしても、盗難については「故意性」の立証責任を負わないということが確定し、平成13年判決の射程は傷害保険のみに限定され、「立証責任」をめぐる保険会社の門前払いは、2007年（平成19年）の最高裁判例で決着したはずであった。

6 保険法制定と平成13年最高裁判例をどうみるか

2007年（平成19年）の決着の後、保険法が2008年（平成20年）6月6日に公布された。保険法には新たに傷害保険が定められた（保険法2条9号）。傷害保険にも、保険者の免責を規定する80条1号「被保険者が故意……により給付事由を発生させたとき」（保険事故招致）が適用されることになった。

保険法制定の中心的役割を果たした山下教授は、平成13年判決で傷害保険で「故意免責」の規定は実質的に無意味となったが、そのような議論があることを承知の上で「故意免責」の規定が置かれたということは、保険法の下での2001年（平成13年）の最高裁判決の判例としての意義に疑問を持たせるに十分であるとし、平成13年判決の見直しを示唆している[11]。

7 その後の保険会社の対応

山下教授の指摘にもかかわらず、傷害保険の約款は保険法改正後も使用さ

---

[11] 山下友信「保険法と判例法理への影響」自由と正義2009年1月号35頁

れている。保険会社の対応も改正前と同様であり、保険金請求者に「偶然性」の立証責任があるという主張も続いている。実務では、傷害保険で保険請求者に偶然性の立証責任を認めたもの（東京高判平成26年5月28日判例時報2231号106頁）、保険者に故意の立証責任を認めたものがある*12。

さらに、保険会社からは、車両保険の車両の傷つけ事案において、保険請求者に「第三者の傷つけ事案であること」の立証責任があるという主張がなされている（名古屋地判平成27年10月28日判決消費者法ニュース108号53頁）。

保険会社は、いまだ平成13年判決を維持し、さらには理由（屁理屈？）をつけて、保険請求者へ「故意」や、盗難の「間接事実」の立証責任を負わせる姿勢を崩していない。

第5 保険会社の「モラルリスク」対策は正しいか

1 モラルリスク（不正請求）対策という主張

そもそも立証責任は、「構成要件の存否不明の場合に、どのような裁判をするか裁判官に指示することにより、かかる不明の場合にもかかわらず請求認容なり請求棄却なりの判決をなすように裁判官を助けるもの」とされている（ローゼンベルク／倉田卓次訳『証明責任論』〔判例タイムズ社、2001年〕7頁）。

それが、保険実務では、保険会社の方から、審査の段階から請求者の請求を門前払いにする手段として安易に使用されてきた。本来の「立証責任」のあり方とは使われ方が違うのである。そして、平成13年判決を金科玉条として、最高裁が火災保険、車両保険の水没・傷についてのみ判断を下しても、最高裁判決は限定的であり、その余はいまだ平成13年判決の適用があるとして、門前払いを続け、平成19年判決の決着まで争ってきた。決着後も、また2008年（平成20年）の保険法改正の後も、傷害保険や、損害保険でも、請求者の請求の門前払いを意図した対応を続けている。

そこで理由とされるのが「モラルリスク」対策であり、平成13年判決の理

---

*12 高橋正人「保険」消費者法ニュース108号（2016年7月）50、51頁

由となった、「不正請求が多くなり、保険制度の健全性を阻害し、ひいては誠実な保険加入者の利益をそこなうから、防がなければならない」ということであった。

2 不正請求の統計

　保険会社の唱える「モラルリスク」対策として不正請求が増えているという事実は、実証されたものではほとんどない。不正請求を実証的に検討したのが、薬袋真司「保険金不正請求に関する警察庁の統計」（保険問題研究会『保険被害救済ハンドブック』〔民事法研究会、2007年〕263頁）である。そこでは、警察庁「犯罪統計書」による詐欺手口（保険）と、警察庁「警察白書」による保険金詐欺（交通特殊事件）の統計表との関係が検討されている。これは、検挙されたものであり、その周辺には不明な数値もあると思われるが、その傾向は明らかにできよう。

　薬袋の統計は2005年（平成17年）までのものであり、その後の統計を付記したものが以下である。

(1) 警察庁「犯罪統計書」による詐欺手口（保険）

表1　詐欺手口(保険)　犯罪統計書

	認知件数(件)	検挙件数(件)	検挙人員(人)		認知件数(件)	検挙件数(件)	検挙人員(人)
1979(昭和54)年	1,194	1,183	373	1997(平成 9)年	431	427	349
1980(昭和55)年	684	686	452	1998(平成10)年	405	402	366
1981(昭和56)年	801	798	384	1999(平成11)年	555	544	570
1982(昭和57)年	726	722	579	2000(平成12)年	327	321	389
1983(昭和58)年	496	498	399	2001(平成13)年	381	361	423
1984(昭和59)年	879	878	594	2002(平成14)年	438	417	537
1985(昭和60)年	1,220	1,214	983	2003(平成15)年	545	523	518
1986(昭和61)年	1,544	1,545	856	2004(平成16)年	620	505	646
1987(昭和62)年	1,007	1,006	660	2005(平成17)年	336	316	503
1988(昭和63)年	1,250	1,243	571	2006(平成18)年	471	377	591
1989(平成 1)年	571	570	482	2007(平成19)年	457	433	621
1990(平成 2)年	461	460	357	2008(平成20)年	418	363	613
1991(平成 3)年	457	453	408	2009(平成21)年	450	400	509
1992(平成 4)年	386	384	326	2010(平成22)年	462	399	451
1993(平成 5)年	339	339	291	2011(平成23)年	415	402	491
1994(平成 6)年	536	535	362	2012(平成24)年	412	340	452
1995(平成 7)年	370	373	335	2013(平成25)年	300	283	379
1996(平成 8)年	377	374	351	2014(平成26)年	309	262	435

(2) 警察庁「警察白書」による保険金詐欺（交通特殊事件）

交通特殊事件で「保険金詐欺」事件の推移は次のとおりである。

表2　詐欺手口（保険）　犯罪統計書

	認知件数(件)	検挙件数(件)	被害額(万円)
1975(昭和50)年	297	173	223,506
1976(昭和51)年	153	72	131,512
1977(昭和52)年	469	344	55,000
1978(昭和53)年	1,202	856	100,000
1979(昭和54)年	897	297	167,037
1980(昭和55)年	358	318	111,406
1981(昭和56)年	580	245	105,073
1982(昭和57)年	600	397	89,420
1983(昭和58)年	612	419	104,945
1984(昭和59)年	639	550	161,009
1985(昭和60)年	994	648	189,893
1986(昭和61)年	977	583	199,770
1987(昭和62)年	946	560	134,208
1988(昭和63)年	890	488	134,186
1989(平成1)年	670	416	109,056
1990(平成2)年	376	261	66,883
1991(平成3)年	183	197	37,069
1992(平成4)年	218	242	49,965
1993(平成5)年	158	240	62,277
1994(平成6)年	203	217	44,274
1995(平成7)年	623	520	71,403

	認知件数(件)	検挙件数(件)	被害額(万円)
1996(平成8)年	330	327	66,219
1997(平成9)年	236	251	58,979
1998(平成10)年	338	298	71,395
1999(平成11)年	523	373	88,066
2000(平成12)年	339	306	115,814
2001(平成13)年	222	249	36,189
2002(平成14)年	372	493	120,999
2003(平成15)年	408	457	87,654
2004(平成16)年	276	596	83,430
2005(平成17)年	220	421	41,420
2006(平成18)年	326	592	104,165
2007(平成19)年	204	438	64,386
2008(平成20)年	232	573	58,953
2009(平成21)年	212	461	45,101
2010(平成22)年	251	523	63,497
2011(平成23)年	144	338	32,895
2012(平成24)年	177	342	52,613
2013(平成25)年	135	243	19,670
2014(平成26)年	168	379	43,278
2015(平成27)年	177	275	26,595

(3) グラフの評価

検挙件数の推移をグラフにすると次のとおりである。

図1　警察庁「犯罪統計書」による詐欺手口（保険）の統計認知件数

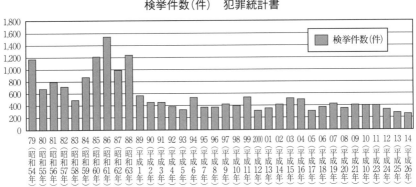

図2　交通特殊事件での「保険金詐欺」事件

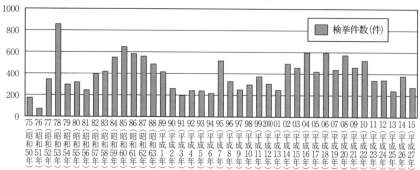

　保険金詐欺全体（図1）でも、交通特殊事件での「保険金詐欺」事件（図2）では、検挙件数は同じような傾向を示している。交通特殊事件での保険金詐欺（図2）では、昭和の年代で年間1,200件にのぼる大きな山があり、平成に入ってからはいくつかの山はあるものの、1988年（昭和63年）頃から減少し、数百件以下で推移している。

　保険請求者のモラルリスク防止が声高々に唱えられるが、平成13年判決が誕生してから2007年（平成19年）にかけては、検挙件数を見ても保険金詐欺でも年間500件止まり（表1）、交通特殊事件でも600件止まり（表2）となっており、昭和の時代と比較してもそれほど多くはない。

(4)　特殊詐欺との比較

　参考のため他の特殊詐欺と比較してみよう。詐欺の代表的なもの「特殊詐欺」がある。おれおれ詐欺・振り込め詐欺・架空請求詐欺、融資保証金詐欺、還付金詐欺などである。警察庁の発表（図3、4）と比較すると、特殊詐欺は、認知件数では、2004年（平成16年）には年間2万5,667件をこえていたが、警察等の取締により2009年（平成21年）には7,340件に減少し、その後は1万件台で推移している。被害金額も年間300億円から500億円の損害額で終始している。保険金詐欺は、特殊詐欺と比較しても、桁違いに少ないのである。

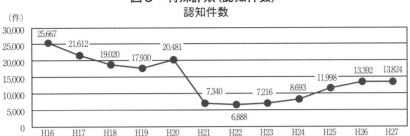

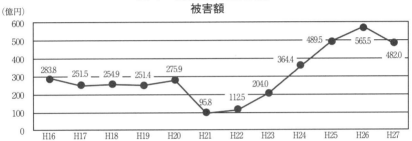

　このような詐欺事件のある中での2001年（平成13年）からの「モラルリスク」「不正請求」防止の保険会社による組織的な動きの裏で、いかに正当な請求が断念されてきたかは想像に難くない。

第6　保険会社の誠実調査義務・審査義務について

1　我国における保険会社の不払い問題

　2005年（平成17年）から2006年（平成18年）にかけ、生命保険・損害保険のすべての分野で、保険会社の大規模な保険金不払い問題が発覚した。
　この概略は、金融庁財政金融課の鳳佳世子「保険金不払い問題の概要と課題」（調査と情報　572号）では、損害保険の分野の不払いについて、以下のように報告されている[*13]。
　2005年（平成17年）2月、富士火災海上保険会社は、自動車・火災・傷害保険の分野で、約4,800件（約1億2,000万円）の保険金の支払漏れと、約25

万件（約4,000万円）の保険料の取り過ぎがあったと発表した。これを契機に、損害保険各社も社内調査を実施し、その結果を公表した。損害保険協会は、同年7月、調査を終えた14社の不払いの合計が、13万件超、約50億円に上ることを明らかにした。

事態を重く見た金融庁は、9月末、損害保険各社に対し、「付随的な保険金の支払い漏れ」に関する過去3年分の調査報告を求めた。その結果、業界全体の支払漏れは、約18万件、約84億円（大手6社で約13万件、約55億円）に上ることが判明した。このうち、自動車保険の付随的な保険金に関するものが、全体の86%を占めている。

金融庁は、2005年（平成17年）11月、支払い漏れが判明した損害保険会社26社に対し業務改善命令を出し、経営管理態勢、顧客に対する説明態勢、商品開発態勢、支払管理態勢の見直しを求めた。これを踏まえ、大手損害保険会社は2006年（平成18年）2月、役員の減給などの社内処分を一斉に発表した。

行政処分が行われた後も、各社で、新たな支払い漏れが判明している。金融庁は、1,126件の支払い漏れが新たに判明したことや、職員の保険料立替え払いなど、契約・支払い時に違法行為があったことを理由に、2006年（平成18年）5月、株式会社損害保険ジャパンに対し、2週間の業務停止命令を発出した。金融庁は、同年6月には、17,296件の追加的な支払い漏れと、第三分野で不適切な不払いがあったとして、三井住友海上火災保険株式会社に対し、2週間の業務停止等を命じた。

損害保険会社の支払い漏れが、2005年（平成17年）に限らなかったことや、第三分野の不払いが新たに発覚したことを受け、金融庁は、全損害保険会社に対し、過去5年間の第三分野の不払いの有無と、付随的な保険金の支払漏れの再調査を要請した。

調査の結果、第三分野の不払いは、大手6社で約4,400件、約12億円に上ることが判明した。また付随的な保険金の支払い漏れも新たに見つかり、前

---

*13 金融庁の鳳報告では、生命保険の不払いの詳細と行政処分についても記載されているが、本稿では生命保険については論じていないので、その部分は省いている。ただ、この報告にかかる実態は、生命保険・損害保険を問わず、保険会社の不払い体質の根深さを示しているといえよう。

年の報告と合わせると、大手6社で約26万件、約162億円の支払い漏れとなっている。

　金融庁は支払い漏れが次々と判明する事態を重く見て、各社に、最終的な調査が完了する時期を報告するように求めた。各社は、2007年（平成19年）3〜4月末までに調査を完了すると報告した。

　2006年（平成18年）11月には、火災保険契約において、規定よりも割高な保険料を徴収していたという事例や、超過保険の事例が多いことが明らかになり、保険金支払いという「出口」だけでなく、「入口」にも問題があることが判明した。金融庁は、火災保険料の設定などについても、各社に点検するように要請した。日本損害保険協会に加盟する22社は、2007年（平成19年）3月までに社内調査を完了させるとしている。

　以上の報告のように、2005年（平成17年）7月における14社の不払いの合計が13万件超、約50億円に上り、同年9月の各社に対する「付随的な保険金の支払い漏れ」に関する過去3年分の調査報告では、全体の支払漏れは、約18万件、約84億円（大手6社で約13万件、約55億円）に上る。

　調査期間を前に遡れば、さらに多くの不払いが存在していたことは想像に難くない。

2　保険会社の調査・審査と信義則・公序良俗

　保険会社の調査・審査から見たとき、保険会社の不払い問題と、保険会社の立証責任を理由とする支払拒否は、表裏の関係にある。

　保険会社は、金融庁の調査までに、損害保険の分野でも、数十万件、100億円を超える不払いをしていた。誠実に調査すれば、不払い部分は容易に判明するはずの問題である。ところが保険会社は調査を尽くさなかった。これだけ多くの不払いが存在することは、請求者の無知につけこんだ消極的な支払拒否（ネグレクト）に外ならない。これは、保険会社が不正請求を強調し、立証責任を請求者に負わせて積極的に支払拒否することと同じことなのである。

　いずれも、保険会社が営利企業として営利を追求するために組織的に行ってきた結果であり、いわば同じ根から生じている。

前記のとおり保険会社が保険金支払いの免除を定めた「保険事故招致」（故意・重過失）の基本には「信義則そして公序良俗」がある。保険会社の積極的不払いと消極的不払いは、保険会社において「信義則そして公序良俗」が守られていなかったことを意味する。我国における保険制度の病理現象が顕在化したものといえる。

保険会社の現状をみるとき、保険会社の調査・審査のあり方について、保険会社の誠実・公正な調査と審査の義務を問い直す必要性がある。

3　誠実調査義務と誠実審査義務

保険会社には、保険金請求について誠実に調査し審査すべき義務があるといえる。

(1)　保険会社の役割

保険会社を規制する保険業法では、保険業法の目的は、「保険業の公共性にかんがみ、保険業を行う者の業務の健全かつ適切な運営……確保することにより、保険契約者等の保護を図」ること（保険業法1条）とされ、免許基準は、「保険会社の業務を的確、公正かつ効率的に遂行することができる知識及び経験を有し、かつ、十分な社会的信用を有する者であること」（保険業法5条1項2号）とされ、保険会社の業務は保険契約者のためにも公正になされなければならないことが義務づけられている。

金融庁の保険会社向けの総合的な監督指針（2016年〔平成28年〕6月）では、「適時・適切な保険金等の支払いを行っていくことは、保険会社として保険事業を行っていく上で必要不可欠な基本的かつ最も重要な機能であり、自己責任原則に基づく適切な経営管理機能の発揮のもとで、…（中略）…自主ガイドラインも踏まえつつ、適切な支払管理態勢の構築が求められている」とされている[14]。

---

[14] 自主的ガイドラインには、一般社団法人生命保険協会の「保険金等の請求案内事務に関するガイドライン」と一般社団法人日本損害協会の「損害保険の保険金支払いに関するガイドライン」がある。

(2)　保険会社と保険契約者・被保険者との関係

(a)　保険契約における保険会社と保険契約者・被保険者の立場

　保険契約は、個人では負担しきれない偶発的な損害を多数の契約者の保険料により填補することを目的とした制度である。従って、保険会社は、単なる営利会社ではなく、保険契約者らから保険料の受入れ・保険金の支払いを委ねられた受託者的地位という公共的な立場にある。

　また、保険請求者は、保険会社に対し、圧倒的に弱い立場にある。何よりも保険請求者は、事故により被害をうけた者である。保険契約をしているのは、保険契約者は、万が一の事故で苦境に陥った被害を少しでも填補し、再出発するためである。保険契約により「未来の安心」「未来への希望」を買っているのである。保険会社も保険契約募集の広告等でこのことを標榜している[*15]。

　事故が顕在化し、ダメージをうけた請求者の保険金支払いが、保険会社によって不当に拒否されれば、そのダメージはうけた損害だけでなく、将来への計画や、何よりも未来の安心・希望を奪うことになる。被害者は保険会社の不当な支払拒否によりダメージが拡大されることになるのである。

　そのような状況下では、保険請求者はわざわざ時間と労力をかけて保険金請求訴訟を提起しなければ、保険金を得ることができない。

　後述のとおり（(c)）、保険金請求者が正当な請求を認められる判決を獲得するハードルは極めて高い。そして保険金支払いを受けたとしても、すべての損害が回復するわけでもないし、損害回復が遅れたことにより、請求者の

[*15] 2016年（平成28年）3月23日の日経新聞朝刊の三井住友火災海上の広告
　「未来は、希望と不安で、できている。
　　それでも未来はやってきます。
　　無邪気には信じられない未来にも、やっぱり希望は描きたい。
　　そんなお客さまの未来へ向かう思いに寄り添うこと。
　　お客さまの不安を軽減し、新しい挑戦をサポートすること。
　　そして希望の実現の確かなチカラとなること。」
　谷川俊太郎の「愛するひとのために」（日本生命のコマーシャル）
　「保険にはダイヤモンドの輝きもなければ、
　　カラーテレビの便利さもありません。
　　けれど目に見えぬこの商品には、人間の血が通っています。
　　人間の未来への切ない望みがこめられています。（略）」

330

ダメージは更に深くなる*16。

(b)　保険会社の調査権と契約者等の協力義務

　保険会社には保険約款により強力な調査権が認められている。他方、保険金請求者には、保険会社との保険契約に基づきどのような請求ができるかについての十分な知識もない。また、保険会社がどのような調査を行い、保険金支払の是非・範囲をどのように判断するのかについての知識を持ち合わせていない。保険会社の調査が真相の究明ではなく、保険会社の抱いた「疑惑」に関する請求者等への疑問点や「矛盾点」に向けられた「あら探し」ともいえる資料要求であるとすれば、これは制度趣旨に反することになる。

　保険会社が調査権を適正・公正に行使せず、保険金支払事由の有無・範囲を適正に判断しないまま審査を終わり、安易に保険金の支払いを拒絶してしまうと、正当な権利者であっても保険金請求自体を断念してしまうことになりかねない。これでは、保険制度の目的が没却されてしまうことになる。

　それゆえ、保険会社が保険請求者のためにも誠実・公正に調査権を行使することは、保険契約に内在する保険会社の義務となる。

(c)　判決までの高いハードル

　我国の保険金請求の現状においては、保険金請求者が正当な請求を保険会社に認めさせる判決を獲得するためのハードルは極めて高い。

　まず、保険金請求事件の事実証明の困難性である。請求者が火災や盗難等の原因を調査し資料を集めたりするのは難しく、弁護士に依頼しなければ十分な攻撃防御を尽くすことは困難である。

　また、調査の過程、そして審査の時点で、特に損害保険では、保険会社からの「支払拒否事由」として、故意性にかかる主張、例えば「放火した」「自分で盗難・傷つけを演出した」などという、いかにも犯罪者であるような扱いをされる。特に損害保険では深刻で、請求者の行為が犯罪につながる

*16 山下友信「不当な保険金支払い拒絶についての保険者の責任──アメリカ法を中心に」保険学雑誌494号（1981年）〔当時　神戸大学助教授〕

かどうかという問題になる。請求者は、敗訴の場合の結果を考えたとき、なかなか訴訟に踏み切れないことになる。

　そのような状況の下、訴訟を提起しなければならない請求者の心理的負担は甚だ大きい。また、訴訟を提起しても、請求者は保険会社からの後述（4（4））のような名誉毀損や侮辱的な主張に耐えながら、訴訟を追行しなければならない。

　このようないくつかの高いハードルを乗り越えて初めて、保険金が支払われる勝訴判決にようやく行き着くことができるのである。

(d)　「損害保険の保険金支払いに関するガイドライン」

　大量の不払い保険金問題の発覚、保険会社のコンプライアンスの欠如等が明らかとなり、これを契機に2012年（平成24年）4月、一般社団法人日本損害保険協会は「損害保険の保険金支払いに関するガイドライン」を定めた（以下「本件ガイドライン」という）。これは前記の金融庁の監督指針においても遵守すべきものとされている。

　損害保険会社としての基本的かつ最も重要な機能である保険金の適時・適切な支払についての管理態勢が、各社において整備されるとともに、日々の保険金支払業務が適切に運営されるためのものとされる（「1　はじめに〜本ガイドラインの目的〜」）。

　ガイドラインでは、

　　①顧客の立場にたつこと

　　②調査にあたっては

　　　イ　顧客の同意と協力の上にたった調査をすること

　　　ロ　確認事項の迅速な調査と十分な説明をすること

　　　ハ　顧客の名誉・信用・プライバシーを保護すること

　　③審査にあたっては

　　　ニ　調査の結果として確認できた事実で判断すること

　　　ホ　特に慎重な判断が必要な場合は、支払担当者だけでなく、専門家の見解を確認し、公平・公正な判断をすること

　　　ヘ　事実関係等に不詳・不明な点がある場合、事実関係等の確認を行

い、問題点を明確にしたうえで判断を行う。

④保険金を支払わない場合

十分な説明をする。説明にあたっては確認できた事実をわかりやすく
説明する。

という各種の義務を加盟の保険会社に求めている。

4　誠実調査義務・誠実審査義務の必要性

保険会社は、契約募集にあたって、契約者への「未来の安心」「未来への
希望」を標榜し、これを保険の売りにしている。

ところがいったん事故が発生すると保険会社の態度は豹変する。その基本
的な要因は次にある。

(1)　保険金は金銭債権である

契約法では、金銭請求については債権者は原則として債権そのものと遅延
損害金だけを請求できる。保険会社にとっては支払を怠っても、判決を待っ
て、遅延損害金を付けて払えばそれでいいことになる。保険契約の役割や請
求者が苦境に立っているという事情は関係がない。

(2)　保険会社のインセンティブの欠如

保険金支払と保険料の支払は同時履行の関係にない。保険会社は、契約者
から保険料は既に支払ってもらっており（先履行）、事故発生後は、保険金
の支払義務が残るだけである。保険会社としては、積極的に義務履行をする
というインセンティブに欠ける。

(3)　訴訟提起の困難性

支払拒否の場合、請求者は訴訟提起をせざるを得なくなるが、経済的にも
精神的にも苦境に立った請求者が、費用と労力のかかる訴訟を提起すること
はそう簡単なことではない。

保険金請求事件の事実証明は困難を極める。突発的な事故に遭った請求者
には、火災や盗難等の原因を調査し、資料を集めたりするのは難しく、事実

を調査し、資料を集めるために頼るための手段がない。また、費用を支払って、弁護士に依頼しなければ十分に攻撃防御を尽くすことが困難である。また、弁護士にも調査能力が十分あるわけでもない。

他方、保険会社は、傘下に調査会社や鑑定士等を擁しており、組織的な調査能力と十分な資金の下に、様々な調査活動をさせることが可能である。

彼我の力関係がまったく違う。請求者には、自らこれを行う必要があり、これらの負担が請求者に重くのしかかる。そのため、保険金額が多額でない場合に費用対効果を考えて請求を断念することも考えられるのである。

(4) 訴訟構造

裁判では、「保険事故招致（故意等）」が争点となる。

調査の過程、そして審査の時点で、特に損害保険では、保険会社から「支払拒否事由」として、故意・重過失にかかる主張、例えば請求者が「放火した（放火犯）」「盗難に関与した」「傷を付けた」などと、いかにも犯罪者であるような扱いを受ける。請求者が、敗訴した場合の結果を考えたとき（犯罪者とされる）、なかなか訴訟に踏み切れない。訴訟になったとしても、「保険事故招致（故意等）」が争点である限り、保険会社からの「犯罪者」呼ばわりは、判決が確定するまで続いていくことになる。

これを総合的に考慮すると。保険金請求者が保険金を受け取るためにはかなりの困難を要するのに対して、保険会社は何らかの理由を見つけて、とりあえず支払を拒否しておけば足りる。請求者からの訴訟提起を待てばいいのであり、敗訴しても保険金に遅延損害金を付して支払えば足りることになる。

保険金請求者が訴訟を提起するには、費用などの経済的負担はもちろん、「犯罪者呼ばわり」される覚悟（精神的負担）も必要となる。

訴訟の困難性からこれを諦めれば、保険会社は保険金支払い義務を免れてしまう。

いずれにしても不合理（理不尽）で、請求者に不当な結果が招来する。この結果は、保険契約の構造上の問題から生じているのである。これは保険制度そのものの理念に反する。

圧倒的に弱い立場にある保険金請求者に対し、保険契約の構造的問題から

生ずる矛盾をそのまま負担させることは制度趣旨に反する。保険制度の健全化を図るためにも、その不合理を是正する必要がある。

　何よりも保険金支払いのインセンティブに乏しい保険会社に対しては、不当な保険金支払拒絶を抑制するための法律上の手段を導入する必要があり、これが保険会社の誠実調査・誠実審査義務違反による損害賠償責任を認めることである。

第7　アメリカの「不誠実な契約違反という不法行為（tort of bad faith breach contract）」の判例法理

　保険制度は世界共通である。外国においても、保険会社の問題行動は共通しており、それに対処する法理論が存在する。

　ここで参考とすべきが、アメリカにおける「不誠実な契約違反」の法理である。

1　アメリカの判例法理

　「不誠実な契約違反」という不法行為は、1950年代から判例法上認められるようになってきたものである。まず、責任保険（TP保険）に関し、被保険者（加害者）と被害者との間で保険金額の範囲内での和解がすすめられていたところ、保険者がこの和解を承認せず、被害者が被保険者に損害賠償請求訴訟を提起し、その訴訟で保険金額を超える損害賠償が認容されたという場合に、カリフォルニア州の裁判所は、保険者は被保険者に対し不誠実な契約義務違反としての責任を負うとして不法行為責任を認めた。保険者は、訴訟で命じられた損害賠償額全体を損害賠償として支払わなければならないし、被保険者に精神的苦痛の慰謝料をも認め、これが判例法理として確立したものである。この判例法理は責任保険全体に拡大された。

　次に、1973年には火災保険において調査に協力しなかったという理由で保険金支払いを拒んだ保険会社に対し、被保険者の請求処理において誠実・公正に行動することが保険会社の義務であるとして、契約による支払義務を不当に拒絶しない義務を不法行為責任として認めた。これは火災保険から生命保険・医療保険などの保険（FP保険）にまで拡大された。

まさしく、保険制度の病理現象から、保険金請求を救済するため、アメリカの司法が考え出した理論である。

この不法行為責任の損害では、慰謝料と弁護士費用が認められているが、特に悪質な場合にはアメリカ法による「懲罰的賠償」まで認められるにいたっている。

アメリカにおける「不誠実な契約違反」の法理は、アメリカの保険実務において定着している。

2　日本における研究

アメリカ「不誠実な契約違反」の法理の判例研究は、山下友信教授の「不当な保険金支払い拒絶についての保険者の責任——アメリカ法を中心に」（保険学雑誌494号〔1981年〕）を先駆けとして、下記の研究者により究明されてきた。

　　吉田直「アメリカにおける保険者の誠実・善意義務の動向について」國学
　　　　院法学23巻4号211頁（1983年3月）

　　樋口範雄「不誠実な契約違反という不法行為」学習院大学法学部研究年報
　　　　21号25頁（1986年）

　　広瀬裕樹「アメリカにおける責任保険者の防御義務（一）（二）」法政論集
　　　　179号71頁・180号189頁（2000年6月、12月）

　　菊地秀典「契約当事者に対する不法行為責任」松山大学論集18巻3号
　　　　（2006年8月）

　　深澤泰弘「米国における不誠実な契約違反という不法行為について」生命
　　　　保険論集161号1頁（2007年）

誠実かつ公正な取引の義務違反は、アメリカの保険の病理現象から弱者である保険金請求者を救済し、何よりも保険制度の健全化のため優れた理論である。

日本においても保険会社をめぐる状況は、アメリカと変わるところがない。故意による保険事故招致、そして大量の不払いの対応を見てみると、金融庁などの監督官庁だけでなく、契約当事者である契約者そして請求者の側からの是正が図られるべきである。

336

アメリカの判例と同様に悪質なケースについては保険者の債務不履行のみならず、保険金の不当な拒否について、誠実な調査義務違反・誠実な審査義務違反による不法行為責任の成立が認められるべきである[17]。

保険契約からみて、我国の契約者もアメリカの契約者もおかれた立場は同じである。我国においても、保険金の不当な支払い拒絶を理由に「不誠実な契約違反」による保険請求者への救済法理を認めることは、保険制度の健全な発展の立場からみても十分に可能である。

第8　誠実調査・誠実審査義務違反による損害賠償

1　支払拒否事由の立証と誠実調査・誠実審査義務違反

裁判において、保険事故招致が争点となり、保険請求者の請求が認められる場合は、保険会社の保険事故招致の立証ができなかったことになる。かくして、保険者の調査・審査の実態が不十分であったことが実証されたことになる。つまり、保険金請求の認容と保険者の誠実調査・誠実審査義務が不十分であったことは表裏の関係にあり、保険者の誠実調査・誠実審査義務違反が認められて当然である[18]。

保険会社に誠実調査・誠実審査義務違反を認めることは、我国の保険運用の病理現象を直し、保険会社の姿勢を営利性から公共性にベクトルを変えるための手段として最適な方法である。

アメリカでは、「不誠実な契約違反」という不法行為による損害賠償として、原則として慰謝料（懲罰的慰謝料まで）と弁護士費用が認められているが、これによって保険制度の歪みを糺している。

---

[17] 山下・前掲注[16]論文の2、3頁は、「このことから、保険金の支払を免れ、あるいは保険金の額を値切る手段として、何らかの口実をもうけて保険金の支払を拒絶しておいて相手方にショックを与え、保険者に有効な和解に持ち込むという戦術はアメリカにおいては少なからず用いられているように見える。」と、保険実務の病理現象を指摘している。

[18] 山下・前掲注[16]論文・19、20頁

2　請求者の慰謝料

　損害保険の保険金請求訴訟では、被告の保険会社から「放火犯」「自作の盗難・ひっかき傷」「自作の水没」などと、請求者の名誉・信用を毀損し、侮辱する主張が繰り返される。このような、精神的な負担に耐えて、判決までたどりついても、保険金と遅延損害金しか認められないことになれば、請求者の心理的負担は癒されることはない。

　判例でも「盗難保険」で、保険会社の故意免責が否定された事案で、保険会社の従業員が「はっきりいって保険金詐欺だと思っています」との発言に対して、原告の名誉感情を毀損する不法行為として、請求額満額の10万円の慰謝料を認めている（大阪地裁平成18年8月23日消費者法ニュース70号252頁）。これは保険会社の従業員の発言をとらえて不法行為としたものである。

　しかし、これは上記事件に特有の問題ではなく、保険請求に対する支払拒絶に伴う事実であり、避けて通れないものである。それゆえ、支払拒絶理由の立証が認められず請求者の請求が認められたときに、保険会社の「言いっぱなし」が許されるはずはない。この点でも請求者の心理的負担は慰謝される必要がある

　この精神的負担を慰謝する慰謝料は、保険会社の誠実調査・誠実審査義務違反の損害賠償として類型的に認められるべき損害といえる。

3　弁護士費用

　保険金請求訴訟における支払拒絶理由は、請求者等の故意・重過失をめぐる事実関係である。その場合、弁護士に訴訟委任しなければ攻撃防御を尽くすことができないことは不法行為訴訟と変わりがないし、請求者等の故意・重過失をめぐる事実関係が争点となることも、不法行為の損害賠償と変わることろはない。

　最判第2小法廷は2012年（平成24年）2月24日は、「労働者が、使用者の安全配慮義務を理由とする債務不履行に基づく損害賠償を請求するため訴えを提起することを余儀なくされ、訴訟追行を弁護士に委任した場合には、その弁護士費用は……相当と認められる額の範囲内のものに限り、上記安全配慮義務違反と相当因果関係に立つ損害というべきである」（判例タイムズ1368

号63頁）と判示している。

　また東京地判平成27年8月6日（判例時報2280号125頁）は、海外での携行品盗難事件について、損害保険契約に基づく保険金請求において、保険会社の求める立証が、海外旅行における携行品の盗難被害を支払うという合意や保険金が支払えない場合の説明に照らして、一般人が合理的に想定することができる立証範囲を超えていること、他の保険会社の支払状況からみて、損害保険会社の支払の可否について合理的な裁量の範囲を逸脱した違法なものであり、このような保険金不払いには契約者は訴訟提起をせざるを得ず、弁護士に事務を依頼することは社会通念上予測できることであるとして、弁護士費用の支払いを認めている。

　保険金請求事件は、弁護士費用が認められてしかるべき訴訟類型である。

第9　おわりに

　本稿では、我国における保険の病理現象を指摘し、誠実調査義務・誠実審査義務を認めることが、その解消になり、保険制度の健全な確立ができるものであることが明らかにされた。

　2015年（平成27年）5月20日に大手損害保険3グループが発表した2015年3月の連結決算は、全社の純利益が過去最高を更新し、莫大な利益を享受していることを報じている。「MS＆ADインシュアランスグループH」では、正味保険料収入が2兆9,407億円（4.7％増）で純利益が1,362億円（45.8％増）である[19]。

　また、保険会社の海外進出も盛んで、大型買収が続いている。東京海上がアメリカHCCインシュアランスHDを9,400億円で買収したと報道されている。買収された保険会社の契約者にはアメリカ法の「不誠実な契約違反」の法理が適用され、日本の契約者には適用がされないとすれば、内外格差が生じることになり、不平等ということになろう[20]。

　アメリカ同様に日本でも、損害保険で、請求者の請求が認められる場合に

---

[19] 2015（平成27年）5月21日日経新聞朝刊

は、類型的に、保険会社に「誠実な調査・審査義務」違反、そしてそれに伴う不法行為責任として慰謝料・弁護士費用が認められるべきである。

---

*20 2015年（平成27年）9月8日日経新聞朝刊には、損保会社では2013年（平成25年）12月に損保ジャパンがイギリスキャノピアスを1,000億円、2015年（平成27年）6月には東京海上がアメリカHCCインシュアランスHDを9,400億円で、同年9月には、三井住友火災海上が英国の損保会社を5,000億超円で買収していると報道されている。

　なお、生命保険会社の海外保険会社の買収も盛んで、4,000億円から6,000億円で買収がなされていると報道されている。

あとがき

1　本書の成り立ち

　本書の成り立ちには、植木哲さん（滋賀大学元教授、京都府立医大元教授、関西大学元教授、千葉大学名誉教授、朝日大学元教授）の大きな影響があります。

　植木さんは、2018年（平成30年）4月に大阪弁護士会に登録され、私の事務所に籍をおかれることになりました。植木さんとは、昭和50年代から消費者問題を一緒に研究させてもらい、1983年（昭和58年）には消費者信用法についてのヨーロッパ調査旅行を御一緒させていただいた親しい関係でした。

　その植木さんから、私のこれまでの活動や論攷をまとめてはどうかという強い勧めがありました。それだけでなく、植木さんは私の拙い雑多な文書を読まれ、セレクトをして、校正までしていただき、そして、本書ができあがりました。その上、本書の推薦文まで書いていただきました。

　私は、古稀を迎えました。1973年（昭和48年）に25歳で弁護士登録して、弁護士活動は40年をこえました。本書を読み返しながら、そのときどきの活動を振り返ることができました。これは貴重な経験となりました。

2　人生の節目

　過去を回顧すると、そのときどきに節目の時期があったことがわかってきました。

(1)　第1の節目

　まず、弁護士1年目、1973年（昭和48年）、森永ミルク中毒事件との出会いでした。ここでは、中坊公平団長、伊多波重義副団長や優れた先輩弁護士との出会いがありました。ここには掲載されていませんが、中坊団長、伊多

波副団長とは、森永と同じ時期に千日デパート火災損害賠償事件を一緒に担当したことがあります。中坊団長は、森永事件は「陽の面」、千日デパート事件は「陰の面」を摘出し、私はそこで両面で鍛えられました。

(2)　第2の節目

第2の節目は、弁護士12年目、1985年（昭和60年）でした。豊田商事事件の破産宣告、エムケイタクシー事件の第1審判決、砺波の固定資産評価の集団訴訟が、同じ年に起こりました。

大きな3つの事件をかかえて、どのように回していたのか、今になってもわかりません。

(3)　第3の節目

第3の節目は、弁護士20年をこえた1992年（平成4年）に高野山の放火事件で無罪をもらい、1996年（平成8年）から1997年（平成9年）にかけて徳島刑務所接見妨害事件で徳島地裁、高松高裁で国際人権規約が国内で直接適用されるという判決をもらいました。

(4)　第4の節目

第4の節目は、弁護士25年をこえた平成10年代の時期でした。

1998年（平成10年）に、生涯のパートナーとなる中紀人さんと事務所を一緒に起こすことになりました。そして、1999年（平成11年）に大阪弁護士会の副会長になりました。会長は滝井繁男さん（故人。後に最高裁判事）。弁護士会の会務にふれ、これまでの事件から会務へと視野が広がりました。日弁連理事も兼務していたので、大阪だけでなく日弁連全体へと視野が広がりました。

大阪では、2000年（平成12年）度に、滝井会長が唱えられた大阪弁護士会の新会館建設問題がおこりましたが、2001年（平成13年）3月の臨時総会で新会館建設は、僅差で可決されませんでした。そこで禍根を残さないため私が呼びかけた有志の提案で、最終の常議員会で、新会館問題について会内合意を尽くすべきとの決議をしました。そのため、2002年（平成14年）4月に

「会館問題検討委員会」の委員長になり、賛成・反対の両派にそれぞれの結論を出してもらい、会員に選択してもらいました。その結果、同年秋、新会館建設の総会決議がなされ、土地取得・建物建設と進み、2008年（平成20年）の現会館の完成にたどりつきました。

日弁連では、2003年（平成15年）に、死刑の廃止・執行停止の問題で知り合った安田好弘弁護士の強制執行妨害事件の控訴審の弁護人となり、全国的に弁護人をよびかけ、全国から2,100人の弁護士を結集しました。

2005年（平成17年）・2006年（平成18年）の日弁連の人権擁護委員会委員長になりました。2005年（平成17年）度の鳥取の人権大会で、憲法についての初めての決議をしました。ただ、そのときには、ハンセン病患者の隔離法廷問題が存在していたのにこれを取り上げておらず、委員長として大きな悔悟の念を感じています（2017年〔平成29年〕滋賀の大津の人権大会で意見）。

(5) 第5の節目

第5の節目は、弁護士37年目の2010年（平成22年）に大阪弁護士会の会長・日弁連の副会長になったことでした。

大阪弁護士会では2つの大きな政策、①行政連携と②弁護士学校派遣事業の本格化に着手し、その後の大阪弁護士会の事業だけでなく、日弁連の事業としても定着しました。

日弁連では、2009年（平成21年）に日弁連司法修習委員会の委員長時代に廃止された司法修習生の給費制の復活をとなえ、その関係で宇都宮健児日弁連会長の政策もあり、2010年（平成22年）度の担当副会長として、川上明彦さん、新里宏二さんなどと、廃止をなんとか1年間延期させることができました（20011年〔平成23年〕度には給費制は廃止され、その後新里さんを中心としたビギナーズネットなど対策本部の粘り強い運動で、不満足ですが2007年〔平成19年〕に給費制が事実上復活しました）。

3　感じるもの──時代の精神

1審、2審では画期的な判決をもらいながら、最高裁で歯牙にもかけられなかったものに固定資産評価、国際人権などの事件があります。高裁で挫折

したエムケイタクシー事件、1審から歯牙にもかけられなかった保険会社の誠実義務違反事件などもあります。

受け入れられなかったことも多く、悔しい思いもしました。

でも、私には、これらの事件には、その「時代」の「精神」が宿っているとしか思えないのです。私の時代には、歯牙にもかけなかった最高裁が、今では「国際人権規約」を判決で引用する時代になっています。「時代の精神」はこの日本、そして世界に浸透していきます。

「時代の精神」は、「時代」を脈々と流れています。

古稀をすぎた今、振り返ってみると、その時、その時で「時代の精神」を感じ、それを先駆的に実践してきたと実感しています。

それは、事件だけではなく、弁護士・弁護士会の活動でも言えることです。

私が唱えた「行政連携」や「弁護士学校派遣事業」も、大阪弁護士会はもちろん、日弁連・各地弁護士会にすこしずつ根付いていっています。一朝一夕にはできませんが、これも時間をかければ多くの弁護士によって実践され、実現していくことを確信しています。

4 おわりに

最後に、お二人の偉人からの言葉を紹介します。

2014年（平成26年）4月に出版した『私たちはこれから何をすべきなのか——未来の弁護士像』（日本評論社刊）に載せることができたものです。

同書の表紙は、若い頃、1975年（昭和50年）頃に末川博学長（立命館大学総長）に、偶然お会いできた際にいただいた色紙（自筆）をデフォルメしたものです。

　　　　　談言微中解紛
　　　　　而拓和平連帯

「微みの会話の中で紛争を解決する。もって和平と連帯を拓く。」というものです。私の印象を書かれたもので、若いので新鮮に思われたのかもしれません。

本の推薦文は、今は亡き滝井繁男さんに書いていただいたものです。

「その多彩な活動を身近にみて来た私には、著者は弁護士になるために生

まれてきたように見える。本書は40年の活動を経て、現在を正しく生き、将来の道を誤らないために、弁護士の過去を検証しようとしたものである。」

大阪弁護士会の副会長としてお仕えした私にとって、「弁護士になるために生まれてきたように見える。」という言葉は、何物にもかえ難い喜びであり、名誉です。

偉大な先輩のお二人から、若き日に、そして老年を迎えた2012年（平成24年）に、それぞれ、このような言葉をいただきました。

これを抱いて生涯を終えることができることは、私にとって光栄の極みと思っています。

本書は、植木哲さんなければ実現しませんでした。深く感謝いたします。

そして、1998年（平成10年）から中紀人さんと一緒に歩むことがなければ、活動が成り立たなかったと思います。本書で、生涯のパートナーの中さんに、巻頭言で私のことを紹介していただき、本当に幸せだと思っています。

また私の担当事務局の藤本恵美さんに作業をしていただきました。

皆さんに本当に感謝しています。

最後に、本書を、私と長年人生を共にし、2018年（平成30年）8月20日、先に逝ってしまった、妻美知子に捧げます。

　　2019年（平成31年）1月

　　　　　　　　　　　　　　　　　　　金子　武嗣

［著者略歴］

金子　武嗣（かねこ・たけし）

　1948年生まれ。1971年3月早稲田大学法学部卒。同年4月最高裁判所司法修習生（25期、京都修習）。1973年4月大阪弁護士会に弁護士登録、現在に至る。

　1999年度大阪弁護士会副会長、2005年・2006年度日弁連人権擁護委員長、2009年度日弁連司法修習委員長、2010年度大阪弁護士会会長・日弁連副会長。現在、大阪労働局紛争調整委員会会長、公益財団法人ひかり協会理事、公益財団法人交通事故紛争処理センター理事。大阪市包括外部監査人（2018年度、2019年度）を務める。

　これまでの具体的な弁護士活動で取り扱った事件は多岐にわたる。現在「原発賠償関西弁護団」の代表を務めている。

　編著書に、豊田商事株式会社破産管財人団編『豊田商事事件とは何だったのか──破産管財人調査報告記録』（朝日新聞社　2007年刊）、金子武嗣・石塚伸一編著『弁護士業務と刑事責任──安田弁護士事件にみる企業再生と強制執行妨害』（日本評論社　2010年刊）、松本恒雄・金子武嗣監修『ケースで学ぶ消費者取引ハンドブック』（民事情報センター　1994年刊）、『私たちはこれから何をすべきなのか──未来の弁護士像』（日本評論社　2014年刊）ほか、論文に、「固定資産評価と不服申立ての諸問題」（『納税者権利論の展開　北野弘久先生古稀記念論文集』所収（勁草書房　2001年刊））、「個人向け自動車リース──消費者リースとの関連で」（『リース取引法講座（下）』313頁（きんざい　1986年刊））、「ヨーロッパ人権条約と日本の国内判例」（国際人権12号　41頁）ほか。

歴史の精神を感じながら──金子武嗣著作集

2019年5月31日　第1版第1刷発行

著　者　金子武嗣
発行所　株式会社日本評論社
　　　　東京都豊島区南大塚3-12-4（〒170-8474）
　　　　電話　03-3987-8592（編集）　03-3987-8621（販売）
　　　　振替　00100-3-16　　https://www.nippyo.co.jp/
印　刷　精文堂印刷株式会社
製　本　株式会社松岳社
装　幀　銀山宏子
©2019　Takeshi KANEKO
Printed in Japan　ISBN 978-4-535-52411-8

JCOPY ＜（社）出版者著作権管理機構委託出版物＞

本書の無断複写は著作権法上での例外を除き禁じられています。複写される場合は、そのつど事前に、（社）出版者著作権管理機構（電話 03-5244-5088、FAX 03-5244-5089、e-mail: info@jcopy.or.jp）の許諾を得てください。また、本書を代行業者等の第三者に依頼してスキャニング等の行為によりデジタル化することは、個人の家庭内の利用であっても、一切認められておりません。